Récits de vie, récits de langues et mobilités

Espaces interculturels

Collection dirigée par Fabienne Rio et Emmanuel Jovelin

La collection « Espaces Interculturels » publie régulièrement, depuis sa création en 1989, des ouvrages consacrés à des questions de la théorie et de la pratique de l'interculturel. La collection veut se faire l'écho des nouvelles recherches ouvertes dans les différentes sciences sociales sur des terrains aussi variés que ceux de l'éducation, du développement de l'enfant, des relations interethniques et interculturelles et des contacts de langue.

Déjà parus

Mohamed BOUSNANE, Abdoul BA, Fatima SKANARI (dir.), *Le vieillissement dans l'immigration. L'oubli d'une génération silencieuse*, 2009.
Anne-Françoise DEQUIRÉ, *La sélection des professeurs des écoles. Regard sociologique sur une pratique*, 2008.
Régis PIERRET, *Les filles et fils de harkis. Entre double rejet et triple appartenance*, 2008.
A. GOHARD-RADENKOVIC et A. J. AKKARI (sous la dir.), *Coopération internationale : entre accommodements interculturels et utopies du changement*, 2008.
C. PERREGAUX, P. DASEN, Y. LEANZA et A. GORGA (sous la dir. de), *L'interculturation des savoirs. Entre pratiques et théories*, 2008.
Olivier MEUNIER, *De la démocratisation de la société à celle des formes de connaissance*, 2008.
Hédi SAÏDI, *Mémoire de l'immigration et histoire coloniale*, 2007.
Saeed PAIVANDI, *Religion et éducation en Iran*, 2006.
N. MULLER MIRZA, *Psychologie culturelle d'une formation d'adulte*, 2005.
R. DE VILLANOVA et G. VERMES (sous la dir. de), *Le métissage interculturel*, 2005.
Gabrielle VARRO (sous la dir. de), *Regards croisés sur l'ex-Yougoslavie*, 2005.
Tania ZITTOUN, *Donner la vie, choisir un nom*, 2004.

Sous la direction de
Aline Gohard-Radenkovic
Lilyane Rachédi

Récits de vie, récits de langues et mobilités

Nouveaux territoires intimes, nouveaux passages vers l'altérité

L'Harmattan

5-7, rue de l'École-Polytechnique ; 75005 Paris

http://www.librairieharmattan.com
diffusion.harmattan@wanadoo.fr
harmattan1@wanadoo.fr

ISBN : 978-2-296-08660-9
EAN : 9782296086609

Introduction

Récits de vie, récits de langues et mobilités
Nouveaux territoires intimes, nouveaux passages vers l'altérité

Mobilités et migrations, collectives et individuelles, organisées ou désorganisées, choisies ou subies, s'inscrivent dans une longue histoire des mouvances et errances, flux et reflux des hommes.

Le terme de mobilités recouvre toutes les formes et situations possibles de déplacements : nous le préférons au terme de migrations, trop connoté idéologiquement car se référant souvent exclusivement au statut d'immigrant, que nous n'excluons pas toutefois, moyennant le réexamen du concept. Ces mobilités comportent des configurations différentes dans l'espace (nationales, régionales, frontalières, européennes, internationales, etc.), des durées différentes dans le temps (temporaires, durables, intermittentes, régulières, cycliques, etc.), pour des motivations différentes (Gohard-Radenkovic, 2006).

Les expériences de mobilité se situent donc à l'intersection de multiples facteurs et conjonctures; elles inscrivent ainsi les individus dans des parcours éminemment singuliers. Les parcours de mobilité sur le plan individuel ou collectif recouvrent donc des déplacements plus complexes que les seuls déplacements dans l'espace et dans le temps. Ainsi, une autre conception de la mobilité émerge, s'appuyant notamment sur une conception « fluide » (de Singly, 2003) et « déterritorialisée » des parcours (Urry, 2005), impliquant qu'un même individu ou un même groupe peut vivre des expériences de mobilité différentes, à des moments différents de son existence, avec des statuts différents dans des réseaux différents (Gohard-Radenkovic et Murphy-Lejeune in Zarate, Lévy et Kramsch, 2008).

Or, ces individus ou groupes « mobiles » sont habituellement perçus à travers les catégorisations collectives existantes, impulsées par l'Etat, le grand catégorisateur de « l'autre » (Sayad, 1999) : ils sont définis tantôt comme « étrangers du dedans », tantôt comme « étrangers du dehors », tantôt inclus, tantôt exclus, le plus souvent en situation de « minoritaire ». Ces assignations identitaires sur le mode binaire, imposées par des politiques officielles sont le plus souvent relayées par des institutions (policières, juridiques, éducatives, associatives, adminsitratives, etc.), par les médias et par une collectivité en situation majoritaire, reprenant à son compte le discours d'autorité, la *doxa*. Ces catégorisations peuvent déclencher alors chez les personnes ou groupes concernés un processus d'intégration qui conforte la légitimité de ces institutions-relais ou, à l'opposé, elles peuvent déclencher des stratégies transnationales, à caractère diasporique, au-delà des frontières imposées. (Bordès-Benayoun et Schnapper, 2006).

La mobilité des acteurs échappe alors aux tentatives de catégorisations ordinaires et unilatérales; elle oblige les chercheurs à adopter une vision cinématographique des phénomènes de déplacement contre une vision statique, et unique, à caractère politique, économique, linguistique, social ou culturel.

En inscrivant ces différentes mobilités dans l'histoire des échanges culturels et économiques, dans des espaces tant symboliques que géographiques, dans un temps fait de continuités et de discontinuités, de départs et de retours, le chercheur est amené à ébaucher *une grammaire de cette complexité* (Zarate et Gohard-Radenkovic, 2004). Cette grammaire retrace la construction d'une expérience plurilingue et pluriculturelle, selon la logique propre à ces parcours migrants et selon le point de vue des acteurs eux-mêmes.

L'analyse de cette complexité nous oblige à poser un certain nombre de questions sur la diversité des lieux, des contextes, des expériences et des situations de mobilité à la fois proches et différentes. Il s'agit de montrer ici la cohérence existant entre ces choix de vie, imposés et subis, désirés et imaginés, que les descriptions courantes isolent, réduisant ainsi la complexité.

En effet, tout acteur social en situation de mobilité se trouve obligatoirement confronté à de nouvelles situations et de nouvelles expériences. Il va les *interpréter*, en mobilisant des capitaux et ressources acquises dans le groupe social, et en mettant en oeuvre des stratégies d'adaptation, le plus souvent inconscientes, en regard de ses appartenances sociales et de ses expériences antérieures, mais aussi en regard des statuts et des espaces d'intégrabilité que lui accorderont (ou non) les sociétés d'accueil.

Les *acteurs de la mobilité* seraient donc tous ceux qui se déplacent effectivement, à savoir élèves, étudiants, stagiaires, enseignants, chercheurs, cadres éducatifs, administratifs, cadres d'entreprise ou d'organisation internationale, coopérants, réfugiés de guerre, immigrés, exilés, etc. Mais l'acteur « mobile » n'est pas le seul à jouer un rôle majeur dans le processus de mobilité, dans le processus de sa mobilité. Les acteurs de la mobilité sont aussi tous ceux qui sont sollicités, d'une manière ou d'une autre, par les individus ou groupes en situation de mobilité : soit du fait de leur profession dans le domaine de l'éducation ou de la formation en langues (enseignants, formateurs, interprètes) ; soit du fait qu'ils interviennent avec d'autres fonctions dans les milieux de l'éducation, de la formation professionnelle, de l'accueil social, hospitalier, de l'administration, de l'international, de l'associatif, etc. Ce sont les *co-acteurs de ces mobilités*. (Gohard-Radenkovic, 2006, op. cit.)

Ces exotopies provisoires ou durables, à petite échelle ou grande échelle, migrations locales, glocales ou globales, ces espaces de circulation posent la question des « fragmentations » de l'individu dans ces différentes expériences de mobilité. Elles posent également celle des transformations identitaires successives ou simultanées que vivent les acteurs sociaux dans de nouveaux environnements, eux-mêmes organisés en réseaux « fragmentés », dans lesquels les individus et les familles en situation de mobilité doivent se rassembler, se reconstruire et se redéfinir. *Ce travail de redéfinition est producteur de sens pour les acteurs* (Gohard-Radenkovic et Murphy-Lejeune, 2008, op. cit.).

S'arrêter sur les expériences de mobilité permet aussi de considérer ces stratégies et l'intelligence de l'acteur sur lequel nos analyses, ambitieuses dans leur exhaustivité, finissent pas glisser désespérément. Car face à ces désignations identitaires, issues de catégorisations étatiques le plus souvent ethnicisantes, et, pour ne pas y souscrire, l'acteur social innove et surprend par les stratégies qu'il met en place (Camilleri 1990, Castells, 1999; Peressini et Gilardi in Zarate, Lévy et Kramsch, 2008).

En d'autres termes, l'identité est ce par quoi l'individu se perçoit et tente de se construire, contre les assignations diverses qui tendent à le contraindre de jouer des partitions imposées. Elle est une interprétation subjective des données sociales de l'individu, se manifestant par ailleurs souvent sous la forme d'un *décalage*, l''instrument par lequel ego reformule le sens de sa vie. (Kaufmann, 2004, p. 99). L'auteur postule une certaine part de liberté du sujet, que nous interprétons comme *sa marge de manoeuvre* vis-à-vis de contraintes objectives (institutionnelles, sociales, économiques, juridiques, etc.), en déclarant que chacun tente « d'écrire et de réécrire sa vie » pour exprimer « ainsi de façon particulièrement éclatante la subjectivité à l'œuvre » (Kaufmann, op. cit., p.100).

De nos jours, chacun peut devenir le scripteur de soi : en témoigne ce phénomène d'extroversion du soi que l'on trouve non seulement dans les autobiographies (romancées ou non), les journaux intimes, les journaux de bord, les blogs, les récits de voyage, etc. mais aussi dans les médias, dans des émissions télévisées où l'on se raconte au petit écran. Sohet (2007) parle aussi de véritable « paradigme narratif » qui envahit toutes les disciplines (psychologie, éthique médicale, champ juridique, théorie des organisations, etc.). À ce sujet, il rapporte :

> « Les dernières décennies auront vu également la réhabilitation du récit à l'avant scène des sciences sociales. Ainsi, à un niveau plus local, on ne peut que songer au retour en force des récits de vie, non seulement dans le genre anthropologique du témoignage, mais encore en tant qu'outil sociologique et psychosociologique d'investigation et/ou d'intervention. À un niveau plus « global », c'est encore la notion de récit qui aura servi à décrire les grandes ruptures idéologiques de l'ère postmoderne, notamment avec le concept des « grands récits légitimateurs » naguère avancé par Jean-François Lyotard et décliné depuis sous de multiples variantes. » (p. 49)

Cette émergence de l'ego est pour Kaufmann (op. cit., p.178), l'indice d'une rupture épistémologique qui se traduit par un « affranchissement identitaire » de l'individu du « programme institutionnel » (étatique), impliquant pour le chercheur un recentrage des analyses autour du sujet et une articulation entre conceptions subjectivistes et conceptions objectivistes des trajectoires sociales. En effet, cette conception de l'individu, en voie d'affranchissement, acteur et auteur de soi dans la mobilité, nécessite une méthode d'analyse qui permette d'étudier la diversité des parcours, la complexité du vécu individuel, ou plutôt des vécus.

Nous avons opté pour les approches autobiograhiques, notamment le récit de vie. Pourquoi ? Plusieurs raisons président à ce choix.

Le récit met en scène un narrateur producteur de son histoire et aussi producteur de sens. Desmarais et al. (2007) qualifient la démarche autobiographique comme :

> « Une forme de réponse à la perte de sens caractéristique de l'évolution actuelle de nos sociétés (...). Plus le système instrumentalise l'existence, plus s'ouvre la crise identitaire en qui ramène au premier plan la question : « Qui sommes-nous ? » et la crise de sens » (p. 91).

Le récit interpelle la mémoire et les souvenirs qui transitent par la réminiscence. A ce sujet, Ricœur (2000) déclare : « C'est sous le signe de l'association des idées qu'est placée cette sorte de court-circuit entre mémoire et imagination : si ces deux affections sont liées par contiguïté, évoquer l'une – donc imaginer –, c'est évoquer l'autre, donc s'en souvenir. La mémoire réduite au rappel, opère ainsi dans le sillage de l'imagination » (p. 5). L'imaginaire constitue l'univers à partir duquel et dans lequel le narrateur puise et fait jaillir des « sois possibles », des inventions de soi. Comme le déclare Kaufmann (op. cit., p.102) :

« L'identité est une invention permanente ».

P. Ricœur (1991) utilise le terme d'identité narrative pour désigner « la forme d'identité à laquelle l'être humain peut accéder au moyen de la fonction narrative » (p. 35). Cette identité n'existe donc qu'à travers un récit qui donne une consistance aux événements. La conscience d'un public témoin et attentif qu'est le chercheur participe au processus de narration. Nous pensons comme Bres (1994) qu'une des fonctions essentielles de la narrativité serait finalement de *produire l'identité* :

> « Dire l'identité d'un individu ou d'une communauté, c'est répondre à la question : qui a fait telle action ? Qui en est l'agent, l'auteur ? Il est d'abord répondu à cette question en nommant quelqu'un, c'est à dire en le désignant par un nom propre. Mais quel est le support de la permanence du nom propre ? Qu'est-ce qui justifie qu'on tienne le sujet de l'action, ainsi désigné par son nom, pour le même, tout au long d'une vie qui s'étire de la naissance à la mort ? La réponse ne peut être que narrative. Répondre à la question « qui ? » comme l'avait fortement dit Arendt, c'est raconter l'histoire d'une vie. L'histoire racontée dit le qui de l'action. L'identité du qui n'est donc elle-même qu'une identité narrative. » (p. 60).

Selon Ien Ang (2001; 2004) l'autobiographie est aussi un lieu d'analyse privilégié des processus de construction sociale de soi, représentatif d'un « soi collectif », «a rhetorical construction of a « self » for public and not private purposes », « a strategically fabricated performance, which stages a *useful* identity, an identity which can be put to work ». Selon cette même conception du récit de vie, Duthil, s'intéressant aux reconstructions identitaires d'une génération d'enfants aborigènes volés par les missionnaires (« the stolen genération ») pour les « intégrer » de force dans la société blanche, va encore plus loin dans son questionnement (2006) :

> « Comment dans le cas de l'autobiographie aborigène, la subjectivité peut-elle devenir une source d'objectivité et de connaissance scientifique ? A quel moment l'histoire devient-elle Histoire? Dans quelle mesure et jusqu'à quel point le récit autobiographique et le récit historique peuvent-ils coexister à l'intérieur d'un même espace? En dénonçant la subjectivité de l'autobiographie et en le rejetant hors du domaine de l'Histoire ne passerait-on pas à côté d'une réalité historique de première main? »

Nous percevons ici une autre fonction de l'approche autobiographique qui implique à travers le parcours singulier d'un individu, d'une histoire individuelle en co-construction intime avec une histoire collective, l'étude de la genèse des catégorisations et des tensions identitaires à l'oeuvre entre les stratégies des individus et des familles, et les logiques des sociétés et plus spécifiquement des institutions.

Une connaissance de soi, développée à travers une attitude réflexive, si elle ne se fige pas en une introspection narcissique, stipule une connaissance de soi et une re-connaissance de l'autre. Un lien *maïeutique* peut émerger entre narration de soi et (re)médiation de soi et de son rapport à l'autre. Pour être en mesure de cerner la diversité et la complexité des processus en jeu dans les narrations de parcours de vie, nous nous donnons plusieurs objectifs.

Notre premier objectif sera d'analyser les tensions existant entre un souci de cohésion de soi et la fragmentation d'une société, entre la fragmentation d'un parcours et la pluralité des appartenances, des modèles culturels concurrents de la culture d'accueil, qui peuvent mettre au jour des contradictions, ou des conflits entre des loyautés différentes.

Notre deuxième objectif sera d'analyser les récits de vie comme des lieux ou encore des espaces où se formuleraient de nouvelles identités linguistiques, de nouvelles valeurs culturelles, de nouvelles stratégies sociales devant les obstacles, de nouvelles appartenances ou contre-appartenances par rapport à celles qui sont officiellement assignées, en d'autres termes de nouvelles identités possibles. C'est au cœur de ces transformations que l'inventivité de l'acteur, ce que nous avons appelé la fiction de soi, prend toute son ampleur.

Notre troisième objectif sera également d'analyser le récit de vie comme des espaces-tiers de renégociation entre soi et la société, de passage entre soi et l'autre, mais aussi entre soi et soi. Peut-il devenir un espace de rassemblement de soi, de réconciliation avec l'autre, de réparation des fractures, de projection de soi, stipulant de nouveaux territoires intimes et de nouveaux passages vers l'altérité?

Enfin, notre dernier objectif sera d'interroger les approches autobiographiques comme outil d'analyse dans leur pertinence : permettent-elles d'interpréter les divers processus en jeu, de relever les traces d'extériorités sociales à travers le discours de l'intériorité et d'identifier les indices du déplacement de soi, les indices de mobilités identitaires, en nous demandant quels sont les apports et les limites d'une telle démarche.

Les principes de la pluralité et de la complexité - qui lui est étroitement liée - a régi notre ouvrage collectif, que nous déclinerons comme suit :

- *pluralité des approches autobiographiques qui revêtent des formes différentes* : récits de langues ou biographies langagières, histoires de vie, journaux de séjour et d'apprentissage, récits de vie écrits, récits de vie recueillis oralement, récits-témoignages, récits de voyage, « roman familial », entretiens biographiques, récits de fiction autobiographiques, autobiographies romancées, etc.
- *pluralité des ancrages scientifiques et des approches méthodologiques du récit de vie* : nous aurons des chercheurs et praticiens issus de

disciplines aussi diverses que le travail social, la psychologie, la psychosociologie, la sociologie, l'anthropologie, la didactique des langues et cultures, la sociolinguistique, etc.

- *pluralité des terrains d'enquête et des publics sollicités* : nous aurons des récits de vie recueillis en Italie auprès de personnes issues de pays post-coloniaux (ex. Russie, Ukraine, Moldavie); auprès de familles roumaines et de personnes d'origine africaine en France et au Canada; auprès de Romanches et auprès d'élèves migrants ou d'étudiants venant du monde entier en Suisse; auprès de minorités afro-colombiennes déplacées dans leur propre pays; auprès d'écrivains maghrébins et haïtiens installés au Canada; auprès de femmes réfugiés asiatiques (Vietnam, Cambodge) dans des camps ou auprès de familles haïtiennes au Québec; auprès de familles de disparus de la guerre au Liban, etc.

- *pluralité des contextes institutionnels et des situations de mobilité* : les personnes sollicitées sont rattachées à des institutions éducatives, universitaires, hospitalières, psycho-médicales, sociales, policières ou des associations semi-publiques et privées, ou même dans le contexte d'un transport collectif...

De manière transversale, pour chacune des expériences et recherches relatées, le statut et le rôle de l'intervieweur, celui qui recueille le récit, est très souvent perçu comme un observateur participant, engagé à sa manière dans le récit de l'autre et vis-à-vis de celui qui se raconte.

En regard de ces deux principes conducteurs (pluralité et complexité), nous avons réparti les contributions en quatre parties qui s'articulent autour de la notion de récit de vie comme espace d'un processus que nous avons identifié comme prédominant, mais qui n'exclut pas les autres processus en jeu.

1- Le récit de vie comme espace de renégociation de soi avec l'autre

Edith Cognigni tâche de mettre en évidence comment le récit de vie peut représenter un espace narratif interactif de (re)négociation identitaire de soi et de sa relation à l'autre dans un contexte plurilingue. Elle montre comment, le récit de vie constitue alors un moment formatif médié et médiateur où des sujets de langues et de cultures différentes peuvent co-construire des identités renouvelées et devenir des passeurs de leur propre expérience migratoire.

Renata Coray s'interroge sur le rapport qu'entretiennent les Romanches à l'allemand. Pour les membres de cette minorité linguistique, la maîtrise de cette langue est une condition sine qua non pour leur mobilité. Les biographies langagières recueillies auprès de représentants de couche populaire reflètent cette nécessité et les constructions de sens qui lui sont liées. L'analyse de leurs récits, traduisant les souffrances liées à l'apprentissage de cette langue imposée, permet d'identifier leurs stratégies de remédiation par rapport à la langue de « l'autre dominant ».

Marie-Françoise Pungier traque les traces de métamorphoses identitaires dans les journaux de séjour et d'apprentissage, rédigés par ses étudiants japonais lors et après une expérience de mobilité en France. Elle tente de percevoir comment les narrateurs abordent leur expérience d'immersion, comment les liens se tissent entre le séjour et l'objet langue, comment ils en intègrent le (ré)apprentissage dans le cadre académique, comment la classe devient le lieu de conscientisation de la multiplicité de l'expérience.

2- Le récit de vie comme espace de réparation et de projection de soi

Lucille Guilbert examine le concept de projet tel qu'il émerge dans le récit de vie de femmes immigrantes et réfugiées. Elle s'appuie sur des récits de femmes réfugiées d'origine vietnamienne rencontrées dans le camp de Phanat Nikhom, en Thaïlande, des femmes du Kosovo et de différentes provenances au Québec. Elle explore les articulations complexes entre projets individuels, familiaux et collectifs, rapport au temps et à l'espace, les processus d'individualisation, voire d'individuation, qui s'actualisent au cours de déplacements volontaires et forcés.

Catherine Montgomery observe que la migration forcée introduit une fissure importante dans les parcours de vie des demandeurs d'asile. Le récit peut constituer un outil pertinent pour donner sens à ces parcours fragmentés. Toutefois, la fonction du récit auprès des demandeurs d'asile, ainsi que son contenu, diffèrent selon le contexte de production. Elle réfléchit sur trois formes de récits (administrative, intervention, recherche) et leurs fonctions en tant qu'espaces-tiers de réparation et de remédiation de l'altérité dans le roman familial de demandeurs d'asile.

Flor Osario Perez a pour but d'identifier les processus par lesquels les Afro-colombiens, femmes et hommes, déplacés par la guerre, recommencent leur vie à Bogotá. Loin de leurs territoires ancestraux du Chocó, ils élaborent diverses stratégies pour s'intégrer dans un environnement urbain hostile. Les récits de leurs histoires de vie révèlent des vécus pleins de souffrances et d'apprentissages, à partir desquels ils cherchent à se réparer, à se projeter dans un nouvel espace, en donnant un nouveau sens à leur vie.

Iman Humaydan a mené sa recherche auprès de dix mères dont les proches ont disparu au cours des guerres civiles libanaises de 1975 à 1990. Les familles de ces disparus sont privés d'un lieu où chercher ces êtres chers, et accablés par des questions sans réponses. Les disparus n'appartiennent à aucune catégorie spécifique dans l'ordre social: ils ne sont ni morts ni vivants, ils sont suspendus entre ces catégories et donc « liminaux ». A travers les récits de vie, l'auteur explore la complexité de ce concept, et montre comment il convoque à la fois les violences institutionnelles, les sentiments de culpabilité, la recherche de la vérité, la réconciliation, et contribue à la reconstruction des identités.

3- Le récit de vie comme espace de déplacement de soi

Aline Gohard-Radenkovic questionne la pertinence de l'approche autobiographique dans la formation de futurs médiateurs linguistiques et culturels, en s'appuyant sur dix-huit récits de vie rédigés par ses étudiants. Cette démarche leur permet-elle de prendre conscience des transformations identitaires à l'oeuvre dans leurs expériences de mobilité et de formation? L'analyse des récits de vie permet-elle au chercheur d'identifier des indices de déplacements de soi dans ces mobilités géographiques?

Drita Veshi est partie de l'expérience d'une approche autobiographique avec un groupe d'élèves primo-arrivants de 15 à 18 ans apprenant le français dans sa classe d'accueil à Genève, se préparant au monde professionnel. Elle analyse leurs récits de vie écrits et oraux et montre que le récit de soi leur a permis d'élaborer des stratégies d'affirmation et de réparation, de bricoler de nouvelles identités, de se projeter dans un avenir pensable, instaurant une meilleure connaissance de soi et une reconnaissance de l'autre.

Perrine Obonsawin rend compte d'un travail d'accompagnement d'une mère de famille dans le cadre du dispositif français de protection de l'enfance en danger. Elle montre comment, à travers les récits de sa patiente, une relation presque intime se tisse entre accompagnée et accompagnante. Cette relation permet à son interlocutrice d'accéder à la complexité de sa vie et de s'approprier son parcours. L'auteur se demande en quoi le récit de l'histoire familiale peut être un élément structurant de l'intervention sociale.

4- Le récit de vie comme espace de fiction de soi

Monica Salvan propose d'analyser l'imaginaire roumain de la mobilité tel qu'il s'exprime suite à la chute du communisme, lorsque les prisonniers d'une société totalitaire découvrent le droit à la libre circulation. Son objet d'études est un recueil, L'expérience étrangère, rassemblant seize témoignages d'universitaires, chercheurs, écrivains, journalistes qui livrent le récit de leurs périples en « Occident ». L'auteur identifie une série *d'oppositions dynamiques au centre d'un processus de renégociation identitaire.*

Colette Boucher part du principe que, à travers l'expérience d'écriture, de lecture et de parole, l'identité de la personne migrante se définit constamment. L'auteur a mené des entretiens biographiques avec l'écrivaine québécoise d'origine haïtienne, Marie-Célie Agnant et avec sa fille, de même qu'avec trois tandems mère-fille de futures lectrices de ses romans. *L'analyse fait ressortir un jeu de reconnaissances, de stratégies identitaires, de mémoire et d'oublis, de fictions croisées, particulièrement révélateur.*

Lilyane Rachédi propose de s'attarder sur une « catégorie » spécifique d'immigrants au Québec, celle d'écrivains d'origine maghrébine. Elle postule qu'écrire donne du sens à leur parcours migratoire. Elle s'appuie sur le cas de Wahmed Ben Younes, écrivain algérien installé à Québec. Elle démontre combien le récit oral de Ben Younes sur sa migration, mis en perspective avec son roman autobiographique, *Yemma*, fabrique du sens pour le narrateur *dans un rapport dialectique entre fiction romanesque et fiction de soi.*

Alessandra Gerber s'intéresse aux stratégies d'adaptation d'étudiants africains dans le contexte fribourgeois en Suisse. Pour ce, elle recueille trois longs récits de vie et les croise avec des entretiens collectifs menés auprès des acteurs du quotidien que les narrateurs mentionnent dans leurs récits. Elle met au jour qu'au-delà des capitaux linguistiques et sociaux acquis dans cette expérience, ses interlocuteurs font preuve d'un véritable *capital narratif*. Leur récit de vie qui s'apparente au récit initiatique va avoir une double fonction : celle de révéler la fonction de médiateur qui s'affirme au fur et à mesure de leur parcours respectif et celle des remédiations identitaires en jeu, les révélant à eux-mêmes.

Nous l'avons vu, les récits de vie, en tant que lieu d'analyse et outil d'introspection, participent à la (re)construction du soi et de sa relation à l'autre en même temps qu'ils nous révèlent les processus identitaires à l'oeuvre chez les personnes en situation de mobilité. Toute approche autobiographique réattribue une épaisseur historique à des êtres en mouvance et en perpétuelle (re)négociation entre des pertes et des bénéfices. « Leur confisquer leur histoire, s'abstenir ou s'interdire de les laisser se raconter vient s'ajouter à ces pertes. Or leur histoire est probablement la seule chose qu'on ne pourra jamais leur enlever » (Rachédi, 2008 : 298).

Bibliographie

ANG, I. (2001). *On not speaking Chinese. Living between Asia and the West.* London, New York : Routledge.

BERTAUX, D. (2005). *Le récit de vie*. Paris: A. Colin. (Coll. 128).

BORDES-BENAYOUN, C., SCHNAPPER D. (2006). *Diasporas et nations*. Paris : Odile Jacob.

BRES, J. (1994). *La narrativité*. Bruxelles : Duculot.

CAMILLERI, C. (1990). *Stratégies identitaires*. Paris : PUF.

CASTELLS, M. (1999). *Le pouvoir de l'identité*. Paris : Fayard.

DESMARAIS, D., FORTIER, D., BOURDAGES, I. et YELLE, C. (2007). La démarche autobiographique, un projet clinique aux enjeux sociaux. Iin MERCIER, L., RHÉAUME, J. *Récits de vie et sociologie clinique*. Montréal : IQRC, p. 89-117. (Coll. Culture et Société).

DUNTHIL, F. (2006). *Histoire de femmes aborigènes.* Paris : Le Monde, PUF.

GOHARD-RADENKOVIC, A. (2006). *La relation à l'altérité en situation de mobilité dans une perspective anthropologique de la communication.* Habilitation à diriger des recherches : Sciences de la communication : Lyon : Université Lumière - Lyon II. Sous la direction de Y. Winkin.

GOHARD-RADENKOVIC, A., MURPHY-LEJEUNE, E. (2008). Mobilités et parcours. In Zarate G. Lévy, D. et Kramsch C. *Précis du plurilinguisme et du pluriculturalisme.* Paris : Archives contemporaines. Chapitre 3.

KAUFMANN, J.-C. (2004). *L'invention de soi : une théorie de l'identité.* Paris : A. Colin.

PERESSINI, M., GILARDI, P. (2008). *Redéfinitions identitaires des migrants: catégorisations collectives et stratégies des individus.* In ZARATE G., LÉVY D., KRAMSCH C.. *Précis du plurilinguisme et du pluriculturalisme.* Paris : Archives contemporaines. Capitre 3.

RACHEDI, L. (2008) *Trajectoires migratoires et stratégies identitaires d'écrivains maghrébins immigrants au Québec : l'écriture comme espace d'insertion et de citoyenneté pour les immigrants*. Thèse de Doctorat : Sciences humaines appliquée : Faculté des études supérieures : Université de Montréal.

RICŒUR, P. (1991). Narrer. L'art et la manière. L'identité narrative. *Sciences humaines,* n° 1, p. 35-47.

RICŒUR, P. (2000). *La mémoire, l'histoire et l'oubli*. Paris: Seuil.

SAYAD, A. (1999). Immigration et « pensée » d'Etat. *Actes de la recherche en sciences sociales,* n°129, Délits d'immigration. Paris : Seuil.

SOHET, P. (2007). *Images du récit*. Montréa : PUQ.

SINGLY (de) F. (2003). *Les uns avec les autres. Quand l'individualisme crée du lien*. A. Colin.

URRY, J. (2005). *Sociologie des mobilités. Une nouvelle frontière pour la sociologie* ? Armand Colin. Trad. de *Sociology beyond societies* Routledge : London, 2000.

ZARATE G. et GOHARD-RADENKOVIC A. (coord. par) (2004). La reconnaissance des compétences interculturelles: de la grille à la carte. *Les Cahiers du CIEP*. Paris : Didier.

ZARATE, G., LEVY D., KRAMSCH, C. (éd.) (2008). *Précis du plurilinguisme et du pluriculturalisme*. Paris: Archives contemporaines.

Première partie
Le récit de vie comme espace de renégociation de soi avec l'autre

Se raconter en migration : du récit biographique langagier à la co-construction de la relation interculturelle

Edith COGNIGNI[1]

Ce qui est appelé *life story* dans la tradition anglo-saxonne (Denzin 1970) ou *récit de vie* en français depuis les travaux de Bertaux (1997), est à présent reconnu à la fois par les chercheurs et les didacticiens, comme un instrument de recherche et de formation qui a fait ses preuves aussi dans le domaine des langues. Le récit de vie permet en effet de connaître au plus près les représentations de l'apprenant pour avoir une compréhension fine de son degré de conscience langagière (*language awareness*) et de conscience d'apprentissage de la langue (*language learning awareness*), mais aussi d'arriver au coeur de la relation personnelle et affective que le narrateur entretient avec les divers répertoires linguistiques dont il dispose. C'est également un instrument puissant dans le domaine de la formation pour adultes, en particulier grâce aux capacités qu'ont ces derniers d'engager un processus de réflexion sur soi et de reconstruction de soi, comme cela a été bien mis en évidence par Demetrio (1996) et Cambi (2002), pour s'en tenir aux recherches réalisées en Italie.

C'est en ayant à l'esprit ces deux dimensions que, dans les travaux qu'on a conduits sur l'acquisition et l'enseignement de la langue seconde en contexte plurilingue et pluriculturel, les récits de vie ont été conçus comme des récits sur les parcours d'apprentissage des langues et de contact culturel tout au long de la vie ou « biographies langagières » (voir Franceschini-Miecznikowski 2004, Cognigni 2007). Les récits de vie que nous avons recueillis, dans le cadre d'un entretien en profondeur avec des migrants post-coloniaux plurilingues, sont en fait des récits d'apprentissage linguistique et culturel, mais aussi des « récits migratoires » (Benveniste 1998) qui s'inscrivent dans le sillage des récits initiatiques. Ceux-ci ont permis de faire émerger et d'approfondir les comportements linguistiques du narrateur aussi bien que leurs trajectoires migratoires et leurs stratégies d'intégration dans la communauté locale.

---

1 Traduction effectuée en collaboration avec Christophe Clavel que je remercie ici pour son aide précieuse.

Pourtant, les témoignages oraux qu'on a recueillis (Cognigni 2007) ne sont pas seulement intéressants en tant que documents pour la recherche, mais ils constituent également des outils précieux pour l'enseignant, dans la mesure où ils représentent souvent un espace discursif de nature démocratique dans lequel les apprenants ont l'occasion de dé-construire et de re-construire à travers la narration leurs identités plurielles. Du fait de la diversité de leurs ressources linguistiques, c'est tout spécialement avec les migrants post-coloniaux que la narration de soi comme récit des langues peut donner lieu à des escamotages, des mises en avant et des ré-interprétations de leur patrimoine linguistique et culturel, chaque fois de façon différente selon leur contexte socio-linguistique d'origine, le parcours biographique et certainement aussi l'aptitude à l'auto-réflexion des sujets interviewés.

Telles sont les raisons qui nous ont fait choisir d'interviewer des migrants plurilingues qui parlent couramment l'anglais, le français ou le russe, langues souvent utilisées comme véhicule d'intercompréhension dans un contexte communicatif comme celui de la migration, mais souvent connotées affectivement en tant que langues attachées à un empire ou à la période post-coloniale (Lévy 2001). Notre propos est donc d'examiner ce que sont les relations qu'établissent les migrants post-coloniaux avec ces langues ; comment ceux-ci ont changé après la mobilité ; et si ce changement a quelque lien avec leur apprentissage de l'italien comme langue seconde. Dans le cadre de cette étude de cas, celles-ci étaient en effet les langues les plus largement diffusées parmi les migrants interviewés sur le terrain d'enquête, le « Centro Territoriale Permanente », une école publique qui en Italie dispense gratuitement aux migrants des cours du soir.

Il est également vrai que les migrants post-coloniaux sont confrontés à différents types de mobilité (géographique, linguistique, culturelle ou sociale), et ce sont généralement des individus possédant déjà plusieurs langues et plusieurs cultures qui ont à acquérir une nouvelle langue et une nouvelle culture, des individus qui sont alors exposés, plus que les autres, à la fragmentation identitaire, et, par conséquent, au besoin de se raconter.

Dès lors, en partant du principe anthropologique que nous sommes tous fondamentalement nomades (Callari Galli 1992), les migrants post-coloniaux peuvent figurer symboliquement les citoyens de la société globalisée d'aujourd'hui, citoyens dont l'identité a intrinsèquement partie liée à la pluralité et à la fluidité ; de la même manière, ils témoignent du besoin essentiel de se raconter face à la mobilité, à l'instabilité, à la fragmentation croissante de leur expérience.

En nous fondant, pour l'essentiel, sur les *Cultural Studies* et la théorie socio-constructionniste, nous nous sommes demandé si le récit de vie en tant que narration de soi dans un processus d'apprentissage linguistique et de prise de contact avec des représentants d'autres cultures peut devenir un « espace-tiers » (Bhabha, 1994) co-construit, où des narrateurs de langues et d'horizons culturels différents peuvent redéfinir leurs multiples identités, et, plus important, développer une conscience interculturelle et des compétences susceptibles de faciliter la formation de nouvelles identités « métisses », et au bout du compte, de nouvelles relations interculturelles.

Le récit des langues entre reflet et réflexivité

C'est tout particulièrement lorsqu'il s'agit de récit sur la langue et la confrontation à de nouvelles cultures que les récits de vie offrent aux migrants une occasion de réfléchir à leur expérience présente et passée, et, par dessus tout, à leurs projets. Comme Kaufmann le met en évidence en s'inspirant de la pensée de Ricoeur, « l'identité est l'histoire de soi que chacun se raconte » (2004 : 151), une histoire qui tente de donner sens à ce que nous avons vécu et éprouvé alors même que cela est en train de se dire, mais aussi une façon de réfléchir sur notre avenir, et par dessus tout, de mettre son déroulement à plat puisque « le récit est l'instrument par lequel l'individu cherche à forcer son destin » (*ibid.*: 153). Dans cette perspective, il est intéressant de rappeler la distinction proposée par Giddens (1991), qui distingue entre la *simple identity*, fruit du parcours vécu, et la *self-identity*, qui résulte de l'interprétation réflexive d'une hypothétique continuité biographique, laquelle recherche est en fait le but même impliqué par la narration de soi. Par conséquent, ce dans quoi nous mobilisons notre intérêt, n'est pas l'histoire elle-même, ni le simple contenu qu'elle véhicule, mais bien plutôt l'identité de soi qui s'en dégage, la capacité des interviewés à l'auto-réflexivité, et plus que tout sans doute comment ils tissent leur narration et pourquoi ils choisissent de le faire d'une certaine façon, ou comment, pour reprendre les mots de Kaufmann, « ego transforme le simple reflet en réflexivité par les intrigues qu'il invente à partir de sa propre expérience » (*ibid.*: 152).

Ce tissage est d'autant plus intéressant lorsque les narrateurs alimentent leur récit d'une histoire de migration et de plurilinguisme. Dans ce cas, la narration de soi représente en fait une voie pour rendre visible ce que, d'une certaine manière, les migrants perçoivent comme des compétences négligées, alors que celles-ci constituent justement des compétences plurilingues et pluriculturelles (voir Coste *et al.* 1997). Le récit de soi, surtout en tant que récit des langues, devient alors une forme d'auto-légitimation dans le pays d'immigration. Les migrants post-coloniaux ont beau être souvent déjà plurilingues et diplômés, leurs compétences sont de fait réduites à zéro lorsqu'ils arrivent en Italie. Comme cela se dégage de leurs récits, leurs compétences linguistiques et culturelles ne sont pas reconnues et encore moins valorisées dans le milieu social ou professionnel, et ce qui est plus grave, souvent elles ne le sont pas non plus dans le milieu formatif.

Par conséquent, comme nos recherches l'ont largement établi, les récits de vie traduisant des biographies langagières deviennent souvent des « scènes narratives » où les migrants manifestent l'une ou plusieurs de leurs identités préférées (Riessman 2002). La narration de soi représente en substance une occasion pour mettre en valeur leurs compétences linguistiques et culturelles, ou ce que Belz (2002), à la suite de Cook (2006), définit comme « multicompétence », ou la connaissance de deux ou plusieurs langues dans un seul esprit. C'est un concept qui fait bien ressortir que, si les compétences linguistiques ne sont pas séparées dans l'esprit d'un apprenant plurilingue, ils ne devraient pas l'être non plus dans la classe. Aussi loin que les migrants plurilingues post-coloniaux sont concernés, cela signifie qu'on ne peut pas enseigner la langue du pays d'accueil dans le vide, mais qu'il faut plutôt faire référence aux langues que les apprenants parlent déjà et sur lesquelles ils vont s'appuyer pour apprendre une nouvelle langue.

Le récit de vie peut également représenter le lieu du discours où peut se bâtir une identité renouvelée ou nouvelle — à laquelle les migrants semblent souvent aspirer intensément après la mobilité — ou ce que Kaufmann définit comme « identité biographique », une « régulation unifiante du soi tout au long de la vie » (Martucelli 2002 : 405) par laquelle « ego cherche à recoller les morceaux de son existence et de ses pensées par trop éclatées » (Kaufmann 2004 : 163).

En d'autres termes, la mobilité apparaît comme le ressort d'une reconstruction identitaire, ou du moins, d'une revendication d'identité, qui trouve dans le récit de vie le dispositif narratif où a lieu la prise en charge de sa propre pluralité et du sentiment de dépaysement après la migration : le récit de vie devient alors un des « pays » possibles dans toute déterritorialisation du soi (voir aussi Lévy 2008).

La méthode d'analyse : histoire, récit et structure narrative profonde

C'est exactement la présence diffuse de cette « régulation unifiante de soi », ce besoin impérieux de se raconter soi-même comme individu unique, et le plus souvent comme le héros d'un récit initiatique, qui nous porte à analyser les récits de vie recueillis *in extenso*, en adoptant une approche qualitative de type pluridisciplinaire. La méthode d'analyse adoptée est en partie redevable aux travaux de Demazière et Dubar (1997), puisque nous avons également appliqué une méthode d'analyse qui est celle de la sémiotique du récit et qui cherche à saisir la signification de l'ensemble de l'histoire qui se dégage à partir du récit, substance de l'interview. Cette approche recourt en fait aux outils littéraires et sémiotiques, approche pour l'essentiel inspirée des travaux de Benveniste

(1966), Lotman (1975) et Greimas (1970).

Dans cette méthode à trois niveaux, le temps, l'espace et, en rapport, la surface du récit et les structures profondes sont adoptés comme des outils d'interprétation fiables pour mettre en lumière les récits de soi à partir de points d'observation distincts mais convergents. Cette méthode à trois niveaux est née de la nécessité de faire émerger la richesse de significations de ces histoires au regard des perspectives ouvertes par différentes disciplines. A un premier niveau, l'analyse cherche à retracer le fil narratif de l'histoire, tout en le croisant avec les multiples langues qui constituent le répertoire de l'interviewé, et aussi les attitudes et les représentations linguistiques qui changent au fil de l'axe diachronique de la narration (Bertaux 1997, Lévy 1994). A un deuxième niveau, le récit est segmenté en séquences spatio-temporelles ou « chronotopes » (Bakhtine 1978), la matrice spatio-temporelle à laquelle est subordonné tout récit et d'autres actes de langage, afin d'analyser les structures de ce discours et son tissage. Enfin, le troisième niveau d'analyse vise à faire émerger les structures profondes du récit, démarche fondée sur le schéma narratif canonique développé par Greimas (1970).

Combinant les deux premiers niveaux — le premier caractérisé par une exploration verticale, contrairement au second, qui se définit par une approche horizontale — le troisième, dans une perspective en quelque sorte oblique, a pour fonction d'interpréter les récits migratoires comme des récits initiatiques, où l'attention se porte principalement sur l'acquisition de *compétences* et sur les *performances*[2] du sujet dans un espace extérieur (l'Italie ou un autre pays de l'Union Européenne, en fonction des différents parcours migratoires).

Dans ce schéma d'analyse, les langues et leurs variétés au sein du répertoire des migrants, y compris celles des post-coloniaux et la langue du pays d'immigration, constituent les *connaissances* possédées par le Sujet ou dont celui-ci doit se doter pour faire aboutir son propre *programme narratif*. Dans le récit de soi, celles-ci deviennent pourtant, en fonction des cas, des *objets magiques*, des compétences accessoires ou, parfois, de vrais objets de valeur[3].

Les stratégies linguistico-culturelles de « coping » que les migrants mettent en oeuvre dans les milieux socio-culturels et d'apprentissage, au moins telles qu'elles émergent de leur récit, sont ainsi prises en compte et mises en relation avec les représentations qu'ils ont des langues, et avec l'attitude qu'ils adoptent face à l'apprentissage de celles-ci.

---

2 D'après le schéma de la structure syntagmatique du récit élaboré par Greimas (voir Greimas 1970, 1983), au coeur de chaque récit se trouve une *performance*, ou une série d'actions conjonctives ou disjonctives entre le sujet et l'objet. Toutefois, avant d'atteindre l'Objet de valeur, le Sujet doit se doter de la *compétence* nécessaire.

3 Pour plus de précisions sur cette méthode, voir Cognigni 2007.

Stratégies linguistico-culturelles de rachat identitaire à travers la langue d'adoption

Olga ou la polyphonie des langues et cultures

Pour le migrant qui se raconte, le récit de soi représente souvent un espace narratif privilégié où peut se dé-construire et se re-construire son auto-représentation de sujet plurilingue aux identités multiples. À cet égard, l'auto-représentation qui se dégage du récit d'Olga est assurément symbolique : venant de la région russophone du Donbass en Ukraine orientale, elle se présente d'abord comme une locutrice parfaitement bilingue. Alors qu'elle évoque son enfance, elle mentionne aussi bien l'ukrainien que le russe comme ses langues maternelles qui sont pour elle deux codes d'expression mélangés et, ce qui importe encore davantage, deux moyens de pensée qu'elle ne peut pas apparemment distinguer ou séparer :

« Avant, il y avait les fables pour les enfants, les dessins animés même en russe et en ukrainien; cependant la langue officielle était le russe. MAIS les parents dans la maison parlaient en ukrainien. Alors, à trois ans, je savais déjà parler, je comprenais déjà même le russe et l'ukrainien. [...] **Je pensais en ukrainien et en russe en même temps.** »

Toutefois, plus loin dans son récit, le russe est d'abord présenté comme sa langue maternelle, une définition que, cependant, elle réserve au seul ukrainien après l'effondrement du régime soviétique. Tâchant de définir sa compétence plurilingue et le rapport complexe qu'elle entretient avec les différents codes linguistiques de son répertoire, Olga fait appel au paradigme de la langue officielle qui l'aide à légitimer son identité entre-deux, suspendue entre la dimension russe et l'ukrainienne. C'est aussi à travers un jeu de regards croisés — ce que Lehtonen (1994) appelle un *hétérostéréotype projeté* — qu'elle cherche à donner de la légitimité à sa pluralité identitaire :

« Pour les Ukrainiens, ceux de l'Ouest, pour eux, **je suis Russe**. Et.. pour les Russes, les Russes de Moscou, pour eux **je suis toujours Ukrainienne**. […] CEPENDANT JE PARLE ASSEZ BIEN pour... pour les Ukrainiens, mais pas... aussi bien. [...] Pour les ITALIENS je te dirai que je ne le parle pas comme une langue maternelle mais, **je me fais comprendre, je comprends**. »

Russe aux yeux des Ukrainiens occidentaux, Ukrainienne à ceux des Russes, et tout simplement une locutrice non-native pour les Italiens, elle peut ainsi harmoniser les différentes composantes de son identité plurielle. Toutefois, c'est seulement en se regardant à travers les yeux des locuteurs natifs qu'elle peut finalement justifier sa multiple appartenance linguistico-culturelle, sa non-nativité persistante, quelle que soit la langue qu'elle parle.

Même si le récit révèle graduellement sa *bilingualité asymétrique* (cf. Hamers, Blanc 1983) et le russe comme sa langue dominante, il est évident, dans ce récit, qu'Olga veut être perçue comme une locutrice bilingue parfaite. Ce statut lui permet d'harmoniser et donner du sens à sa pluralité linguistique et culturelle, tout en favorisant la construction d'une identité renouvelée et multicompétente d'italo-ukraino-russophone qui, grâce à sa bonne maîtrise de la langue d'adoption, est à même d'aider tant les Ukrainiens que les Russes monolingues dans le pays d'immigration. En se référant à ses langues d'origine, en effet, elle affirme :

> « En Italie je les utilise avec les personnes... celles qui arrivent maintenant, ces « extra-communautaires », étrangers, comme on dit ici. Ils arrivent et lorsqu'on te demande de l'aide, **tu dois faire l'interprète. J'y vais volontiers**. Ici il y a beaucoup de personnes qui arrivent d'Ukraine [...] elles n'arrivent pas à s'expliquer en russe. Peut-être JE ne serai jamais capable de parler si bien l'ukrainien comme ILS le parlent, mais, tant bien que mal, je les comprends. [...] Il y a aussi les filles, celles qui arrivent de... de la Russie, du sud de Moscou, de l'Oural, de la Sibérie. ELLES te parlent seulement en russe. »

Youssou ou le médiateur élu

Le besoin pressant de raconter son propre plurilinguisme est encore plus évident dans le récit de Youssou, Sénégalais, vendeur à la sauvette, diplômé en langues étrangères qui se présente lui-même à l'envi comme un excellent étudiant, comme un polyglotte qui s'exprime couramment en anglais, en français, en wolof et en italien.

Tout à fait représentatif de l'ensemble de son récit de vie, le passage suivant met clairement en évidence qu'il veut être regardé comme un locuteur multicompétent, aussi bien qu'un interprète fiable entre la communauté des italophones et celle des migrants sénégalais :

> « Faire quelque chose, pour les autres garçons qui sont Sénégalais, je le fais toujours. Quant à ceux qui veulent faire quelque chose, qui ont des rendez-vous dans quelques bureaux ou qui ont des choses à traduire, **ils viennent toujours chez moi**, en fait. »

Il n'est pas seulement devenu un médiateur linguistique grâce à sa très bonne maîtrise de la langue du pays d'immigration, mais, après les événements du 11 septembre tout particulièrement, il se sent investi d'un rôle plus important encore, celui de médiateur culturel entre ses camarades de classe non musulmans apeurés et la communauté, complexe et hétérogène, des migrants musulmans en vertu de ce qu'il ressent comme la tradition de la *vraie* religion islamique :

« Ils avaient un peu peur, après **je leur ai expliqué**... comment marche la religion, comment on l'apprend, **comment doit être un vrai musulman**, quelle est la différence entre un Musulman et un Arabe. Parce que les gens font toujours cette confusion-là. »

Puisqu'il habite dans une zone dialectophone, même la variété locale de l'italien représente pour Youssou une connaissance linguistique dont il peut faire étalage et qui participe également à la définition de sa multi-compétence. Toutefois, contrairement à ce qui émerge des autres récits, ici le dialecte n'est pas perçu ni comme véhicule d'intégration socioculturelle dans la communauté locale, ni comme une entrave à l'apprentissage de la variété standard. Pour Youssou, le dialecte est plutôt un moyen de communication fonctionnelle, une langue amusante mais persuasive qui, en l'occurrence, lui permet de mieux convaincre le client italien d'acheter sa marchandise :

> « Je l'emploie de temps en temps, pour faire rire par exemple... une personne qui ne me connaît pas, ou bien en faisant le vendeur de rue, lorsque je veux convaincre une personne. [...] Ils rient ! Et « Mais comment ?! Tu parles aussi le dialecte ! » [d'un ton amusé]. À la fin, JE RÉUSSIS TOUJOURS... à les convaincre d'acheter ma marchandise. »

Dorina ou la recherche de la langue idéale

De la même manière que Youssou, pour Dorina, moldavienne roumanophone, le dialecte ne représente pas un code d'intégration dans le tissu social local, celui-ci étant perçu plutôt comme une langue laide et appauvrie où « tous les mots sont la moitié », et qui peut même devenir un instrument de marginalisation dans la communication interculturelle :

> « Au travail, AVEC MOI, ils n'ont jamais parlé le DIALECTE. Toujours ils m'ont parlé **clair, en italien... juste. Correct** [...] je ne m'imagine même pas que... je puisse me trouver au milieu de gens qui me parlent leur dialecte pour que je ne puisse pas les comprendre. »

Ce qui est plus intéressant est que, dans le contraste avec l'italien « langue claire, juste et correcte », la variété locale semble assumer les mêmes caractéristiques que cette langue orale impure, « moité russe, moitié roumaine », que Dorina a appris spontanément dans le pays d'origine et dont le roumain est *langue-toit*[4] . Dans son récit le moldave est

---

4 Une langue-toit ou *Dachsprache* est « une langue employée en forme avant tout écrite (mais même orale) douée d'un prestige social supérieur à celui des dialectes parlés dans une région donnée » (Goebl 1992: 11). Il y a en fait une marquée différence entre le moldavien écrit, largement correspondant au roumain standard, et le moldavien oral, une sorte d' « argot russo- moldave » promu même par les *media* locaux de la

en effet représenté comme une langue hybride qui porte les traces indélébiles de la domination soviétique :

> « Les Roumains parlent plus **CLAIR. Roumain, vraiment roumain**. Ils n'ont pas étudié la langue russe, par contre nous, avec le russe et le roumain, **nous avons fait des mots combinés** que pas... les Roumains ne me comprennent pas. [...] **Je n'aime pas notre langue**, je fais un péché en disant que je ne l'aime pas. Parce que j'ai toujours étudié **la langue... normale**. JAMAIS je n'ai aimé le dialecte. ON PARLE AVEC UN ACCENT différent, ma langue, comme un DIALECTE. C'est comme ça que je peux dire. Tandis que l'italien possède des mots plus **clairs... plus normaux.** »

La langue du pays d'immigration représente donc sa langue de préférence, un code empreint d'affectivité que Dorina emploie aussi dans le domaine domestique, tant pour manifester son attitude de refus vis-à-vis du moldavien oral, un dialecte imprécis et à fort accent, qu'à l'égard du russe, une langue imposée et détestée qui inévitablement lui rappelle un passé douloureux :

> « J 'étais une bonne élève. Ce qu'ils me disaient, j'apprenais et répondais, rien de mal puis-je dire, mais **un régime communiste** qui de A à Z, toi **tu dois faire, tu dois être** [...] MAINTENANT, je pense... **Je déteste un peu**. »

Symbole d'une culture dogmatique, la norme linguistique du russe que Dorina refuse, paraît toutefois se répercuter sur son apprentissage de l'italien, en produisant ainsi une constante *insécurité linguistique* (Calvet 2002) qui l'amène à s'exposer seulement à la variété standard, véhiculée surtout par la télévision, et à juger la variété locale comme un obstacle à l'apprentissage de l'italien standard.

La langue d'adoption devient ainsi cette « langue claire et normale » dont elle a toujours manqué et qui, maintenant, semble lui permettre de se refaire une « virginité idéologique » dans le pays d'immigration. Comme une sorte d'acte purificatoire, l'acquisition de l'italien 'langue idéale' devient donc le moyen de la construction d'une identité individuelle et sociale réinventée.

Iryna ou la fonction libératrice de la culture d'adoption

Un autre exemple patent de la façon dont un récit biographique langagier peut devenir une entreprise de reconstruction de soi à travers l'étude de la langue seconde est donné par le conte d'Iryna dans lequel sont rassemblées les raisons qui l'ont décidée à quitter l'Ukraine pour venir en Italie. Parfois, son « identité biographique » dévoile, pour ainsi

---

république de Moldavie (cf. Neukirch 1996).

dire, les mécanismes narratifs de son récit. En effet, son témoignage présente quelques incohérences, montrant alors que le temps biographique est pour l'essentiel un *temps de l'inconscient* (voir Arrigoni, Barbieri 1998: 106). Le récit de ce qui l'a décidée à gagner l'Union Européenne, passe en fait par une longue ellipse que l'on ne peut détecter qu'en examinant attentivement l'ensemble de son récit de vie. Bien qu'elle ait voulu faire un doctorat, elle a décidé d'interrompre ses études post-grade dans les années 90 parce qu'elle craignait que cela lui prît trop de temps pour se réaliser. Cependant, ce fait est donné comme immédiatement antérieur à sa migration, laquelle en réalité a eu lieu au moins dix ans plus tard :

> « J'ai quitté tout parce que j'avais toujours peur que... je ne me réalise pas parce que... c'est dommage qu'un peuple qui... ce n'est pas que nous soyons précisément détruits, mais là-bas toute la jeunesse se trouve à l'étranger! [...] puis j'ai pensé pour un peu que peut-être il **n'y avait pas de sens à faire ce doctorat, et j'ai fui**! »

Nous pouvons mieux comprendre ce passage à condition de se référer au récit de sa vie dans sa totalité. Iryna, avant cela, enseignait l'art dans une école et s'occupe à présent de personnes âgées. C'est pourquoi Iryna, tout comme d'autres interviewés, semble trouver une sorte d'affranchissement tout aussi bien dans l'apprentissage de la langue seconde que dans le sens italien de l'art et de la beauté, au point qu'au cours de son récit, elle réinterprète son besoin de partir comme une quête identitaire, bien plus que comme la stricte recherche de moyens de subsistance pour sa famille :

> « **Ce n'était pas ma première idée de venir en Italie**, je voulais aller aux Etats-Unis. Ce n'était pas... important OÙ, mais je savais que je devais m'en aller, parce que... **il me fallait faire vivre ma famille.** »

Malgré cela, en se référant à la reconstruction identitaire qu'elle a affrontée après sa migration, elle déclare plus loin dans son récit :

> « Ce renouvellement, j'en avais vraiment besoin, **c'est pour ça peut-être que je suis venue en Italie**! »

C'est donc à travers le récit de soi, ou mieux le *self-identity*, qu'Iryna prend conscience qu'elle a trouvé le renouvellement culturel qu'elle cherchait principalement dans l'art et la culture, nouvelle respiration grâce à laquelle elle pourrait même — comme elle l'explique elle-même — surmonter sa difficile adaptation socioculturelle en Italie.

Interprétation et fonctions des récits biographiques langagiers dans le milieu migratoire

Comme le montrent les extraits présentés ci-dessus, c'est exactement à cause de leur caractère réflexif que les récits de vie en tant que biographies langagières, constituent des outils formateurs éprouvés pour les apprenants en situation de migration, qui leur donnent la possibilité d'apprendre en réfléchissant sur leur propre vie à travers le filtre des langues et du contact culturel. Les récits biographiques langagiers deviennent un processus dialogique et médiateur des différents « moi » du locuteur plurilingue et pluriculturel, une médiation qui est perçue comme d'autant plus pressante que le narrateur est un sujet privé de tout droit à la parole et en quête d'une légitimation identitaire dans le pays d'accueil.

Dans la perspective qui est la nôtre, toutefois, le potentiel qu'offrent les récits de vie sur le contact linguistique et culturel ne doit pas se borner à cette dimension auto-formative ou auto-référentielle, notamment quand les biographies langagières sont co-construites par les enseignants et les apprenants ou par les apprenants eux-mêmes. Dans les milieux formatifs, les récits de vie peuvent devenir un « espace-tiers » symbolique, où les apprenants avec des appartenances socioculturelles et linguistiques différentes peuvent échanger des récits personnels, et, à travers eux, différentes perspectives et compétences.

De l'identité plurielle à l'identité métisse : une métamorphose par le récit ?

La notion d'« espace-tiers », cela est connu, provient de l'ouvrage de Bhabha, *The location of culture* (1994), dans lequel il envisage ce troisième espace comme des « sites ou conditions discursives qui assurent que la signification et les symboles de la culture n'ont pas d'unité primordiale ni de fixité; ainsi des signes identiques peuvent faire l'objet d'appropriation, de traductions différentes et être re-historisés à nouveau frais » (Bhabha 1994 : 37 [trad. par nos soins]). Autrement dit, l'« espace-tiers » est la métaphore qui désigne un espace virtuel et interactif où chacun a la possibilité de re-négocier ses appartenances identitaires.

Dès lors, les *Cultural Studies*, tout autant que le socio-constructionnisme proposent des orientations théoriques qui fondent non seulement notre approche des récits de vie mais l'utilisation que l'on peut en faire dans le cadre de l'éducation des adultes en migration. L'un des principes fondamentaux de la théorie socio-constructionniste (Gergen 2000) affirme que, dans le processus de formation de leur identité, les individus sont pourvus de plusieurs histoires et de plusieurs identités.

Le récit oral de soi représente par conséquent un outil fondamental pour faire émerger ces histoires et ces identités plurielles, puis pour les combiner/les faire mélanger. Il permet de donner voix aux structures de signification propres aux langues et cultures des migrants, à travers lesquelles ceux-ci interprètent leur condition de mobilité géographique et cognitive, tout autant que la culture du pays d'accueil. Cependant, toujours d'après les socio-constructionnistes, la description du monde que font les gens n'est pas la manifestation affichée au grand jour du processus intérieur d'un seul locuteur, mais bien plutôt l'expression d'une signification construite et négociée au niveau social. En renversant la perspective des socio-constructionnistes et celle des chercheurs en sciences sociales en général, il serait alors possible de penser les récits de vie comme des récits co-construits qui ne sont pas compris comme de purs instruments de recherche pour se plonger dans les vies et les points de vue des interviewés, mais plutôt la « compréhension négociée » des récits — telle que Gergen la définirait — des événements relevant d'une expérience commune, comme la migration, l'adaptation linguistique et culturelle au pays d'accueil, tout autant que le complexe et parfois douloureux processus de reconstruction identitaire que ces phénomènes en général provoquent.

C'est exactement pourquoi les récits de vie peuvent représenter un « espace-tiers » dans lequel *réflexion* et *interaction* doivent conjointement prendre place, pour faire aboutir l'*échange*. Par conséquent, le récit de soi en tant qu'outil de formation interculturel peut être considéré comme le lieu d'un discours construit ensemble, où deux interactants ou plus sont invités à réfléchir sur le déroulement de leur vie et les histoires que constitue leur apprentissage des langues. Ils peuvent aussi entrer en interaction avec des apprenants de différentes langues et de différentes cultures afin de donner vie à de nouvelles histoires entremêlées, à des identités métisses et, après tout, à des *homines narrantes* interculturels, tels que Fischer (1987) définit les acteurs sociaux dans son approche narrative.

Comme la notion d'« espace-tiers » de Bhabha, le récit de vie, en tant que récit formateur co-construit, rend alors possible de nouvelles interprétations de l'identité, comme contingente, fluide, et hybride. Il rend possible l'émergence de nouveaux territoires intimes pour l'auto-reflexivité, ouverts sur l'altérité et l'échange, auxquels les chercheurs et les praticiens dans le domaine des études interculturelles et de la didactique des langues et cultures, sont invités à prêter attention.

Vers une approche auto-narrative à la formation linguistico-culturelle en situation de mobilité

Dans notre optique, les cours de langue et de culture fondés sur la narration de soi, lorsqu'ils prennent en compte la vie de l'apprenant et l'histoire de ses apprentissages linguistiques, peuvent devenir un « événement formatif médié » (Cambi 2002) par lequel des adultes en situation de migration peuvent prendre conscience que la mobilité, spécifiquement lorsqu'elle prend le nom de migration, n'est pas, ou n'est pas seulement une situation de dépossession, de quête, d'efforts pour obtenir la reconnaissance ou la visibilité de ce qui, en général, reste involontairement caché, mais aussi une position privilégiée (voir Kramsch 1998) — à condition de reconnaître la mobilité comme « situation » — à partir de laquelle s'observer soi-même, les autres, le monde, et plus important, à partir de laquelle il est possible de construire des identités nouvelles, enrichies et métisses comme « le manteau d'Arlequin »[5] grâce aussi à la mise en relation avec d'autres apprenants qui partagent la même point de vue extérieur sur la langue et culture secondes et celles présentes dans la classe plurilingue.

Dans cet « espace-tiers » qui s'est co-construit narrativement, les apprenants adultes issus de la migration pourraient librement questionner et re-négocier leur attitude à l'égard de leurs identités premières et de leur répertoire linguistique, tout autant qu'à l'égard d'autres points de vue culturellement marqués et, plus important encore, à l'égard des valeurs du pays d'accueil. Afin d'éviter le mimétisme ou l'assimilation, une approche critique de la société d'adoption est en fait aussi importante que le développement d'une attitude réflexive à l'égard des différentes composantes de sa propre identité (voir Cognigni 2007).

Conclusion

Il apparaît donc qu'une approche auto-biographique de l'enseignement de la langue peut faciliter la médiation entre les différents « moi » d'un migrant plurilingue et pluriculturel, statut qui semble de plus en plus être la norme plutôt que l'exception dans la société globalisée. Plus important, il peut leur permettre d'avancer dans leur processus d'adaptation linguistique et culturelle au pays d'accueil et peut en outre aider les enseignants dans leur rôle de médiateurs auprès de ceux qui sont porteurs de différentes histoires, de différentes langues et cultures à l'intérieur de classes elles-mêmes plurilingues et pluriculturelles.

Avec ce type d'approche, comme nous avons essayé de le mettre en évidence, on ne peut plus continuer à penser que les migrants en situation d'apprentissage sont de simples porte-voix de leur(s) langue(s) et de

---

5 Michel Serres (2003) compare le caractère multidimensionnel de l'identité à un Arlequin dont l'habit est constitué d'un tas de bouts de tissus, de couleurs différentes, cousus ensemble et qui ne cessent de s'ajouter les uns aux autres au cours de la vie : *"Vous ne cessez de coudre et tisser votre propre manteau d'arlequin, aussi nué ou bariolé, mais plus libre et souple que la carte de vos gènes"* (*ibid.* : 153).

leur(s) culture(s), uniquement à valoriser, avec le risque toujours latent de la folklorisation, ou, pire, de les réduire à de simples bénéficiaires d'un processus de médiation à sens unique. Ils ont au contraire, de la sorte, toutes les chances de prendre une part active, en qualité de médiateurs d'eux-mêmes et des autres, et, en définitive, de protagonistes, au passage d'une société multi-culturelle à une société inter-culturelle.

Bibliographie

ARRIGONI, M.-P., BARBIERI, G. (1998). *Narrazione e psicoanalisi. Un approccio semiologico*. Milano : Cortina.

BAKHTINE, M. (1978). *Esthétique et théorie du roman*. Paris : Gallimard.

BENVENISTE, A. (1998). Le récit migratoire ou l'identité instable. In *Journal des anthropologues*, n°75, pp. 85-94.

BENVENISTE, E. (1966). *Problèmes de linguistique générale*. Paris : Gallimard. Vol. 1

BELZ, J.-.A. (2002). Second Language Play as a Representation of the Multicompetent Self in Foreign Language Study. In *Journal for Language, Identity and Education*, 1 (1), pp. 13-39.

BERTAUX, D. (1997). *Les récits de vie: perspective ethnosociologique*. Paris : Nathan.

BHABHA, H. (1994). *The Location of Culture*. New York : Routledge.

CALLARI GALLI, M. (1992). *Antropologia culturale e processi educativi*. Roma : La Nuova Italia.

CALVET, L.-J. (2002). *La Sociolinguistique*. Paris : P.U.F.

CAMBI, F. (2002). *L'autobiografia come metodo formativo*. Roma-Bari : Laterza,

COGNIGNI, E. (2007). *Vivere la migrazione* tra e con *le lingue: funzioni del racconto e dell'analisi biografica nell'apprendimento dell'italiano come lingua seconda*. Porto S.Elpidio (FM) : Wizarts.

COOK, V.J. (2006). Interlanguage, multi-competence and the problem of the 'second language'. In *Rivista di Psicolinguistica Applicata*, 4 (3).

COSTE, D., MOORE, D., ZARATE ,G. (1997). *Compétence plurilingue et pluriculturelle*. Strasbourg : Conseil de l'Europe.

DEMAZIÈRE, D., DUBAR, C. (1997). *Analyser les entretiens biographiques. L'exemple des récits d'insertion*. Paris : Nathan.

DEMETRIO, D. (1996). *Raccontarsi. L'autobiografia come cura di sé*. Milano : Cortina.

DENZIN, N.K. (1970). *The Research Act*. Chicago : Aldine.

FRANCESCHINI, R., MIECZNIKOWSKI, J.(2004). *Leben mit mehreren Sprachen. Sprachbiographien – Vivre avec plusieurs langues. Biographies langagières*. Bern : Peter Lang,

FISCHER, W.R. (1987). *Human Communication as Narration. Toward a*

Philosophy of Reason, Value, and Action. Columbia (SC) : University of South Carolina Press.

GIDDENS, A. (1991). *Modernity and Self-Identity. Self and Society in the Late Modern Age*. Cambridge : Polity Press.

GOEBL, H. (1992). A proposito di elaborazione linguistica. *Mondo Ladino,* 16 (1-2), p. 9-26.

GREIMAS, A.-J. (1970). *Du sens*. Paris : Seuil.

GREIMAS, A-.J. (1983). *Du sens II - Essais sémiotiques*. Paris : Seuil.

HAMERS, J.-F., BLANC, M. (1983). *Bilingualité et bilinquisme.* Bruxelles : P.Mardaga.

KAUFMANN, J.-C. (2004). *L'invention de soi. Une théorie de l'identité.*, Paris : A. Colin.

KRAMSCH, C. (1998). The privilege of the intercultural speaker. In BYRAM, M., FLEMING, M. *Language Learning in Intercultural Perspective. Approaches through drama and ethnography.* Cambridge : University Press.

LEHTONEN, J. (1994). Cultural Stereotypes and Intercultural Communication. In BARTELT, G. *The Dynamics of Language Processes.* Tübingen : Narr. pp. 173-182.

LÉVY, D. (1994). Quand une langue dit plusieurs cultures, quand une culture s'exprime en plusieurs langues : unification et stratification en situations de contiguïté. *Studi Italiani di Linguistica Teorica e Applicata,* 23 (3), pp. 537-550. *Analisi comparativa Francese/Italiano. Lingue e culture a confronto*/ARCAINI, E., FOURMENT-BERNI CANANI, M., LÉVY-MONGELLI, D.

LÉVY, D. (2001). Statut des langues, langues 'médiatrices' et attitudes xénophiles. Fonction, perception et représentation du français, de l'italien et de l'étranger dans le phénomène d'immigration nord-africaine en Italie. In *Langues, xénophobie, xénophilie dans une Europe multiculturelle. Actes du Colloque Xénophobie, xénophilie et diffusion des langues.* ENS-Saint Cloud, Paris, 1999. Caen : CRDP, (*Actes, Rapports, Dossiers du CNDP*/ZARATE, G.), pp. 77-93

LÉVY, D. (2008). Soi et les langues. In ZARATE, G., LÉVY, D., KRAMSCH, C. *Précis du plurilinguisme et du pluriculturalisme.* Paris : Archives Contemporaines. pp. 69-81.

LOTMAN, J.M. (1975). Il metalinguaggio delle descrizioni della cultura. In LOTMAN J.-M., USPENSKIJ B.-A.. *Tipologia della cultura.* Milano : Bompiani, p.p. 145-181.

MARTUCCELLI, D. (2002). *Grammaire de l'individu*. Paris : Gallimard.

NEUKIRCH, C. (1996). *Die Republik Moldau. Nations und Staatsbildung in Osteuropa*. Münster : LIT-Verlag.

RIESSMAN, C.-K. (2002). Analysis of Personal Narratives. In UBRIUM J.-F., HOLSTEIN J.-A. *Handbook of Interview Research. Context and*

Method. Thousand Oaks (CA) : G. Sage, pp. 695-710.
SERRES, M. (2003). *L'incandescent*. Paris : Le Pommier.

Biographies langagières : les Romanches et l'allemand, récits-témoignages d'un rapport ambigu

Renata CORAY

Introduction

En constante diminution depuis le 19e siècle, le romanche est langue nationale pratiquée par une minorité de locuteurs. Aujourd'hui, quelque 35000 personnes en Suisse (0,5% des résidents) indiquent le romanche comme langue principale (J.-J. Furer, 2005). La plupart d'entre eux habitent dans les Grisons, une région montagnarde et agricole qui a gagné en attractivité touristique depuis quelques décennies. L'allemand est la langue dominante de la politique, de l'économie et de la société des Grisons[1] Dans les communes romanches, les écoles commencent dès la quatrième primaire avec l'enseignement de l'allemand comme première langue étrangère. Aujourd'hui, beaucoup d'enfants sont déjà confrontés plus tôt avec cette langue, principalement à travers les médias, les parents, les immigrés et/ou les touristes germanophones.

La coexistence asymétrique de ces deux langues, soit le déséquilibre entre la première langue minoritaire et la seconde langue dominante se reflète forcément dans les biographies langagières des Romanches. Ils sont tous confrontés à l'allemand. Mais leurs constructions narratives de sens à ce sujet varient beaucoup. Nous essayerons ci-après de démontrer les différentes stratégies d'aborder ces rapports de forces et ce bilinguisme de fait. Parmi les locuteurs romanches de la couche populaire nous distinguons trois types de stratégies : l'orientation locale et monolingue romanche, l'orientation bilingue avec séparation stricte des domaines romanches et allemands et l'orientation vers d'autres langues romanes.

La recherche biographique langagière est un outil de recherche sociolinguistique encore peu répandu. C'est la raison pour laquelle nous

---

1 Pour un résumé du développement historique, statistique et politique de la situation linguistique du canton trilingue des Grisons (allemand, romanche et italien), cf. R. Coray 2008, chapitre 5.

proposerons tout d'abord une esquisse du cadre théorique et méthodologique avant de passer à la présentation et à l'analyse des récits langagiers recueillis.

Le cadre théorique et méthodologique

La recherche biographique langagière est encore en grande partie une «terre vierge» au niveau théorique (K. Adamzik, E. Roos 2002 : XIII). Or elle peut tirer profit des travaux préliminaires de la recherche biographique en sociologie. La recherche biographique sociologique est une approche qualitative qui se fonde sur les réflexions théoriques de la sociologie compréhensive (M. Weber), de la phénoménologie et de l'interactionnisme symbolique (G.H. Mead, A. Schütz). A partir des années 1960/70, elle inclut des acquis de l'ethnométhodologie (H. Garfinkel) et de l'approche socioconstructiviste (P. Berger, T. Luckmann). La recherche biographique telle que nous la comprenons ici fait partie du paradigme constructiviste (cf. F. Schütze/J. Meindl 2004: 754). Selon ce paradigme, la réalité sociale est construite par les membres de la société; les phénomènes sociaux doivent donc être reconstruits du point de vue des membres et avec l'aide de leurs procédures qui sont pour l'essentiel des procédures communicatives (cf. W. Kallmeyer 2005: 979). L'entretien narratif, une des méthodes importantes dans la recherche biographique, représente une méthode scientifique basée sur des procédures quotidiennes.

Les récits (biographiques) sont des prestations de construction qui nécessitent un travail de sélection et de mémoire. Ils ne fournissent pas de récapitulation authentique des événements passés. La recherche biographique s'intéresse à la question de savoir comment les narrateurs attribuent du sens à la réalité sociale et quelle est l'importance de certaines actions et événements pour ces derniers (cf. U. Flick 1996: 139ff.). Elle se focalise avant tout sur les constructions de sens et d'importance des membres individuels de la société.

Mais la recherche biographique ne se limite pas au seul cas singulier. Elle inclut l'analyse micro et macro, respectivement l'analyse des conditions individuelles et des contextes sociohistoriques pour aboutir à l'analyse de la biographie comme « croisement » entre l'individu et la société, « où se construit le récit de vie (racontable) comme moyen d'orientation des actions » (W. Fischer-Rosenthal 1991 : 255). Les attributions de sens et les orientations des actions reconstruites sur la base des récits de vie singuliers peuvent indiquer des types d'interprétation et d'orientation plus répandus.

Le récit biographique est une manière d'autovérification identitaire qui se fait dans des situations très différentes[2]. Le récit de vie (partiel) ne se

2 Pour le concept de l'identité narrative, cf. P. Ricoeur 1985 et J. Bruner [1987] 2004.

trouve pas seulement dans des contacts amicaux mais aussi institutionnels, par exemple dans des contextes thérapeutiques, pastoraux, médicaux ou juridiques (cf. W. Fuchs 1984: 15-30). C'est pour cette raison que nous disposons de traditions formelles du récit biographique, soit de «prescrits biographiques», respectivement de «formulaires sociaux» (S. Lamnek 1995: 343).

Depuis quelques années, la recherche biographique gagne également du terrain en sociolinguistique. La recherche biographique langagière s'intéresse à la métacommunication, soit à la communication et réflexion au sujet de la langue. Elle peut être définie comme «recherche du vécu individuel autour de la langue», vécu auquel il y a un accès discursif (R. Franceschini 2002 : 19). A l'aide d'entretiens narratifs, elle explore les expériences et les évaluations langagières individuelles et collectives. Les domaines principaux de la recherche biographique langagière sont les recherches d'acquisition de la langue et les recherches de contacts et changements linguistiques (notamment dans des situations de migration et auprès de minorités linguistiques)[3].

La recherche biographique langagière inclut une dimension temporelle. Elle permet de connaître le vécu individuel des processus historiques de changements linguistiques. En plus, elle offre – partant d'une actualisation au présent – un regard sur les moments passés, présentés comme des moments marquants et qui ont ainsi contribué à modeler la conscience et l'idéologie linguistique des narrateurs.

La recherche biographique langagière permet la reconstruction de représentations sociales et d'évaluations (cognitives et affectives) de la langue. Les enquêtes sociolinguistiques dans ce domaine recourent à une terminologie hétérogène. Nous nous orienterons ici en fonction des concepts de la conscience linguistique et de l'idéologie linguistique. Comme synonyme, nous utiliserons la notion du savoir linguistique[4]. Ces trois notions focalisent des savoirs et des attitudes concernant la langue, les locuteurs et les situations linguistiques produits en interaction sociale.

Le projet de recherche

Les récits de vie présentés et analysés ci-après sont issus d'une recherche en cours intitulée *Biographies langagières rhéto-romanes. Langue, identité et idéologie dans la zone romanche*[5]. Elle s'intéresse au

---

3 Cf. par exemple les articles de K. Adamzik/E. Roos 2002 et R. Franceschini/J. Miecznikowski 2004.

4 Pour le concept de la conscience linguistique, cf. P. Scherfer 1983 et P. Cichon 1998, pour le concept de l'idéologie linguistique, cf. J. Blommaert 1999 et B.B. Schieffelin et K.A. Woolard et P.V. Kroskrity 1998.

5 Elle fait partie du Programme national de recherche 56 du Fonds national suisse (FNS) qui traite de la diversité des langues et compétences linguistiques en Suisse. Pour plus

savoir linguistique et aux constructions d'identité langagière d'une couche sociale plutôt négligée par la recherche sociolinguistique romanche : les membres de la couche populaire, qui vivent dans la zone romanche, ne font pas partie d'une élite éduquée et ne sont pas des activistes du mouvement de sauvegarde du romanche.

La base empirique de la recherche sont les 31 biographies langagières recueillies pendant des séjours de terrain dans deux commune de la zone romanche, effectués entre l'automne 2006 et le printemps 2008[6] Les entretiens biographiques langagiers ont été menés dans la première langue des interviewés, soit en romanche, et selon la méthode de l'entretien narratif[7]. La question initiale de raconter sa vie sous l'aspect de la thématique « langue(s) » est une double tâche assez difficile. C'est pourquoi nous avons souligné dans les explications préalables que nous nous intéressions, d'une part, au récit de toute une vie et, d'autre part, aux contacts et expériences linguistiques encadrés et contextualisés par le récit de vie.

Chaque entretien a été transcrit intégralement et analysé selon le codage thématique et la reconstruction biographique pour dégager les catégories et sujets importants pour l'interlocuteur. Dans le codage thématique (U. Flick 1996 : 160-165, id. 2005: 271-278), il s'agit d'abord d'une condensation du sens et ensuite d'une généralisation (faire des paraphrases, donner des codes ouverts et sélectifs). La reconstruction biographique (cf. W. Fischer-Rosenthal, G. Rosenthal, 1997) se fonde sur une analyse séquentielle du récit de vie qui examine en détail les liaisons discursives : quels sujets et acteurs sont introduits à quel moment, dans quel type de texte, avec quelle précision? Et quels champs thématiques se dégagent-ils? Une comparaison entre la biographie chronologique de l'interlocuteur et son récit de vie permet ensuite de distinguer des omissions, des raccourcis ou des extensions dans la reconstruction narrative de certains sujets et périodes de vie[8]. Dans une prochaine étape, le reste de l'entretien est soumis à l'analyse séquentielle[9]. Il s'ensuit pour finir la synthèse des résultats des analyses préalables. Cette dernière étape donne une vue globale du texte, c'est-à-dire des catégories et sujets importants pour l'interlocuteur et de ses constructions de sens, ce qui

---

de détails: http://www.nfp56.ch et R. Coray et B. Strebel, 2008.

6 Nous remercions Barbara Strebel pour sa collaboration scientifique précieuse.

7 Pour des informations détaillées concernant la méthode de l'entretien narratif selon Fritz Schütze, cf. notamment: I. Küsters 2006, W. Kallmeyer 2005 : 984f., C. Hopf 2000: 355-360.

8 Nous rappelons le cadre théorique socioconstructiviste qui ne part pas de l'idée d'une homologie entre le récit et le vécu. Cf. le résumé de ce débat dans I. Küsters 2006 : 32 ff.

9 Cf. l'explication des outils d'analyse en détail dans G. Lucius-Hoene/A. Deppermann 2002 : 109 ff.

permet ainsi de reconstruire le type d'orientation langagière.

Quels sont les rapports avec l'allemand?

Dans les récits biographiques langagiers recueillis parmi les locuteurs romanches de la couche populaire, nous trouvons régulièrement des souvenirs liés aux premiers contacts avec l'allemand et à l'apprentissage de cette langue. Avant de passer à une interprétation plus générale des rapports avec l'allemand, nous présenterons trois biographies langagières qui relatent des expériences difficiles. Les dates biographiques fragmentaires du début sont suivies – en italique – par le résumé du récit de vie des interlocuteurs, qui maintient autant que possible les segments thématiques et les catégories du récit original. Chaque présentation se termine par une brève analyse avec focalisation spéciale sur le problème avec l'allemand.

Toni : « Se perdre » dans l'enseignement de l'allemand

Toni est un agriculteur d'environ 45 ans. Deuxième d'une famille paysanne de trois enfants, il a toujours vécu dans son lieu d'origine, à l'exception de deux hivers. Il est père de quatre enfants et propriétaire d'une des grandes fermes du village. A côté de son engagement pour sa famille et l'agriculture (biologique), il est actif dans des associations, comme le chœur d'hommes et la troupe de théâtre amateur.

Toni commence son récit biographique langagier par une réflexion concernant les capacités normales de mémoire. Puis il met en scène narrativement l'épisode d'une rencontre avec des germanophones dont il peut encore se souvenir : à environ 5 ans, il s'est échappé pour suivre son père à l'étable hors du village. Sur les routes gelées, il se hâte de s'éloigner d'un couple germanophone qui tente de le retenir avec des bonbons qu'ils mettent dans sa capuche. Juste avant l'endroit le plus dangereux, sa mère réussit à le rattraper. Puis Toni raconte un autre épisode scénique de son enfance qui démontre son intérêt pour les animaux et l'agriculture. La suite, son temps de scolarité, est annoncée verbalement et non verbalement comme temps de souffrance. Dans le récit de son premier jour à l'école où il rencontre des enfants du petit village qu'il n'a encore jamais vus, il insiste sur la beauté de son petit univers isolé. Les explications qui suivent expriment de manière impressionnante comme le temps de scolarité l'éloigne de son monde paysan bien-aimé et le confronte douloureusement à ses grands problèmes de lecture et d'écriture. Une grave dyslexie sera diagnostiquée très tardivement. Au début, il vient encore à bout de ses problèmes de lecture et d'écriture en romanche avec l'aide de sa mère et de sa bonne mémoire. Mais avec l'apprentissage de l'allemand dès la quatrième primaire, il est vraiment sur le point de «se perdre». Il doit s'échiner et a toutes les peines du monde à lire. Quand il doit lire, toute sa classe rit. C'est à travers cette expérience qu'il s'est endurci et a appris à s'accepter tel qu'il est. Mais en ce qui concerne la langue, il se considère comme « un pauvre », les langues seraient son point faible. Toni parle ensuite du soulagement à la fin de l'école, de l'impossibilité de s'imaginer de devoir continuer une formation et de son unique désir d'être paysan. Il passe deux hivers chez un agriculteur en Suisse alémanique, où il doit s'efforcer de comprendre et de s'exprimer en dialecte suisse allemand. Cette grande famille paysanne l'impressionne; ils sont très gentils avec lui, néanmoins il souffre beaucoup du mal du pays. A son retour, il n'a plus jamais dû quitter son village ni vivre sans le romanche. Toni ajoute des réflexions concernant ses « racines » et sa relation intense avec sa famille, son entourage et avec des valeurs immatérielles. En ce qui concerne la langue, il note qu'il n'a plus jamais dû apprendre une autre langue et qu'il n'en a pas non plus ressenti le besoin. Il estime ne pas être très doué pour assimiler rapidement une autre langue, ce qu'il voit confirmé dans son dialecte villageois romanche encore très prononcé. Après ces explications relativement longues concernant ses problèmes à l'école et ses relations fortes avec les siens et l'agriculture, il termine son récit de vie avec quelques phrases résumant les dix années de vie à la ferme avec ses parents, son mariage et sa propre famille.

Le récit biographique langagier de Toni (comme tout l'entretien narratif avec lui) démontre une forte identification avec sa première langue romanche et une stratégie d'évitement de la deuxième langue, l'allemand. Il associe l'allemand à des étrangers, une fuite dangereuse et des attraits ambivalents, mais surtout avec son temps de souffrance à l'école. L'enseignement de l'allemand figure comme point culminant des tortures de jadis. Ses expériences négatives à l'école et la dyslexie diagnostiquée plus tard le conduisent à se considérer comme « un pauvre » en ce qui concerne la langue. Son don rhétorique frappant autant que ses activités culturelles (orales) dans sa première langue n'arrivent pas à influencer son auto-évaluation langagière. Outre le romanche et l'allemand, Toni ne mentionne aucune autre langue dans son récit de vie. Il s'est installé dans son monde familial, paysan et communal romanche. Il réduit les contacts avec la langue allemande au strict minimum.

David : la « panique » des rêves en allemand

David est un agriculteur d'environ 40 ans. Il a grandi avec trois frères et sœurs dans son village d'origine. A la fin de son apprentissage de paysan, il travaille au domaine agricole de son père, qui est le sien aujourd'hui. A côté de l'agriculture, il s'occupe surtout de la politique et de la gestion d'un restaurant montagnard. Il est marié et père de deux enfants.

Dans son récit biographique langagier David sépare consciemment les domaines histoire de vie et histoires langagières. Il commence son récit de vie avec sa famille d'origine et sa passion pour les travaux paysans dès son enfance. Il apprend le métier de paysan; après l'apprentissage et le service militaire, il aide son père à la ferme. A côté, il travaille comme moniteur de ski en hiver pendant 10 ans. Il se marie à l'âge de 29 ans. Il se qualifie de père heureux de deux enfants. David parle ensuite de ses activités extra-professionnelles : de sa formation de moniteur de ski et surtout de ses activités politiques pendant de longues années. Après avoir évoqué son « sang de commerçant » (fondation d'un magasin de sport et d'un restaurant de montagne), il aborde enfin le sujet de la langue. Il décrit l'environnement fortement romanche dans sa jeunesse, le contact tardif avec l'allemand à travers le tourisme et la télévision et la meilleure maîtrise de la langue allemande chez ses enfants aujourd'hui. Ayant côtoyé des ouvriers italiens dans son village, il a appris l'italien avant l'allemand. En quatrième primaire, il est finalement confronté à l'allemand, soit à l'allemand standard. Or, les touristes s'expriment en dialecte, ce qui provoque des confusions. David évoque ensuite ses difficultés avec la langue pendant son apprentissage en Suisse alémanique. Arrivé dans un environnement purement germanophone, il doit poursuivre toute sa formation en allemand, soit dans une langue étrangère, ce qui est très dur. Peu à peu cela va mieux. Un souvenir fort – qu'il raconte pour la première fois dans son récit de vie en utilisant un discours direct – est le moment où il commence à rêver en allemand après trois ans, ce qui l'étonne beaucoup et provoque presque un sentiment de panique. Après ce passage concernant les problèmes avec l'allemand s'ensuit à nouveau un renvoi à ses connaissances relativement fluides de l'italien, une langue qui serait plus proche du romanche. Puis David raconte deux épisodes amusants de son enfance liés aux connaissances déficientes de l'allemand de sa sœur aînée. Il termine son récit biographique langagier avec le souvenir du moment le plus dur concernant le sujet de la langue : c'est à la fin de sa scolarité, le jour où il doit quitter l'école à seulement 16 ans, après peu d'années et de leçons d'allemand, et entreprendre un apprentissage dans un environnement avec une toute autre langue.

Dans le récit de David, le problème avec l'allemand devient virulent avec le commencement de l'apprentissage en Suisse alémanique. Le passage qui traite de cette période-là est plein de formulations qui expriment les « grandes difficultés », le « combat », les « déficits » et les « problèmes » avec la langue allemande. Curieusement, le moment où il commence à développer une certaine familiarité avec cette langue (rêver en allemand) n'est pas représenté comme un moment positif, mais comme un événement effrayant. Le renvoi de David à ses sentiments de quasi-panique laisse supposer qu'il ressent les rêves en allemand comme aliénation de sa première langue, de sa famille d'origine et de soi-même et qu'il conçoit l'allemand comme infiltration indésirable de sa sphère intime. Contrairement à Toni, David cherche des défis à côté de son travail de paysan dans des tâches où il est contraint d'utiliser l'allemand. Il ressort de sa biographie langagière qu'il a surmonté le problème et que ses expériences difficiles ne se manifestent pas dans une auto-évaluation langagière négative comme chez Toni. C'est également dû, entre autre, à la possibilité de juxtaposer ses expériences positives avec une langue choisie, l'italien, aux problèmes avec la langue imposée, l'allemand.

Carmen : les « scrupules » vis-à-vis de la langue allemande

Carmen a 42 ans. Elle a grandi comme sixième de huit enfants dans une famille ouvrière dans la zone romanche. Serveuse, elle fait la connaissance de son mari, un ouvrier italien en bâtiment. Après avoir fondé une famille, ils émigrent en Italie et rentrent après quatre ans dans le village d'origine de Carmen. A côté de son activité d'épouse et de mère au foyer avec trois enfants, elle fait des travaux de nettoyage et de téléphone.

Carmen commence le récit biographique langagier avec la description des conditions modestes dans sa famille d'origine. Après avoir évoqué ses parents et son plaisir de fréquenter la maternelle, elle commence à aborder une première fois le sujet de la langue. Elle explique qu'à l'époque, ils n'entendent quasi jamais l'allemand au village parce qu'il y a pas de touristes. Par exemple, quand ils entendent des enfants en visite de Suisse alémanique chez les voisins, c'est pour eux comme du chinois, ils ne comprennent aucune parole. L'allemand, ils l'ont appris seulement plus tard à l'école. Les souvenirs de Carmen liés à l'enseignement de l'allemand sont marqués par sa timidité et ses scrupules à parler cette langue. Elle a peur de faire des fautes et beaucoup de peine, mais plus tard tout s'arrange. Elle raconte un épisode désagréable dans une auberge du village où elle travaillait comme enfant pendant l'été : à cause de ses piètres connaissances de l'allemand, elle a mal accompli une tâche et s'attire le blâme de la patronne. Carmen mentionne à nouveau sa timidité et sa peine avec l'allemand. Mais plus tard à l'école, elle l'apprend vite et volontiers. Or le dialecte nécessaire dans la vie « normale » la gêne à nouveau parce qu'elle n'ose pas le parler par peur qu'on se moque d'elle. Après le récit de ses expériences plutôt difficiles avec la langue allemande, elle raconte un souvenir positif de ses premiers contacts avec le français : enfant, elle fait la connaissance d'une jeune fille belge qui vient régulièrement dans leur village et avec laquelle elle apprend quelques mots de français. C'est la raison pour laquelle aujourd'hui elle comprend relativement bien le français et qu'elle le parle encore un peu. Carmen indique ensuite avoir fréquenté le collège, mais ne pas avoir fait d'apprentissage à cause de problèmes à la maison. Elle travaille comme serveuse, en hiver dans la zone germanophone des Grisons où elle apprend forcément à parler l'allemand. Puis elle raconte en détail diverses expériences positives avec l'italien : travaillant comme serveuse dans son village, elle fait la connaissance de son mari avec lequel elle apprend très bien le calabrais et l'italien. Après avoir déménagé en Italie, elle cesse peu à peu de parler le romanche avec ses enfants. Elle se sent bien là-bas, mais ils décident de rentrer en Suisse suite aux mauvaises expériences avec la maternelle pour ses enfants. Ici, ses enfants réapprennent en peu de temps le romanche à la maternelle. Carmen raconte en détail les problèmes de la maternelle italienne et aborde ensuite les problèmes avec l'allemand de ses enfants. Ils ont énormément de peine à apprendre l'allemand, notamment le cadet. Elle met ce problème en relation avec leur langue familiale et la télévision où l'italien domine. Carmen conclut en riant avec l'explication que l'italien serait une belle langue, plus proche du romanche, c'est pour ça qu'elle n'est pas si difficile.

Dans le récit biographique langagier de Carmen, on remarque que ses premières expériences avec l'allemand sont plutôt négatives, celles avec le français et surtout avec l'italien par contre sont très positives. Elle associe l'allemand avec le chinois, avec des enfants qui parlent de façon incompréhensible, avec la peur des fautes, sa timidité, un blâme causé par un malentendu langagier, avec l'apprentissage obligé hors de la zone romanche et avec l'acquisition difficile de l'allemand par ses propres enfants. A l'instar de David, elle conçoit le problème comme résolu aujourd'hui et fonde son assurance linguistique sur des expériences positives avec d'autres langues. Elle se meut principalement dans un monde italien et considère l'allemand comme une langue moins attrayante. Elle attribue la réitération du problème chez ses enfants d'une part à des traits de caractère, d'autre part à la situation linguistique familiale.

Hypothèses d'interprétation

Le s tendances prédominantes

Dans les trois récits biographiques langagiers présentés ci-dessus, mais aussi dans la plupart des récits recueillis, le premier contact avec une langue étrangère est celui avec l'allemand. Il s'agit pour tous de la première langue étrangère à l'école et de la langue de base de la formation professionnelle. Beaucoup d'interviewés de la génération moyenne et plus âgée n'ont pas eu de contacts poussés avec cette langue avant de fréquenter les leçons d'allemand dès la quatrième primaire. Une partie considérable, dont les trois cas présentés, se souvient de peines d'apprentissage, de situations de fuite et d'autres stratégies pour éviter le contact avec la langue dominante.

Dans les différentes configurations du rapport ambigu avec l'allemand, avec la langue obligatoire et indispensable, nous trouvons des savoirs linguistiques partagés. La conviction de ne pas avoir appris la langue à l'école mais dans la région linguistique correspondante est répandue. Les récits des séjours dans la région germanophone renvoient régulièrement aux obstacles face aux deux variantes allemandes. La diglossie est présentée comme moment qui complique l'apprentissage de cette langue et comme raison de moqueries. En plus, les interviewés modélisent souvent leurs problèmes langagiers avec l'aide de catégories psychologiques assez fortes: dans les récits présentés, il est par exemple question de souffrance, d'endurcissement, de panique, de timidité et de honte. Un autre témoignage récurrent concerne les progrès de la maîtrise de l'allemand depuis les dernières trente années environs. Les interlocuteurs constatent et approuvent des progrès considérables chez les enfants d'aujourd'hui qu'ils attribuent aux changements sociohistoriques, soit à la diffusion des médias électroniques et à l'apparition du tourisme.

En contraste avec la langue voisine dominante, l'allemand, la langue voisine minoritaire, l'italien, joue un rôle très positif dans beaucoup de récits langagiers. Les souvenirs liés au contact avec cette langue et avec les personnes qui la parlent sont presque exclusivement réjouissants. L'italien n'est pas une langue imposée et l'apprentissage se fait souvent hors du cadre scolaire, en contact direct avec des saisonniers ou en vacances. Le savoir partagé de la proximité linguistique entre le romanche et l'italien renforce cette insouciance envers l'italien. Quelques interviewés conçoivent cette langue comme du romanche légèrement modifié. Dans les récits de David et Carmen, l'italien constitue un espace-tiers de réconciliation face à leurs problèmes (initiaux) avec l'allemand.

Les stratégies types

Dans les récits biographiques où les souvenirs ambigus liés à l'allemand prennent une place importante, nous observons un rapport entre la relation avec l'allemand, avec le romanche (et d'autres langues romanes) et la mobilité. Les trois biographies présentées ci-dessus sont exemplaires pour trois types différents de la configuration de ces relations.

- *Le nid romanche ou le monolinguisme rassurant :* auprès des interviewés, qui parlent de problèmes d'allemand latents encore aujourd'hui, nous constatons une identification forte avec le romanche.

Toni conçoit par exemple le romanche comme ses racines et le fait de s'exprimer en allemand comme une mise en plastique, sans odeur: «quei fuss zatgei – mess quei en plastic, i dat buc or il fried pli»[10]. Les interviewés se meuvent dans un monde presque exclusivement romanche. Cela signifie que non seulement leurs activités sociales mais aussi professionnelles sont principalement orientées vers l'intérieur (vers la famille, la parenté, les amis et la commune d'origine). Ils évitent autant que possible le contact avec la langue dominante, l'allemand. Dans leurs récits de vie, les séjours dans d'autres régions linguistiques (pour le travail et les vacances) n'occupent qu'une place marginale. Leur radius de mobilité reste proche du lieu d'origine.

- *La sécession romanche-allemande ou le bilinguisme par raison :* quelques interlocuteurs ayant surmonté leurs problèmes avec l'allemand mais qui gardent un souvenir intense et frappant du processus difficile d'acquisition démontrent tendanciellement une séparation entre le monde romanche et le monde allemand. Ils insistent à l'instar de David sur l'inévitabilité du progrès de l'allemand: « la lingua rumantscha plascha a mai fich bain [...] però id è dad esser realistic, no pudain far che cha no lain, ma scha'l muond va inavant uschè, schi ün di nu daraja pü quella lingua, perche cha no gnin schmachà da tuottas varts »[11]. Dans leurs récits de vie, l'allemand joue un rôle important pour le développement professionnel, le romanche pour l'ancrage local et familial. Leurs activités sociales sont orientées vers l'intérieur, les activités professionnelles vers l'extérieur (travail dans le domaine du tourisme ou dans la zone non romanche et/ou activités politiques suprarégionales, par exemple). Le dépassement du problème avec la langue allemande est lié à sa fonction instrumentale importante et avec une mobilité professionnelle suprarégionale. Quelques-uns formulent explicitement des ressentiments envers cette langue non aimée, mais indispensable.

- *La troisième langue libératrice ou le plurilinguisme ressourçant :* quelques interviewés relatent des problèmes considérables avec l'allemand, problèmes qu'ils considèrent aujourd'hui comme dépassés. Ils s'identifient avec leur première langue, le romanche, mais tendanciellement moins fortement que les deux autres types. Ils font preuve d'un grand intérêt pour d'autres langues romanes. Ils préfèrent d'autres langues romanes à l'allemand, langue pour laquelle ils expriment explicitement peu d'affinités, comme une citation du récit de Carmen le démontre expressément : « quei ei mai stau in problem, il talian ussa, sco

10 «ça serait quelque chose – une mise cela en plastique, ça ne laisse plus sortir l'odeur»

11 «la langue romanche me plaît beaucoup [...] or il faut être réaliste, nous pouvons faire ce que nous voulons, mais si le monde continue ainsi, un jour il n'y aura plus cette langue, parce que nous sommes comprimés de tous les côtés»

per il tudestg, cul tudestg hai jeu fatg atras – also pitiu bunamein [...] il tudestg atgnamein er oz sco lungatg plai quei buc grad schi bein a mi – sco – na – fuss ussa buc miu lungatg preferiu »[12]. Ainsi leurs activités sociales se déroulent moins dans la langue allemande que dans d'autres langues étrangères et en romanche. Dans leurs activités professionnelles, ils peuvent généralement pratiquer plusieurs langues. Ils ont vécu pendant une période plus longue hors de la zone romanche, dans une région non germanophone. Aujourd'hui encore, ils démontrent une mobilité et un plaisir de communiquer au-dessus de la moyenne.

Conclusions

L'analyse des récits biographiques langagiers des membres de la couche populaire romanche dégage différentes constructions de sens et stratégies langagières. L'apprentissage impératif de l'allemand est un fait biographique partagé par tous. Dans quelques récits, des problèmes d'apprentissage sont relatés en détail, à plusieurs occasions ou même en rapport avec des expériences de discrimination.

Quelles sont les attitudes des narrateurs face à la nécessité d'une très bonne maîtrise de la langue dominante? Dans leurs récits l'allemand prend la place de la langue instrumentale et fonctionnelle, indispensable pour la mobilité sociale et géographique; le romanche par contre est doté d'une fonction identitaire et intime[13]. Parmi les interviewés, nous ne trouvons presque personne qui exprime une relation émotionnelle avec la langue dominante. Elle est conçue comme incontournable, nécessaire et utile, le romanche par contre est associé à la communauté villageoise, aux proches et à une « patrie » intime. Ceux qui ont des souvenirs forts liés aux problèmes initiaux ou continus avec l'allemand doivent forcément s'arranger avec cette deuxième langue. Ils ont développé différentes stratégies d'évitement : se retirer autant que possible dans la première langue, séparer nettement la sphère romanche (locale) de la sphère allemande (suprarégionale) et/ou s'orienter vers d'autres langues romanes.

Les récits langagiers analysés reflètent les rapports de pouvoir symbolique et de force. Les locuteurs romanches sont la seule minorité linguistique autochtone en Suisse forcée d'apprendre une deuxième langue quasi parfaitement. A l'instar des minorités allochtones, ils ne peuvent pas suivre des formations dans leur première langue. Dans

---

[12] « Cela n'était jamais un problème, l'italien, comme par exemple l'allemand; avec l'allemand j'ai dû subir – eh bien presque souffrir [...] l'allemand au fond encore aujourd'hui comme langue ne me plaît pas tellement – comme – non – ne serait pas ma langue préférée ».

[13] Cette «perennial tension between instrumental utility and symbolic value» de la langue (F. Coulmas 2005 : 10) peut aussi être résumée sous la formule concise «efficacité et identité» (G. Bossong 1994: 47).

presque toutes les activités professionnelles, mais aussi dans de nombreuses activités quotidiennes, ils doivent maîtriser l'allemand. Ce bilinguisme involontaire est une constante historique nullement contestée. Depuis le 19e siècle déjà, une élite prône une coexistence linguistique paisible et propage le romanche comme « clé » facilitant l'apprentissage d'autres langues. Aujourd'hui, il est conçu comme «plus-value» sur le marché des langues.

Mais ces efforts considérables pour sensibiliser à la normalité et aux avantages du bi- et plurilinguisme ne devraient pas négliger les différentes conditions sociales des locuteurs et les différents prestiges des langues impliquées. Il incombe de réfléchir au fait que tout le monde n'apprend pas volontairement, ni avec la même aisance, ni le même profit, une autre langue. C'est précisément dans les milieux sociaux analysés que la formation scolaire, lieu privilégié d'apprentissage de langues et d'accès au « capital linguistique », cause souvent des problèmes (Bourdieu 1982: 43). Il n'est dès lors pas surprenant qu'une grande part des Romanches de la couche populaire ne se soucient pas tellement de la sauvegarde de leur première langue menacée, mais plutôt de l'apprentissage de la langue dominante, de la langue-clé pour la mobilité sociale.

Bibliographie

ADAMZIK, K., ROOS, E. (2002). Biografie linguistiche. Biographies langagières. Biografias linguisticas. Sprachbiografien. *Bulletin VALS-ASLA*, n° 76. Neuchâtel : Institut de linguistique de l'Université de Neuchâtel.

BLOMMAERT, J. (éd.) (1999). *Language Ideological Debates*. Berlin, New York : Mouton de Gruyter.

BOSSONG, G. (1994). Sprache und Regionale Identität. In Bossong G.et all.*Westeuropäische Regionen und ihre Identität. Beiträge aus interdisziplinärer Sicht*. Mannheim : Palatium Verlag im J & J Verlag, pp. 46-61.

BRUNER, J. ([1987] 2004). Life as Narrative. *Social Research*, vol. 71, n° 3. New York : New School, pp. 691-710.

BOURDIEU, P. (1982). *Ce que parler veut dire. L'économie des échanges linguistiques*. Paris : Fayard,

CICHON, P. (1998). *Sprachbewusstsein und Sprachhandeln. Romands im Umgang mit Deutschschweizern*. Wien : Braumüller.

CORAY, R. (2008). *Von der Mumma Romontscha zum Retortenbaby Rumantsch Grischun. Rätoromanische Sprachmythen*. Chur : Bündner Monatsblatt. (sous presse).

CORAY, R., STREBEL, B. (2008). Biographies langagières rhéto-

romanes. Une recherche en cours. *Actes du XXVe CILPR Innsbruck.* Tübingen : Niemeyer. (sous presse).
COULMAS, F. (2005). Changing language regimes in globalizing environments. *International Journal of the Sociology of Language*, n° 175-176.. Berlin : Mouton de Gruyter, pp. 3-15.
FISCHER-ROSENTHAL, W. (1991). Biographische Methoden in der Soziologie. In FLICK, U. et all.. *Handbuch Qualitative Sozialforschung. Grundlagen, Konzepte, Methoden und Anwendungen.*.München : Psychologie Verlags Union, pp. 253-256.
FISCHER-ROSENTHAL, W., ROSENTHAL, G. (1997). Narrationsanalyse biographischer Selbstpräsentation. In Hitzler, R., Honer. *Sozialwissenschaftliche Hermeneutik. Eine Einführung.* Opladen : A. Leske + Budrich, pp. 133-164.
FLICK, U. (2005). *Qualitative Sozialforschung. Eine Einführung.* Rowohlt. Hamburg : Reinbek.
- (1996)., *Psychologie des technisierten Alltags. Soziale Konstruktion und Repräsentation technischen Wandels in verschiedenen kulturellen Kontexten.* Opladen : Westdeutscher Verlag.
FRANCESCHINI, R. (2002). Sprachbiographien: Erzählungen über Mehrsprachigkeit und deren Erkenntnisinteresse für die Spracherwerbsforschung und die Neurobiologie der Mehrsprachigkei. In ADAMZIK, K., ROOS E., pp. 19-33.
FRANCESCHINI, R., MIECZNIKOWSKI, J. (2004). *Leben mit mehreren Sprachen. Vivre avec plusieurs langues. Sprachbiographien. Biographies langagières.* Bern: Berlin : Bruxelles : Frankfurt-am-.Main : New York : Oxford : Wien : Transversales, Peter Lang,
FUCHS, W. (1984). *Biographische Forschung. Eine Einführung in Praxis und Methoden.* Opladen : Westdeutscher Verlag.
FURER, J.-J. (2005). *Die aktuelle Lage des Romanischen. Eidgenössische Volkszählung 2000.* Neuchâtel : Bundesamt für Statistik.
HOPF, C. (2000). Qualitative Interviews – ein Überblick. In FLICK U., VON KARDORFF, E., STEINKE, I. *Qualitative Forschung. Ein Handbuch.* Hamburg : Rowohlt, pp. 349-360.
KALLMEYER, W. (2005). Qualitative Methoden. In AMMON, U. et al. *Soziolinguistik. Ein internationales Handbuch zur Wissenschaft von Sprache und Gesellschaft.* Vollständig neu bearbeitete und erweiterte Auflage. Berlin : de Gruyter, pp. 978-992. 2. Teilband, 2.
KÜSTERS, I. (2006). *Narrative Interviews. Grundlagen und Anwendungen.*. Wiesbaden : VS Verlag für Sozialwissenschaften.
LAMNEK, S. (1995). *Qualitative Sozialforschung. Methoden und Techniken* (Band 2). 3., korrigierte Auflage. Weinheim : Psychologie Verlags Union, München.

LUCIUS-HOENE, G., DEPPERMANN, A. (2002). *Rekonstruktion narrativer Identität. Ein Arbeitsbuch zur Analyse narrativer Interviews*. Opladen : Leske + Budrich.

RICOEUR, P. (1985). *Temps et récit. Le temps raconté*. Paris : Seuil. Tome 3.

SCHERFER, P. (1983). *Untersuchungen zum Sprachbewusstsein der Patois-Sprecher in der Franche-Comté*. Tübingen : Narr.

SCHIEFFELIN, B.-B., WOOLARD, K.-A., KROSKRITY, P.-V. (1998). *Language Ideologies. Practice and Theory*. New York : Oxford, Oxford University Press.

SCHÜTZE, F., MEINDL, J. (2004). Die Rolle der Sprache in der soziologischen Forschung – historisch gesehen. In AMMON, U. et al. *Soziolinguistik. Ein internationales Handbuch zur Wissenschaft von Sprache und Gesellschaft* (1. Teilband). Vollständig neu bearbeitete und erweiterte Auflage. Berlin : de Gruyter, pp. 739-768.

Nous remercions Anne et Heimke Peiry pour leur aide précieuse de relecture et corrections linguistiques.

Traces d'expérience de la langue dans des journaux d'étudiants japonais en mobilité ou le récit d'une métamorphose*

Marie-Françoise PUNGIER

En 2005, s'est mis en place entre l'Université Préfectorale d'Osaka et l'Université de Cergy-Pontoise (respectivement ci-après OPU et UCP) un programme de mobilité courte et encadrée. Cette expérience a conduit à la production, par les étudiants y participant, d'écrits de nature diverse, enquêtes et rapports de fin de stage, journaux d'apprentissage, journaux de bord. Rassemblés, ils permettent de reconstituer, dans une sorte de méta-récit, les différentes étapes du séjour (amont et aval compris), et les manières dont elles sont vécues par les stagiaires. L'un des points communs à ces écrits concerne leur nature d'objet de "commande", car tous ont été réalisés non pour soi mais pour une instance extérieure – un enseignant – à qui ils ont été remis définitivement. Parallèlement, ces "travaux d'écriture" se caractérisent aussi par la quasi instantanéité entre le moment vécu perçu comme important et significatif par son auteur, et le passage à sa mise en mots sur le papier, réduisant, à première vue, les potentialités d'un retour réflexif, s'il existe, à son expression la plus simple. Pourtant, au fil des jours, une évolution se profile sur ce point en particulier.

De fait, la quasi absence de consignes de départ (pour le rapport de fin de stage, seule la longueur semble importer), la garantie d'un certain anonymat (les textes sont seulement précédés des intitiales de leurs auteurs), l'absence de notation de la production, le sentiment que malgré quelques désagréments, tout s'est bien passé, font que les stagiaires racontent leur stage, se racontent, en insistant, sans trop grande retenue, sur tel ou tel aspect leur paraissant digne d'intérêt. Ils disent, par exemple, leur manière de vivre la langue en contexte endolingue, l'amélioration ou pas de leurs compétences langagières, etc.

* Ce texte constitue une version entièrement remaniée d'une étude antérieure : Pungier M.-F. (2007). Traces d'expérience de la langue dans des écrits d'étudiants japonais en mobilité, *The Language Center Journal*, vol.7, Osaka Prefecture University, Faculté des Sciences et des Arts Liberaux, Osaka, pp.15-40.

Ce corpus, resté jusqu'à présent inexploité, l'est ici par le biais des mentions concernant ces expériences de langue. Dans le méta-récit du programme de mobilité, elles forment une catégorie remarquable due à la nature intrinsèque de l'expérience (pratiques en contexte endolingue), à la structure du programme de mobilité (renforcement des apprentissages langagiers en cours « classiques » par les sorties « culturelles ») et aussi parce qu'elles constituent un élément-clé dans l'appréhension du séjour, et donc dans sa description, comme moment de vie ayant permis qu'*il se passe quelque chose*.

Toutes les productions sont abordées comme une partie d'un récit global, celui du stage, et en même temps comme autant de récits d'individus à un moment de leur vie, celui des études. A première vue, ils ne se distinguent de leurs pairs – et cela n'est d'ailleurs pas revendiqué par eux – que par le fait d'avoir choisi de suivre des cours de langue grands commençants à l'université, ceci les autorisant ensuite à prétendre participer au stage en France. Cependant, avoir saisi cette occasion de mobilité les amène, par la force des choses, à préciser la place et le degré d'intérêt, donc aussi indirectement celui d'investissement qu'ils accordent à la langue dans leur quotidien alors qu'ils ont décidé de partir en France, à clarifier les rapports qu'ils entretiennent avec elle, et ce tout au long du séjour, et finalement se distinguer les uns des autres et à se singulariser.

La mise bout à bout de ces fragments permet de reconstituer les voies qui mènent les étudiants à l'expérience de mobilité qui leur est proposée, et aux transformations qu'elle fait naître. Leur analyse permet de dégager trois points, qui s'organisent entre eux et pour eux-mêmes, en partie, mais pas totalement, suivant un axe chronologique. Le premier moment qui est concentré ici dans une partie intitulée "entrées dans la mobilité", apparaît dans les écrits, comme celui d'un repositionnement par rapport à l'objet-langue, que certains occultent, que d'autres font se dresser devant eux, tel un obstacle qui n'a plus qu'à être franchi, coûte que coûte. L'arrivée en France et les rencontres avec des locuteurs natifs « locaux » qui sont consignées, avec ce qu'elles sous-entendent de part de communication voulue ou forcée, constituent le second point étudié, ou "expériences de la langue autrement". Ces parties de l'expérience de la mobilité s'écrivent comme des moments vécus à fleur de peau, et gardent trace d'un raccourcissement, quelquefois brutal, de la distance physique et mentale d'avec l'objet-langue. Pourtant, malgré la courte durée du séjour, les étudiants japonais disent non seulement que leurs rapports à la langue et à son apprentissage changent, mais aussi qu'ils les changent. La lecture de ces fragments d'expériences sur la voie d'une autonomie, allant au-delà de leur "statut" d'apprenant, fait l'objet de la troisième partie : "éléments pour une métamorphose".

Cette première analyse des récits de mobilité d'étudiants japonais ouvre alors la porte, en conclusion, sur la question de l'importance de la qualité humaine dans les rencontres et sur d'autres lectures possibles de ce récit d'expérience de mobilité

Entrées dans la mobilité

L'intitulé du stage créé, *Séminaire de langue française et culture francophone*, ne laisse aucun doute sur l'un de ses objectifs principaux : il s'agit offrir une possibilité à des apprenants de français de travailler la langue en complémentarité avec un enseignement/apprentissage local, voire de la proposer comme partie intégrante du cursus en FLE offert à l'UPO. Le passage à l'étranger doit permettre non seulement de consolider des acquis langagiers mais aussi amener à une remise à plat des envies et désirs de langue, et donc à une réestimation des investissements à mettre en œuvre.

Une envie de tourisme affirmée, un désir de langue limité

Cette position correspond pourtant là, en partie et jusqu'à présent, à une logique enseignante, à laquelle les étudiants se montrent dans l'ensemble peu sensibles, tout au moins dans un premier temps. En effet, force est de constater, à la lecture des écrits, que le stage est plus vécu avant le départ comme un voyage d'agrément que comme un temps de renforcement de compétences linguistiques. Les étudiants égrènent les noms des endroits où ils désirent se rendre. Cette liste qu'ils se constituent n'appartient à aucun d'entre eux en propre. C'est le fait d'aller en France qui la prédétermine.

> « Comme c'est mon premier voyage à l'étranger, je trouve ça très agréable. Hier, j'ai enfin acheté un guide. Notre-Dame, le Musée du Louvre, le Musée d'Orsay, le Château de Versailles... Je ne compte plus les endroits où je veux aller. » (Mari, 2005).

Un étudiant explique ainsi qu'en première année, il ne se sentait pas spécialement d'intérêt pour le français, au contraire même, puisqu'il reconnaît ne pas être allé en cours très souvent. Son départ pour la France s'explique plutôt par une question de rapport "qualité-prix", c'est-à-dire, par une appréciation de l'offre de mobilité en terme de produit touristique qui ne se différencie que très faiblement de celle que proposerait une agence de voyages :

> « Vraiment, pour 300000 yens, la France, j'ai l'impression que ce n'est pas cher. [...], mon premier but pour le stage, c'était le tourisme, et si travailler le français pouvait se faire par la même occasion, ça pouvait être bien. », (Chieko, 2006).

Eventuellement, l'étudiant a pu être attiré par l'idée du stage à l'étranger mais sans que le lien avec le français n'apparaisse pertinent tout d'abord, puisqu'il faut l'avis d'un ami pour se souvenir de son attirance pour... la culture française. Le rapport à la France et à sa langue semble bien lâche et peu personnel :

> « J'avais bien pensé un jour participer à un stage de langue, mais je n'avais pas décidé où je pourrais aller[...].[...] [J']ai discuté avec un ami. Ce qui m'a finalement décidé, c'est le fait qu'il y avait une partie culturelle. », (Yuki, 2006).

Il existe donc une tendance chez les étudiants à inverser l'ordre d'importance des deux éléments composant l'intitulé officiel du stage, minimisant ainsi, voire, quelquefois même, l'occultant, la dimension linguistique, cette dernière apparaissant comme en filigrane. Leurs désirs de France à l'origine de leurs motivations au voyage s'apparentent dans un premier temps de leur récit à l'expression d'une demande d'expérience touristique. Quelques étudiants, toutefois, intègrent un travail sur la langue aux préparatifs du voyage, comme des journaux d'apprentissage, surtout, le rappellent.

La redécouverte de la langue

Le retour à la langue se fait d'abord de manière irrégulière et changeante. L'un, après une réunion d'information sur le stage, va acheter quelque livre pour étudier à l'avance. Un autre, qui n'a pas réussi à garder son enthousiasme pour la France intact en première année, se met à suivre les cours de la NHK[1], à écouter un CD. Un autre encore reprend les cours de l'année passée. Il s'agit en effet plus de réactiver des connaissances anciennes que d'aborder des territoires de savoirs ou de savoir-faire nouveaux :

> « Je revois encore une fois le chapitre sur "se présenter" de manière à déjà savoir le lire et l'écrire. J'ai révisé des expressions comme "Je m'appelle ~, J'ai 20 ans. J'habites à ~. Je suis étudiante à l'université municipal d'Osaka, etc.", et j'ai vérifié et corrigé la prononciation », (Noriko, 2005)[2]

Il faut noter dans ces exercices la part accordée par les étudiants aux activités de l'oral. Pourtant, le plus souvent, c'est une fois sur place que la langue, matière verbale sonore, se met à occuper une place primordiale :

---

1 La télévision publique japonaise propose, sur sa chaîne éducative, un certain nombre de cours de langues. Son antenne radiophonique fait de même.

2 L'orthographe d'origine a été respectée.

« [...] dès le premier jour, du français, du français, du français. », (Nana, 2006).

Un certain nombre de remarques concerne cette “grande découverte” faite lors du premier cours à Cergy : celui-ci et les suivants se déroulent *en français* Ces mentions trahissent en fait un éloignement intérieur entre soi et la langue vécue jusque-là :

« Dans le cours, et c'est naturel mais, les professeurs ne parlent que français. », (Ichiro, 2005).

Malgré le fait que cela apparaisse comme “naturel”, plusieurs étudiants ne manquent pas de l'écrire comme si, à cet instant-là, il y avait prise de conscience de l'existence de la langue, non pas seulement comme objet indépendant, lointain, objet du monde académique, propriété de l'enseignant, discipline scolaire, mais comme objet intervenant dans leurs existences, au moins durant cette période vécue à l'étranger. L'écrire devient le signe de cette prise de conscience. Ces notations fonctionnent à double sens. D'une part, elles marquent la difficulté à devenir apprenant de langue ou à le rester, d'autre part, elles témoignent de ce que c'est la totalité de l'être qui est engagé dans ce voyage à l'étranger : physiquement, psychologiquement, mentalement :

« Finalement, le stage a commencé. Le cours est bien sûr tout en français, et pour essayer de comprendre, j'ai fait des efforts désespérés, et ça m'a pas mal fatigué », (Yasushi, 2005).

Cette difficulté à entrer dans un univers parlant et signifiant francophone représente un phénomène plus répandu, qui se rencontre autant chez ceux qui ont adopté une stratégie d'évitement d'(auto)évaluation de leurs connaisances en langue que chez ceux qui s'y sont obligés.

Du défi de la langue au défi personnel

Les étudiants qui font la démarche de préparer linguistiquement leur séjour attendent en fait que les exercices pratiqués en amont confirment le travail effectué précédemment en classe, c'est-à-dire que l'investissement consenti en termes de temps et d'efforts ne l'ait pas été en vain. Les révisions doivent permettre de rassurer sur la capacité à “se débrouiller” en France. Pourtant, ils s'aperçoivent qu'ils ont beaucoup oublié de leurs apprentissages antérieurs ou que, parce qu'ils confondent, en réalité, accumulation de connaissances brutes et compétences à communiquer langagièrement, ils n'arrivent pas à saisir les dialogues d'un film, un peu à leur étonnement :

« Aujourd'hui, chez moi, j'ai vu "Amélie"[3]. J'ai pensé que ça me ferait travailler le français. J'avais une version sous-titrée, et je n'ai pu que compter sur les sous-titres. Parfois, j'ai pu saisir un mot ou un autre, mais je n'ai pas pu suivre parce qu'ils parlaient trop vite », (Yasushi, 2005).

Ces exercices préparatoires, auxquels s'ajoutent ceux du séjour, servent, en réalité, à essayer de situer ses compétences en langue dans une optique académique...

« J'ai regardé les questions de l'examen du niveau 4 du Futsuken[4]. Pour le niveau, on dit que c'est à peu près celui de la fin de la première année à la fac, mais quand je l'ai fait pour de vrai, il y avait pas mal de mots que je ne connaissais pas et c'était difficile.[...] l'année prochaine je vais tenter le niveau 3 », (Yasushi, 2005).

... donc aussi à se situer soi en général. Le travail de préparation comprend ainsi, en même temps, une part de défi personnel. Ces deux formes de défi se superposent. La seconde complète la première : l'objet-langue y est toujours présent, assurant le passage de l'une à l'autre :

« Les occasions pour essayer si les Français comprennent mon français, au Japon, à part pendant le cours de langue avec un Français, il n'y en pas eu vraiment. Même si la prononciation était mauvaise, les fois où on a laissé passer [quelque chose], par gentillesse, étaient nombreuses. Vraiment, je me suis demandé si je pouvais me faire comprendre ou pas », (Yasushi, 2005).

Exceptionnellement, il peut s'agir d'une trop grande exigence envers soi-même, d'une conception du voyage aux enjeux "quitte ou double", d'une quête de soi qui passe par des épreuves individuelles à surmonter. Parmi celles-ci se trouvent celle de la maîtrise de la langue, non pas tant d'un point de vue académique que psychologique : l'objet-langue se dompte, s'apprivoise, à l'intérieur de soi. Une étudiante, renouvelant le déplacement à l'UCP, commence son rapport à propos de sa nouvelle expérience de la langue par le récit d'un sentiment négatif. Elle réussit cependant, grâce à un court séjour dans une famille de sa connaissance, à inverser la tendance :

---

3 Il s'agit du film « *Le fabuleux destin d'Amélie Poulain* », connu au Japon sous le titre « *Amélie* ».

4 « Futsuken » : examen de langue française d'origine japonaise. Il comprend sept niveaux, du « niveau 5 », le moins élevé, aux niveaux supérieurs « pré-niveau 1 » et « niveau 1 ». Des équivalents existent aussi pour l'anglais, l'allemand, le chinois, le coréen, le russe, l'espagnol, l'italien.

> « [J']ai trouvé une manière de franchir le mur. [...] Je me suis mise dans un environnement où la personne sur qui compter c'était moi seule ; en tout cas, dans une situation où pour transmettre ma pensée, je n'avais que mes mots », (Mai, 2006).

Le stage devient ainsi l'expérience d'une mise en danger potentielle à laquelle il faut faire face.

Le défi de l'insécurité intérieure

En effet, accepter de donner une place à la langue dans sa vie, c'est s'en faire une compagne, donc prendre des risques de ne pas pouvoir s'y adapter, de ne pas pouvoir la supporter. Par ailleurs, et puisque les enjeux dépassent le domaine purement linguistique, mais y sont toujours liés d'une manière ou d'une autre, le séjour à Cergy laisse la porte ouverte à plusieurs sentiments forts au premier chef desquels l'inquiétude ou l'insécurité psychologique. Ils naissent par exemple d'un premier rendez-vous raté avec la langue, souvenir traumatisant, ou de la prise de conscience d'un manque de préparation avant le départ. La confrontation avec la réalité du séjour en France, en particulier dans les premiers jours, laisse ouverte la porte aux regrets de n'avoir pas su se la représenter, ni la prendre en compte :

> « Mais avant le départ, j'ai été complètement prise par mon petit boulot et par le cercle, et je n'ai quasiment rien pu faire pour le français, et ça a été le départ, avec une inquiétude telle quelle. Bien évidemment, arrivée en France, ça a été continuellement des regrets de ne m'être pas renseignée plus avant. Pour les cours ou les courses, etc., j'ai pensé plusieurs fois que j'aurais dû travailler plus », (Naoko, 2006).

Nombreux apparaissent les étudiants qui mentionnent leur trouble intérieur par l'utilisation du mot “fuan” ou inquiétude, insécurité, ou par son antonyme “anshin” quand l'équilibre est retrouvé. Dans les rapports de stage, le terme “fuan” ou des mots de sens similaire se rencontrent dans huit récits (sur dix-neuf) en 2005 et dans onze récits (sur vingt-quatre) en 2006.

Cette tendance à l'inquiétude s'accroît vraisemblablement aussi avec cette anxiété liée au voyage à l'étranger lui-même, à l'idée de la rencontre avec autrui dont il est difficile de concevoir l'existence, ou bien difficile de penser que rien ne s'intercalera entre lui et soi au moment du contact[5]

---

5 Sur cette absence de l'autre, voir, en particulier, pour une approche historique du phénomène, Himeta M. (2006) ; Pungier, M.-F. (1997), De quelques données de géographie et de leur traitement dans les manuels de FLE au Japon, in *Furansu bungakuronshu (Recueil d'études de littérature française)*, n°32, Publication de la Société de littérature française du Kyushu, pp. 79-93.

Le défi lancé à soi même crée un état de tension qui risque de devenir paralysant. Seule l'entrée réelle, et non plus seulement imaginée, phantasmée, permet un retour à un équilibre intérieur. Les relations qui s'établissent entre le stagiaire et les autres membres du groupe ou avec des natifs apparaissent capitales dans ce processus de modification de la disposition intérieure personnelle. Leurs mentions écrites traduisent l'état de l'environnement affectif. Leur réussite aide à relativiser la peur du contexte endolingue :

> « Avant de partir en France, si je le dis franchement, plus que l'envie d'aller découvrir la France, moi, là-bas, est-ce que ça allait le faire ou pas, est-ce que les Français allaient comprendre mon français, c'est cette inquiétude-là qui était la plus forte et qui me faisait perdre un peu de ma confiance en moi », (Yuriko, 2006).

Le rapport à la mobilité, tel qu'il se laisse déchiffrer dans les écrits des étudiants, se place donc, pour quelques-uns dès le début, pour d'autres, au fur et à mesure, sous une double injonction : réussir à relever personnellement le défi d'une langue et d'une culture différentes et savoir maîtriser à l'intérieur de soi et pour soi l'état d'insécurité dans lequel le stage et l'environnement sonore font plonger.

Le défi de l'obstacle à franchir

A ce stade, la langue en contexte est alors conçue comme "*un mur*", autrement dit un obstacle difficilement franchissable, sauf exception :

> « Avec l'apprentissage du français (des langues étrangères), on se heurte à un mur. [...] Plus on essaie de parler naturellement, de parler bien, moins les mots sortent. » (Mai, 2006).

Il faut un engagement de soi particulier pour trouver un moyen de le franchir, une parade pour ne pas le voir surgir à chaque instant devant soi :

> « Mais [...], j'ai trouvé une manière de franchir le mur. », (Mai, 2006).

Si tous les fragments recueillis ne le disent pas de manière aussi claire et forte, l'idée de la langue comme obstacle se rencontre ici et là. L'extrait suivant le montre ainsi *a contrario*. Une étudiante s'aperçoit, lors d'une sortie animée et joyeuse avec des étudiants français, qu'il relève plus, à ce moment-là, de l'illusion que de la réalité, et pressent qu'il n'a pas de caractère permanent :

« Aujourd'hui, avec les Français, repas et bowling. Tout le monde était très excité, et ça s'entendait fort ! Aussi bien les Français que les Japonais, on a fait les fous pendant longtemps sans se préoccuper du barrage des mots. », (Anna, page du 20 septembre 2007).

Cet exemple montre que dans les écrits des sentiments autres que l'insécurité se rencontrent, mais que positifs ou négatifs, et rendant compte de la manière dont le séjour est vécu, ils se forment et se développent à partir de la réalisation d'un échange. Celui qui fonctionne comme il était souhaité, envisagé apporte de la joie, remplit l'étudiant de bonheur. A l'inverse, celui qui n'est pas réalisé idéalement amène du dépit, de la déception, donne un coup au moral, parce qu'il y a toujours une part de soi qui est engagée dans la conversation :

« Ne pas pouvoir transmettre [ce que je veux] en français, je trouve ça vexant"», (Tetsuya, 2005).

Mais, il arrive aussi que ce mur se lézarde lorsqu'il n'est plus considéré comme extérieur à l'apprenant mais comme pouvant être le fait d'une attitude personnelle. Des signes d'une prise de conscience que l'obstacle n'est pas permanent mais temporaire et que son franchissement viendra de lui-même plus tard et dans d'autres circonstances se lisent alors :

« Moi aussi, à midi, je n'ai pas vraiment pu communiquer avec les Français et ça m'a déprimé mais, je vais faire des efforts », (Lea, page du 13 septembre 2007).

L'insatisfaction d'un échange engendre dans un premier temps un coup de déprime, mais n'oblitère pas pour autant la capacité à vouloir continuer à utiliser la langue et à rencontrer des gens.

L'environnement propre au stage (séjour de groupe de trois semaines, vie collective, réalisations en commun, rêves partagés), l'éloignement physique, mental, sentimental du cadre familier (famille, nourriture, rythme de vie (fac – petit-boulot – copains – club – petit ami – violon d'Ingres, etc.), c'est-à-dire en un mot, le contexte *extra*–ordinaire explique aussi sans doute la vivacité des réactions qui se vivent à fleur de peau. Si les mentions concernant la langue apparaissent sans plus dans le temps d'avant le départ, elles prennent une place plus importante ensuite, jusqu'à l'écriture du retour. Celle-ci insiste sur le "dorénavant", sur les envies apparues, sur les bonnes résolutions prises pendant le séjour qui concernent soit la langue elle-même, soit quelque chose d'autre, car les expériences vécues permettent aussi de se situer dans le monde, d'être au monde, de naître au monde et apportent énergie et désir d'agir. Dans ce sens, le récit du séjour rend compte d'une forte volonté de la part des étudiants de privilégier la polyphonie des expériences.

Expériences de la langue autrement

Les lignes précédentes pourraient faire croire que les figures de l'apprenant en FLE n'apparaissent pas souvent dans les écrits des étudiants en mobilité. Ce serait là une erreur car elles existent. Simplement, et cela ne doit pas surprendre, elles se laissent plus facilement saisir lorsque le récit aborde les moments de pratique effective. Etre apprenant de FLE, avec toutes ses nuances, celle de l'étudiant sagement assis dans la salle de classe ou celle de l'acteur impliqué dans la société, représente une des identités possibles de l'étudiant en mobilité mais il ne saurait y être réduit, ni s'y réduire, contrairement peut-être à la logique enseignante plus encline à surestimer les apports académiques du stage, langagiers mais aussi, de plus en plus, interculturels. Toutefois, la mise en situation dans le contexte endolingue implique, par un effet de nécessité, la réactivation pour l'étudiant de son identité d'apprenant.

Les comptes rendus d'expérience de pratique de la langue en contexte peuvent se classer dans un premier temps en deux groupes. Elles sont multiples, mais se divisent en occasions "subies" ou "voulues". Dans la catégorie des premières se rangent les cours, les évaluations, les sorties culturelles accompagnées. Dans celle des secondes, se retrouvent toutes les situations de la vie quotidienne où le désir d'obtention de quelque chose oblige à passer à l'action[6]

Les apprenants face à des moments de tension

Pour ceux qui ont eu tendance à ne pas trop s'inquiéter de leur capacité à mettre en œuvre, in situ, leurs compétences en langue ou qui n'ont pas eu, pas pris le temps de faire une sorte de bilan avant le départ, la première occasion de pratique est le cours. Pour des raisons faciles à comprendre, le premier d'entre eux possède un caractère particulier. Une sorte de test mental se produit à ce moment-là; le passage d'un système d'enseignement/apprentissage à un autre se matérialise. Le résultat apparaît très souvent sans appel :

> «Je n'ai pratiquement rien compris à ce que les profs ont dit. [...] J'ai commencé à m'inquiéter pour les cours (suit le dessin d'une goutte de sueur) », (Kana, 2005).

---

[6] Une activité théâtrale spécifique a été proposée lors du troisième stage et pourrait être un cas mixte : elle a été en effet programmée sans le consentement des étudiants mais sa mise en œuvre, sous forme de spectacle, ne pouvait se réaliser qu'avec l'adhésion de tous. Il semble d'ailleurs que le pouvoir de rayonnement de cette expérience de la langue ait été relativement élevé puisqu'elle éclipse, dans les écrits, les autres mentions possibles sur la langue.

La langue se rebelle, se rebiffe. Le récit du séjour garde trace de cette résistance vécue au quotidien dans la salle de classe, dans un premier temps, seul, semble-t-il. Ce risque de perdre la face ne se couche que très rarement de manière explicite sur le papier, mais c'est bien lui qui sert de clé de compréhension aux passages « dramatiques ». Les difficultés sont gérées, maîtrisées grâce à la présence sécurisante des autres stagiaires qui vivent, en réalité, la même expérience (même si cela n'apparaît pas de l'ordre du pensé). Les moments d'épreuve et de tension se dissipent par un mécanisme de solidarité :

> « Premier cours. Presque que des mots que je ne comprends pas, la grande panique. Je ne suis pas habituée à écouter donc je ne peux pas comprendre..... Les devoirs pour le journal d'apprentissage, ça a été fait en demandant aux copines », (Shoko, 2005).

Cela se vérifie aussi lors des sorties culturelles et se lit ainsi, encore une fois *a contrario*, dans ce court compte rendu de l'une d'entre elles. Le guide du jour demande s'il doit parler en français ou en anglais, et où comme un seul homme... :

> « Cet après-midi, on est allé à la maison de Van Gogh. Est-ce que même le guide avait compris? Quand il a demandé "Anglais ou français?", tous, on s'est écrié "English !". L'explication était bien faite, facile à comprendre, le paysage aussi était bien, c'était très agréable », (Takuya, 2005/2).

Il est intéressant de constater l'effet que crée le retour dans des terres phonétiques et linguistiques connues : par le simple fait d'éprouver une aisance dans la compétence de compréhension orale, tout s'éclaire comme le disent les quatre expressions à sens positif utilisées ensuite pour décrire cet après-midi-là.

Le stage se vit alors encore comme une hésitation entre l'expérience personnelle et propre à soi et celle vécue en groupe et avec lui. Les éléments du récit exécutent un mouvement de va-et-vient entre ces deux pôles, tels celui d'un pendule.

La salle de classe comme lieu de stimulation

Pourtant un changement intervient comme le laissent voir les descriptions des activités de cours que les stagiaires consignent dans les journaux d'apprentissage, les rapports ou les enquêtes de fin de stage. *Il se passe quelque chose* dans la salle de classe. Les étudiants japonais se mettent à énumérer les différentes activités de classe qui leur sont proposées pour leur faire travailler la langue. Cette donnée se retrouve partout plus ou moins clairement exprimée, et plus ou moins explicitement mise en relation avec ce qui se passe habituellement dans une salle de classe au Japon. C'est sur l'expérience de ce double vécu de cultures d'apprentissage que naît l'appréciation si souvent mentionnée d'"agréable" en ce qui concerne la française :

> « On a écouté des vidéos, on a écrit un conte, on a rempli une carte de Paris vierge, on a étudié les conjonctions, on a réalisé un journal et on a l'a présenté... On a étudié beaucoup de choses mais, toujours, c'étaient toutes des journées qui ont passé très rapidement », (Eriko, 2006).

Ainsi, les cours pendant le stage se caractérisent par une grande diversité d'activités. Autrement dit, il n'est pas possible de savoir à l'avance ce qui va s'y passer, sauf information préalable donnée par l'enseignant. Paradoxalement, cette variété dans les pratiques de classe ne renforce pas l'insécurité ou l'anxiété langagière, mais au contraire, crée un climat de curiosité auquel les stagiaires sont sensibles et qui leur fait oublier les difficultés auxquelles ils disent être confrontés[7] ; les pratiques de classe rappellent pour certaines d'entre elles des activités ludiques, ce qui renforce l'aspect agréable du cours :

> « En cours, on a chanté, on a dessiné, on a fait du théâtre. En réalité, comme les activités où on a bougé étaient nombreuses, c'était agréable comme si on était en train de s'amuser », (Mami, 2006).

Cette caractéristique n'empêche pas qu'un réel travail sur la langue soit effectué : il ne s'agit pas de divertissement dans le fond, mais simplement dans la forme. Ainsi, se trouve remise en question la croyance adoptée par les étudiants japonais selon laquelle un apprentissage réussi de la langue, donc leur indépendance langagière, viendraient de l'accumulation de connaissances ou de la maîtrise d'un certain nombre d'éléments, sans véritable lien les uns avec les autres, tels la grammaire et le vocabulaire, garantissant automatiquement une compétence à communiquer à l'oral,. En un mot, la langue n'est plus atomisée. Lors du stage, ils découvrent une autre culture d'enseignement fondée sur les principes de l'approche

---

7 Les craintes des stagiaires de ne pas pouvoir suivre les cours en France ou l'explication qu'ils donnent au fait de ne pas pouvoir comprendre ce qui se passe autour d'eux se fondent, d'après leurs écrits, sur une insuffisance dans leur connaissance en vocabulaire : ils pensent que *les mots* leur manquent, éventuellement qu'ils auraient dû étudier un peu plus intensivement *la grammaire*, matière difficile, ainsi que *la prononciation*, comme un stagiaire le notait dans son rapport en 2006. Un autre distingue dans la langue trois éléments de connaissance nécessaires pour partir tranquille : les mots, la grammaire et *la conversation* (Erina, 2006). Ailleurs, il est question de lacunes dans les domaines du vocabulaire, de la grammaire, et de *l'écoute* (Isamu, 2005). En fait, cette manière de parler de *ce qui est à travailler* paraît particulièrement intéressante parce qu'elle renvoie en réalité à *ce qui est travaillé* au Japon.

communicative ou d'une perspective "communic'actionnelle", en tout cas, inspirée par le Cadre européen commun de référence pour les langues. L'enthousiasme des étudiants pour cette forme de cours a valeur de nouvelle "grande découverte". Différant de celle devant laquelle ils se trouvent la plupart du temps, cette situation d'enseignement/ apprentissage les fait toucher du doigt une composante d'importance de l'ensemble : en France, la langue est recomposée, unifiée. Tous les éléments qu'ils distinguaient dans leur apprentissage du français au Japon se confondent en un seul qu'ils reconnaissent comme étant de la *communication*.

Le corps en jeu

Après "comprendre" ce qui se passe et se dit dans les cours, réussir à communiquer sonne alors comme une autre injonction. Lorsque le premier "choc" de la prise de conscience de lacunes dans des savoir-faire communicatifs est passé, il faut néanmoins continuer à participer aux cours, aux sorties culturelles, à la vie quotidienne en France et trouver des moyens de compensation à ces compétences de communication langagière défaillantes ou du moins imparfaitement maîtrisées. Pour certains, utiliser le corps pour transmettre quelque chose de soi apparaît comme une solution s'apparentant, et ce peut-être dans un premier temps seulement, à une sorte d'énergie du désespoir :

> « Dès le premier jour, du français, du français, du français. Heureusement, quelque chose s'est dégagé en moi, et après, ça a été des jours où je n'ai fait qu'écouter et où j'ai utilisé tout mon corps pour transmettre quelque chose », (Ayako, 2005).

D'autres s'aperçoivent que focaliser sur des éléments indépendants les uns des autres ne leur sert pas comme ils le croyaient et que la communication ne s'appuie pas que sur les mots. Ils pressentent parallèlement l'importance du geste, sans pour autant que toutes les difficultés disparaissent :

> « Communiquer, c'est de la grammaire correcte, transmettre quelque chose élégamment, voilà ce que je pensais. Mais, en réalité, quand on entre sur place, bien plus que la grammaire, pour transmettre ses sentiments, on utilise les gestes, et quelquefois on le fait juste avec des mots, et j'ai commencé à penser que tout cela était très important. [...] en réalité, quand j'étais en train de me débattre pour dire quelque chose, c'était peut-être ça la communication », (Rika, 2006).

Cette prise de conscience du rôle du corps comme vecteur de transmission d'un message vient peut-être aussi de l'incitation des enseignants à aller au-delà de ce qu'un apprenant croit pouvoir faire tout seul. Ainsi, les conseils de l'un d'entre eux permet à une étudiante de prendre conscience de sa capacité à communiquer :

> « Dans le cours, Vanessa a dit : "Les moyens de communication, ce n'est pas le français parfait, ce n'est pas le dictionnaire. Il y en a d'autres, non?" C'est sûr, avec les gestes, avec un français maladroit, vraiment, si je veux transmettre quelque chose[…] ; il doit y avoir certainement tout plein de manières de s'exprimer », (Yuka, 2005).

Ces exemples illustrent chacun à leur façon cette autre découverte des étudiants en mobilité : il est possible de s'aider du corps : visage mobile, mains qui bougent. Intégrer cette "technique" dans ses intentions de communiquer avec quelqu'un permet un échange réciproque et fructueux :

> « Bien sûr, pour se comprendre, c'était nécessaire d'utiliser beaucoup de gestes. Mais, quand j'ai réussi à transmettre ce que je voulais dire, quand j'ai compris ce que l'autre disait, j'ai ressenti un sentiment d'accomplissement et de joie que je n'avais jamais eu jusqu'à présent avec mes expériences dans le monde japonais », (Aiko, 2006).

Cela ne relevait pas de l'évidence jusque-là, mais semble l'être devenu dans le contexte du séjour en mobilité.

La recherche de lieux de pratique de la langue

Cette transformation est rendue possible grâce aux autres situations de communication rencontrées, c'est-à-dire celles se déroulant hors milieu académique intra-muros (cours, évaluation, etc.) et extra-muros (sorties culturelles accompagnées). Elles créent, au fur et à mesure qu'elles se produisent, une sorte d'enveloppe de protection du moi apprenant, souvent fragile devant l'objet-langue. Ces expériences vécues, tentées hors classe, par goût, par nécessité, par envie personnelle, par obligation extérieure, développent une sorte de défense immunitaire linguistique chez l'apprenant. Comme le souligne, avec d'autres mots, l'une des stagiaires, il existe une sorte de cercle vertueux (ici essentiellement de nature psychologique) :

> « Plus on accumule les expériences en français, plus on grandit [dans la langue grâce à elles] », (Mai, 2006).

L'enjeu des échanges? Comme toujours il est de taille puisqu'il y a communication avec un natif non-enseignant, et que l'expérience de la langue alors correspond à une sorte de numéro d'artiste de cirque mais sans filet :

« En rentrant, je suis allé au supermarché. Je cherchais du shampooing, mais comme je n'en trouvais pas, j'ai demandé "où est le shampoo ?", on a pointé le doigt vers le bas et on m'a dit quelque chose que je n'ai pas compris. A part le prof, c'est la première fois que je parlais avec un Français. Ça m'a fait un peu plaisir », (Yasushi, 2005).

Cet étudiant accorde ainsi quasiment plus d'importance à la situation d'énonciation qu'à la qualité de réalisation de l'échange. Mais avant déjà, ce stagiaire, téméraire, s'était lancé dans l'aventure du contact verbal avec l'autre à peine le pied posé sur le sol français[8], L'exemple précédent le marque plus dans la mesure où l'interlocuteur réagit à sa demande "en longueur". La veille, il s'agissait simplement de salutations :

« Au chauffeur, j'ai dit "Merci beaucoup, au revoir" ; je l'ai salué avec les mots que je connaissais », (Yasushi, 2005).

Si la situation homoglotte permet par essence une infinité de situations de communication, il faut toutefois bien voir que dans le cadre d'un séjour de mobilité court et encadré, elles se trouvent plus limitées et sont aussi dépendantes de l'organisation de départ elle-même. Autrement dit, hors le cas de l'apostrophe par un inconnu dans la rue – ce qui se produit quelquefois–, il est globalement possible de recenser les lieux et personnes qui vont être rencontrées et, par-là, de déterminer les besoins langagiers engagés. Ainsi une étudiante détermine trois territoires d'échanges conversationnels – le magasin, le restaurant, la rue – et quatre situations, trois volontaires, une subie :

« C'est naturel, mais ce qui entre dans les oreilles, c'est du français. Quand on fait des courses, quand on achète à manger, quand on demande son chemin dans la rue, quand on nous demande quelque chose », (Mai, 2006).

Un autre dresse une liste relativement similaire sur le fond mais en distinguant dans la forme les moments d'encadrement de ceux de liberté :

« Pas seulement pour le cours, mais aussi l'après-midi avec les sorties culturelles ou les courses au supermarché, les samedis et dimanches sans cours, il est nécessaire de parler français », (Nagisa, 2005)

La multiplicité de territoires d'échanges conversationnels favorise la prise de parole. Bien évidemment, rien n'est jamais gagné d'avance. Suivant l'interlocuteur, la nature de l'échange, avec son degré d'ouverture

---

8 Chronologiquement parlant, la première expérience de langue se déroule avant même le premier cours, à l'aéroport au moment du contrôle des passeports ou lors du transfert en bus entre l'aéroport et le lieu d'hébergement.

ou de fermeture, donc implicitement sa difficulté, le résultat varie et donc le niveau de satisfaction ressentie aussi.

Les "découvertes" concernant l'apprentissage de la langue faites par les étudiants en mobilité ne doivent rien au hasard. Il est possible d'affirmer, malgré le danger que représente une généralisation, qu'elles sont le résultat direct d'une confrontation de deux conceptions de la situation d'enseignement/apprentissage assez différentes. En fait, le journal d'apprentisage devrait permettre de suivre et de dégager des profils d'apprenants en mobilité devant l'acquisition de la langue et les expériences qui y mènent. Une analyse détaillée, au jour le jour, amènerait à cerner les stratégies mises en place par les étudiants pour maîtriser un environnement sonore étranger, qu'elles soient d'affrontement ou d'évitement. Dans le cas où la maîtrise est assurée, il paraît possible aussi de prévoir des récits sans chute finale émotionnelle, même dans le cas de ces étudiants. Des étapes de ce processus, traduisant le degré de recul pris par rapport à une expérience d'échanges conversationnels et en relation vraisemblable avec celui de l'acquisition de la langue et celui des compétences interculturelles, seraient à dégager. Dans l'immédiat, à partir des exemples précédents, il est possible de dire que le changement le plus lisible et significatif correspond à celui de la nature de la prise de parole. Celle–ci est de moins en moins subie et de plus en plus voulue : la langue se fait entreprenante, la langue se fait compagne agréable.

Eléments pour une métamorphose

Le changement de contexte de culture d'enseignement/apprentissage, bien qu'il puisse être vécu négativement, surtout dans les débuts du séjour, révèle ainsi une porosité des étudiants à d'autres formes de faire en classe. Elle permet ainsi le passage d'une attitude passive à une prise de conscience des possibilités d'agir de l'apprenant dont les écrits témoignent.

L'épreuve de la langue

Les figures qui se dessinent d'abord semblent issues d'un univers doloriste. Toutes les inquiétudes dont il a été question précédemment concernent en réalité et en partie une peur de souffrir. Il ne s'agit pas d'un phantasme qui naîtrait de la représentation de soi en milieu endolingue mais plutôt de la projection d'une représentation et éventuellement d'une réalité déjà éprouvées lors des débuts dans la langue : un apprentissage réussi passe par la "souffrance" ; la "souffrance" apparaît comme une condition nécessaire à la réussite. La plongée effective dans un nouveau contexte d'apprentissage ravive des souvenirs : le français est, par définition, décrit comme une langue difficile. Le dire permet aussi de se dédouaner : des connaissances ou des savoir-faire très limités ne paraissent pas alors incongrus :

> « Jusque là, avec les cours, il ne me restait que l'impression de la difficulté de la prononciation, de la grammaire », (Mami, 2006).

Dans les textes, toute une palette de termes concernant la peine ou les efforts fournis est utilisée. Pour certains, ils traduisent certainement le malaise d'un temps d'adaptation nécessaire. L'exemple suivant détaille les éléments qui posent problème. A côté de la langue, les relations avec les autres et la nourriture sont mentionnées. L'accumulation des points de résistance laissent penser que chacun d'entre eux est alors vécu avec plus d'intensité :

> « Au début du stage, j'étais plein d'angoisse. Je ne comprenais pas le cours. Il fallait vivre avec des gens que je venais juste de rencontrer. Du côté des habitudes alimentaires aussi, j'ai un peu souffert. La première semaine, j'ai pensé "Ah, vivement le retour au Japon." Pour le cours, et c'est normal, les profs ne parlent que français. "Tous les autres comprennent, sauf moi ?", voilà le genre d'inquiétude que j'avais », (Ichiro, 2005).

Mais s'en tenir à une image de la langue négative et à celle de son apprentissage dans un contexte hostile risque de provoquer des découragements. Ils ont déjà été évoqués ou suggérés par des exemples précédents. Les signes d'un manque de confiance en soi vont de pair (avec cette obligation de le ressentir pour mieux garder intacte, par cette mise à distance, l'image sublimée, ou volontairement ignorée, de l'objet-langue-culture et faire en sorte qu'elle continue de produire du sens). Jusqu'à un certain degré, il paraît être justifié dans les discours, mais la comparaison avec les autres membres de la classe amène un risque de confrontation à effet négatif : il faut travailler à ne pas perdre la face.

Les apprenants tels qu'ils se dévoilent au début du stage paraissent bien tourmentés. Pourtant, très vite, un changement s'effectue dont les écrits gardent la trace : l'apprentissage devient synonyme de "plaisir" et avec une coloration saine. Le temps nécessaire à l'entrée dans un nouvel état correspond peut-être à la semaine comme le laisse entendre l'exemple précédent.

La prise de conscience de ses compétences

En fait, les expériences de langue ne doivent pas seulement être lues en termes de réussite ou d'échec, ou encore de satisfaction ou d'insatisfaction, mais aussi en termes d'occasions de pratiques de stratégies pour devenir plus autonome dans son apprentissage. Un stagiaire insiste sur ce point... en français :

« Les points positifs du séminaire : Apprendre l'importance que essayer parler à quelqu'un en français, si on n'a pas beaucoup de mots », (Ken, 2006).

La plupart des apprenants le disent : il faut essayer quel que soit le niveau de correction de la langue :

« [...] parler, ça dépend de ses propres efforts ? », (Tomoko, 2007).

Si ça marche tant mieux, si ça ne marche pas tant pis. Ces tentatives se révèlent quelquefois très simples :

« Par exemple, quand je prends l'ascenceur avec quelqu'un que je ne connais pas, j'échange toujours une salutation comme "bonjour" ; dans les magasins, je dis "merci". Quand ce genre de conversation de base m'est devenu naturel, j'ai été moi-même très étonné et j'ai été très content », (Mami, 2006).

Il s'agit-là en quelque sorte d'un état d'esprit dans lequel il faut s'installer. La suite vient d'elle même : les points faibles perdent de leur pouvoir inhibant, les réussites amènent du plaisir. Cette étape de la prise de conscience de ses forces linguistiques permet alors de relativiser ses faiblesses dans le domaine. Dans ce sens, le temps de l'évaluation apparaît comme un archétype de ce phénomène. La première année, il correspondait à un entretien oral à la fin de la période de cours. Depuis le contrôle continu a été privilégié. La tension qu'amène forcément une évaluation ne donne plus lieu désormais à des commentaires spécifiques puisqu'elle se trouve diluée dans toute la durée du stage. Seul le moment de la remise des attestations garde encore cette trace, car les stagiaires le vivent comme l'énumération d'un classement, comme la marque définitive de leur niveau de langue (ce qu'il n'est bien évidemment pas dans l'esprit des évaluateurs), mais il est ensuite écarté des faits marquants du séjour. La première année seulement, en raison de la spécificité du mode évaluatoire, certains étudiants ont consigné dans leur journal d'apprentissage, cette expérience de langue particulière. Celle-ci laisse souvent un goût amer – les mots ne sont pas sortis– mais ne décourage pas pour autant tous les apprenants, ni ne les frustre totalement comme lors du premier cours :

« Evaluation. Je ne peux pas parler autant que je le pensais. A examiner », (Tetsuya, 2005).

Contrairement aux expériences précédentes, ils sont devenus capables de prendre du recul, d'expliquer comment ils ont envisagé l'échange, et comment ils gèrent la négativité qu'ils ont ressentie :

« Je suis un peu déprimée par les résultats de l'évaluation qui ne sont pas très bons. Bien que je croie avoir fait des progrès en compréhension orale, je n'ai pas bien compris les questions et je me les suis fait répéter plusieurs fois. Je voulais arriver à répondre plus aisément pourtant... », (Kana, 2005)

Les moments de déprime deviennent passagers et sont rattachés à une vision plus large de l'apprentissage de la langue. Bien qu'il n'y en ait aucune trace dans les récits recueillis, il est possible d'envisager l'hypothèse où l'apprenant ne prendrait pas toute la responsabilité de l'échec de l'échange pour lui, mais envisagerait de la partager avec son interlocuteur, rendant ainsi le sentiment de déception moins vif et plus facile à supporter. Il semble bien que c'est cette perspective qui s'ouvre ici.

L'implication

Réussir à relativiser ses faiblesses s'apprend petit à petit. Pusieurs étudiants sont conscients qu'il s'agit d'une entreprise qui s'appuie sur des actions quelquefois très simples, comme saluer systématiquement quand l'occasion se présente ou s'asseoir plus près de l'enseignant, qui, quelquefois, serait tel un démiurge, pour s'obliger à ne rien laisser perdre de ses paroles, pour profiter de l'énergie qu'il dispense :

« Aujourd'hui, j'ai participé plus activement au cours que hier, je crois. Mais, je suis persuadée que je n'ai pas encore confiance; même si je n'ai pas bien compris, comme je n'ai pas pu dire que je ne comprenais pas; il faut que je réfléchisse à tout ça. Comme je crois qu'une petite distance avec le prof, ça permet d'intervenir plus activement, demain aussi, autant que possible, je vais m'asseoir près d'elle, et si je pouvais être plus active qu'aujourd'hui... », (Shihoko, 2005).

Dans cet exemple et dans beaucoup d'autres discours des apprenants apparaît un terme qui résume à lui seul la situation d'apprentissage expérimentée en France : l'activité (ou l'attitude entreprenante/l'attitude positive (sekkyokusei)). Cette attitude d'apprenant en cours de langue ne peut naître que parce qu'il se trouve placé dans un contexte l'incitant à l'activité, comme des extraits précédents de rapports de stage l'ont indiqué. Les stagiaires comprennent très bien que cette donnée provient du contexte endolingue lui-même qui impose des règles du jeu auxquelles il vaut mieux s'adapter pour se sentir bien. Le négatif de cette vision idyllique d'une situation d'apprentissage, découverte en mobilité, renvoie au quotidien habituel, celle du Japon :

« Même quand je n'ai pas compris, ça ne m'a pas dégoûté [d'étudier], mais ça m'a fait réfléchir. Quand j'étais au Japon, je pense vraiment avoir fait une erreur. [Là-bas], si c'est juste pour parler français, il vaut mieux se taire parce qu'on est plus tranquille. Mais en France, ça ne marche pas. Ce qu'on ne dit pas, c'est quelque chose qu'on ne transmet pas, donc en définitive, je me suis mis à parler. », (Madoka, 2005).

Avoir conscience de cela contribue à augmenter les occasions de prise de parole hors classe, et à alimenter le cercle vertueux. Le cours devient un temps où il est possible de s'exercer à son rythme sans finalement craindre quoi que ce soit. La lenteur apparaît comme la première vertu attachée à la situation d'enseignement et d'apprentissage en France. La deuxième qui est pensée comme à l'origine de la première est la gentillesse. Ces deux facteurs, qui sont mentionnés de nombreuses fois dans les écrits des stagiaires, forment les conditions nécessaires à l'épanouissement de leurs potentiels langagiers. Ils leur permettent de sortir de leur coquille et de commencer à devenir de "vrais" apprenants, capables de se regarder apprendre et de cerner ce qu'ils savent faire ou pas. Le stage à partir de la dynamique d'apprentissage de la langue créée dans la salle de classe et approfondie, vérifiée au dehors, devient en réalité une école d'initiation à l'autonomie d'apprentissage linguistique :

> « Mon attitude pour étudier le français a changé. "Ça, c'est quelque chose que je ne maîtrise pas", ou bien "La dernière fois aussi on a vu ça". Je pense souvent à ce genre de choses. », (Megumi, 2006).

... et de l'apprenant autonome au locuteur indépendant, il n'y a qu'un pas : la plongée dans une culture d'enseignement différente permet un apprentissage différent, et une réalisation de soi différente.

La prise de risque nécessaire

Les apprenants finissent par se rendre compte qu'un lien existe entre la langue de la salle de classe et la langue de l'extérieur, ce qu'ils ne pouvaient pas comprendre au Japon, et le stage est alors conçu de plus en plus comme un temps d'apprentissage pragmatique. La vie de tous les jours est découpable en séquences qu'il est possible de maîtriser, ce qui permet, par exemple, de se nourrir :

> « Entrer dans un café, appeler le garçon pour la commande, le faire revenir pour l'addition... [...] Me souvenant du dialogue du cours, j'ai réussi malgré tout à manger quelque chose », (Kana, 2005).

Pour ceux dont le niveau est plus avancé, la prise de risque dépasse quelquefois le simple besoin de survie. Ainsi, une étudiante lors d'une sortie de groupe, aperçoit un magasin de foie gras. Elle s'éloigne de ses pairs et entreprend d'en acheter comme souvenir à rapporter de son séjour en France à des connaissances japonaises. Ne sachant lequel choisir, elle doit s'adresser à une vendeuse et lui demander conseil :

> « J'ai demandé à la personne du magasin : "Pour manger avec du pain, le meilleur foie gras, c'est lequel ?". Alors, elle a compris et elle m'en a tendu un [en disant :] "C'est celui-là". J'en ai acheté deux. Quel foie gras est-ce que c'est mieux pour manger avec du pain ? Que cette phrase soit correcte ou pas, peu importe, j'ai transmis ce que moi je voulais dire et j'ai été très contente », (Mai, 2005).

Cette expérience lui permet de comprendre qu'au-delà de la perfection grammaticale, un message peut-être entendu des natifs-mêmes.

Parallèlement, au fur et à mesure, la place accordée à l'interlocuteur dans l'esprit de l'apprenant augmente. Dans un journal de bord, cette année, un étudiant, sur une page de commentaires, critique l'attitude de ses compatriotes qui, dit-il, pour beaucoup d'entre eux, ne savent pas s'adapter au contexte où ils se trouvent, celui de la société japonaise y compris. Lui vient alors l'exemple de la salle de classe, dont il précise en note qu'il s'agissait d'une situation "vue" en France. Le message est clair : pour faire avancer un échange, il faut y mettre du sien, parce que, par définition, une conversation se passe à deux (au moins). Ainsi, l'intérêt des locuteurs devient un bien réciproque :

> « Dans le cours, quand il n'y a pas de réponse, le prof est complètement embêté. Plutôt que de garder le silence, il vaut mieux dire quelque chose, quitte à faire des fautes. Je pense que ça sert à ce que le prof fasse avancer le cours », (Sora, page 20 septembre 2007).

Au fur et à mesure de l'avancée dans le séjour, les expériences de la langue en contexte de mobilité d'abord vécues comme pouvant être des moments de souffrance perdent de leur pouvoir inhibant. La remise en cause de cette représentation négative, qui passe par l'abandon de la recherche de la perfection pour privilégier la réalisation effective du message, est le fait d'un contexte facilitant (la classe), de contacts facilitateurs (les enseignants, les jeunes étudiants français, ...). Mais, la phase ultime de la métamorphose, pendant le séjour, n'est atteinte que lorsque l'apprenant japonais accepte de se décentrer et de laisser une place à son interlocuteur, en un mot, lorsqu'il arrive à penser l'existence de ce dernier à l'intérieur même de l'échange.

Conclusion

Le *Séminaire de langue française et de culture francophone* représente à la fois un signe et un moyen de concrétisation des échanges universitaires qui se sont mis en place entre l'UPO et l'UCP. Bien que les institutionnels et les enseignants d'ici et de là-bas affichent une satisfaction à son existence (ouverture effective sur l'international, but réaliste pour un enseignement de deuxième langue vivante en environnement "Lansad"[9], machine à relancer la motivation), jusqu'à présent, la mise en mots de cette expérience provient, pour l'essentiel, du travail des étudiants qui se décident au séjour. Il a donc paru normal de les interroger, par le biais de leurs écrits, pour savoir où ils se situent dans cette pratique de la mobilité, et ce à plus forte raison aussi, parce que celle-ci est construite et organisée d'abord pour eux.

Les traces de l'objet-langue qui ont été recensées participent à l'élaboration d'une version écrite de cette expérience de mobilité. Elles sont à la fois de nature chronologique, en se lisant tout au long de la durée du séjour, et de nature matérielle, en marquant le récit, en scandant les différentes étapes et événements du séjour.

Les écrits, de par leur nature, se rattachent, à la catégorie de l'exercice scolaire. Pourtant, ils deviennent le lieu où s'inscrit une expérience non pas préformatée et impersonnelle – le séjour de mobilité encadré de trois semaines effectué en septembre par des étudiants de français de l'UPO à l'UCP – mais bien singulière et individualisée. Cette période de trois semaines oblige chacun des stagiaires à rassembler des éléments épars à l'intérieur d'eux-mêmes, et dont ils n'avaient jamais pensé qu'ils puissent être reliés entre eux, en particulier dans le cas de l'apprentissage de la langue. Elle leur permet de faire leurs armes et fonctionne comme catalyseur d'énergie et de désir. Une restructuration de leur moi s'opère, qui les libère en partie de réflexes qu'ils ont acquis, de blocages qu'ils se sont forgés antérieurement. Ils expérimentent alors une situation nouvelle qui les ouvre à trois découvertes pour eux-mêmes : ils peuvent suivre un cours de français en français; la langue se vit et s'apprend aussi bien avec et par le corps qu'avec et par la tête; communiquer consiste en quelque chose de plus complexe et d'amusant que simplement aligner des mots entre eux, car cette action implique un destinataire.

Un apprenant-stagiaire résume la situation de la mobilité d'un point de vue expérience de la langue, qu'il qualifie de "miraculeuse", par une formule en trois volets : "des occasions de parler, des envies de parler, des gens proches à qui parler", (Kentaro, 2006). Ce troisième élément apparaît fondamental dans l'adaptation au nouvel environnement et dans le processus de métamorphose. Les conditions de changement sont fournies aux étudiants en mobilité, consciemment ou non, directement ou non, par les personnes qu'ils rencontrent très souvent, pour certaines

[9] Cette expression est utilisée pour désigner les situations d'enseignement/apprentissage des « *langues pour les spécialistes d'autres disciplines* » (sous-entendu de « spécialistes de disciplines autres que les langues »).

quotidiennement : les autres membres du groupe, les enseignants qui les encadrent, les étudiants français...

Ainsi, cette étude doit donc être considérée comme exploratoire puisqu'elle n'aborde pas toutes les dimensions qui structurent et composent cette expérience de mobilité. De nouvelles perspectives de lecture des écrits des étudiants japonais se dessinent. D'une part, il serait intéressant de savoir qui profite le plus et pour combien de temps de ce séjour en mobilité. D'autre part, il faudrait aussi relire ces fragments de récits pour essayer de dégager les liens existant entre processus de libération des habitudes d'apprentissage de la langue, capacité d'assimilation de nouveaux savoirs, savoir-faire, savoir-être dans ce domaine, apparition de compétences d'ordre interculturel et forme ou degré de maturité atteints et les relations humaines qui se nouent pendant le séjour. Ces recherches de nouvelles traces devraient alors aussi permettre de dégager des profils d'étudiants japonais en mobilité, et élargiraient la petite piste ouverte ici.

Bibliographie

BISHOP, M.-F., MOLINIÉ M. (2006). *Autobiographie et Réflexivité.* Université de Cergy-Pontoise : Centre de Recherche Textes et Francophonies,

CHA, M., PUNGIER, M.-F. (2007). Les deuxièmes langues à l'Université Préfectorale d'Osaka : étudiants vs enseignants. *The Language Center Journal,* vol.6. Osaka : Osaka Prefecture University, Faculté des Sciences et des Arts Liberaux, pp.43-63.

CHEVALIER, L. (2006). *Les représentations de l'enseignement/ apprentissage de la grammaire du FLE chez des enseignants japonais d'une université.* Mémoire de Master 2 : Lettres et Langues, spécialité Français Langue Etrangère : Université de Franche-Comté.

HIMETA, M. (2006). *Le paradoxe de la francophilie japonaise. Représentations des enseignants et des étudiants de français au Japon,* Thèse : Université de Paris III-Sorbonne Nouvelle.

KOHLER-BALLY, P. (2001). *Mobilité et plurilinguisme, Le cas de l'étudiant Erasmus en contexte bilingue.* Fribourg : Ed. Universitaires de Fribourg.

MANGENOT, F., TANAKA, S. (2007). Les enseignants de langue comme médiateurs entre deux cultures dans les interactions en ligne : le cas d'un échange franco-japonais, In *Echanger pour apprendre en ligne : outils, tâches, interactions, multimodalité, corpus,* Colloque EPAL, Grenoble, 7-9 juin 2007. Disponible sur http://w3.u-grenoble3.fr/epal/pdf/mangenot-tanaka.pdf

MOLINIÉ, M. (2006). Biographie langagière et apprentissage plurilingue, le français dans le monde. *Recherches et applications*, n° 39. Paris : FIPF, Cle international.

MOLINIÉ, M., PUNGIER, M.-F.(2007). Politique linguistique et plurilinguisme dans le Kansai : la francophonie à l'épreuve de la mondialisation. In MAYAUX, C. *France-Japon : regards croisés, échanges littéraires et mutations culturelles.* Berne : Peter Lang, pp.39-51.

MURPHY-LEJEUNE, E (2005). *L'étudiant européen voyageur, un nouvel étranger.* Paris : Didier. (Collection CREDIF Essais)

PAPATSIBA, V. (2003). *Des étudiants européens « Erasmus » et l'aventure de l'altérité.* Berne : Transversales, Peter Lang.

PUNGIER, M.-F. (2006). Devenir apprenant de FLE : une adaptation nécessaire. *Revue japonaise de didactique du français*, *Etudes didactiques,* Vol.1 n°1, Société Japonaise de Didactique du Français, pp.78-95.

PUNGIER, M.-F. et al. (2007). Apprendre ici et là-bas ou la mobilité universitaire au service du plurilinguisme : compte rendu de la table ronde 1. *Rencontres 21.* Osaka : Rencontres Pédagogiques du Kansaï, pp.69-75.

PUNGIER, M.-F. (2007). Désirs de langues – du côté des étudiants. *Revue japonaise de didactique du français*, *Etudes didactiques,* Vol. 1 n°2, Société Japonaise de Didactique du Français, pp.196-204.

SUZUKI, E. (2001). La grammaire dans l'enseignement/apprentissage universitaire du français langue étrangère au Japon, in *Pratiques de l'enseignement et de l'apprentissage de la grammaire*, ELA, Klincksieck n° 122–2001/2, pp.143-151. Disponible sur : http://www.cairn.info/revue-ela-2001-2-page-143.htm.

SUZUKI, E. (2004). Confrontation des cultures d'enseignement et d'apprentissage dans la classe de japonais langue étrangère en France et de français langue étrangère au Japon dans l'enseignement supérieur, in *Évolution ou révolution dans l'accueil des étudiants étrangers : nouvelle donne pour les Centres Universitaires de Français Langue Étrangères/ Des profils d'étudiants aux réponses pédagogiques et institutionnelles*, Actes du 1er Colloque international de □l'Association Des Centres Universitaires d'Études Françaises pour Étrangers □(ADCUEFE), □20 - 21 juin 2003, Université de Pau et des Pays de l'Adour. Diponible sur http://fle.asso.free.fr/adcuef/Suzuki.pdf.

TERASAKO, M. (2004). Chemin de la Convention de Coopération entre l'Université Préfectorale d'Osaka et l'Université de Cergy-Pontoise : un essai de formation des échanges internationaux. *The Language Center Journal*, vol.3, Osaka : Prefecture University, pp. 169-184.

Deuxième partie
Le récit de vie comme espace de réparation et de projection de soi

Le projet dans le récit de vie; le récit de vie comme projet

Lucille GUILBERT

Les récits de vie recueillis auprès de personnes immigrantes et réfugiées révèlent les articulations complexes entre les projets individuels, familiaux et collectifs, le rapport au temps et à l'espace, et le processus d'individualisation, voire d'individuation, qui s'actualisent au cours de déplacements volontaires et forcés. Cet article examine le concept de projet tel qu'il émerge dans le récit de vie de femmes immigrantes et réfugiées qui racontent leur trajectoire migratoire et leur adaptation à la nouvelle société. Il scrute aussi l'élaboration du récit de vie dans l'espace d'interlocution entre le chercheur et le participant à la recherche, en le considérant sous l'angle d'une production conjuguée et d'un projet commun qui lient deux subjectivités en quête d'identité et de sens. La préparation de cet article nous a fourni l'occasion de revisiter des récits de femmes réfugiées élaborés au cours de recherches distinctes, dans des contextes et à des temps différents. Il s'agit de femmes d'origine vietnamienne rencontrées dans le camp de réfugiés de Phanat Nikhom, en Thaïlande, et dans les villes de Québec et de Montréal au Québec entre 1989-1994; de femmes d'origine albanaise du Kosovo réfugiées au Québec, 1999-2000; et enfin de femmes de différentes provenances, immigrantes et réfugiées au Québec, 2006-2007. Ces recherches ethnologiques relèvent d'une perspective épistémologique et méthodologique qualitative, participative et collaborative.

Structure du récit et concept de projet

Avant de poursuivre, deux notions doivent être explicitées, soit la structure du récit et le concept de projet. Cela nous permettra de mieux comprendre les interrelations entre la structure et le contenu aussi bien du récit lui-même que de la relation qui s'instaure entre le chercheur et le participant à la recherche dans l'acte de production du récit de vie.

Structure du récit de vie en contexte de migration forcée

Le récit de vie est un *récit* et il n'est pas inutile de rappeler la définition minimale de la structure générale du récit. Le récit est la « représentation d'un événement », quelque chose s'est produit; « un événement est une transformation, un passage d'un état S à un état S' »; l'événement n'est pas un récit, il le devient lorsqu'il est raconté, mis en scène, par quelqu'un (Everaert-Desmedt 1988 : 11).

Le récit de mobilité et de migration est la représentation d'un événement spécifique, celui d'un déplacement et d'une « transition » qui s'espacent et se temporalisent entre le lieu de départ et le lieu d'arrivée, ou des lieux d'arrivées, provisoires ou de longue durée. La structure minimale du récit de vie en contexte de migration forcée présente en situation initiale une vie interrompue qui glisse dans une phase d'actions et d'états de transition et qui aboutit en situation finale à une vie inachevée.

La situation initiale, une vie interrompue

L'acte fondateur du récit de réfugiés est le départ, la fuite pour échapper au danger. Dans ma recherche sur les relations entre les réfugiés d'origine vietnamienne et les Québécois qui les accueillaient, une différence notable est apparue spontanément dans les récits de vie des uns et des autres. Les Québécois, en relation de jumelage avec des réfugiés d'origine vietnamienne, débutaient leur récit en racontant les expériences familiales ou scolaires, les apprentissages dans l'enfance qui les avaient sensibilisés aux voyages, aux étrangers, aux personnes en besoin. Par contre, les réfugiés débutaient leur récit en racontant avec émotion la fuite du Vietnam, les causes, les préparations de la fuite, la traversée, l'installation au Québec et seulement ensuite ils évoquaient des personnes et des épisodes de leur vie au Vietnam, de l'enfance au départ du pays. Cette stratégie narrative de la part de personnes ayant expérimenté la migration forcée a été corroborée dans les récits des réfugiés d'origine bosniaque, albanaise du Kosovo, colombienne et autre.

Juan Matas et Roland Pfefferkorn établissent, dans leur article *Mémoires de migrants. Le temps de la transition* (1997 : 124), une constatation similaire. Ils insistent sur le fait que « la mémoire de l'immigration est en premier lieu une mémoire de l'émigration » et que « Nous avons d'abord à faire à un départ ». Ils parlent ainsi de l'expérience du déplacement : « Le passage de la société de départ vers la société d'arrivée, fut-il provisoire, se traduit toujours par un déplacement, par un franchissement de frontières, en somme, par un exil au sens étymologique du terme (...); le passage d'un espace de vie à un autre, c'est-à-dire l'entrée dans un nouvel univers culturel (...). Cette frontière est à la fois physique et symbolique » (p. 12). Cette frontière est tout à la fois géographique, étatique, économique, linguistique, culturelle.

L'action principale, la transition

La migration forcée est une situation de transition et l'action principale du récit de mobilité demeure cette transition qui se révèle souvent une quête de sens. En effet, la transition oblige à engager des processus d'apprentissage, d'acquisition de connaissances et de compétences nouvelles, elle suscite des remises en question, elle convie à un travail de réflexivité, à un travail d'identité ouvert sur un avenir à fonder. L'ensemble des récits recueillis auprès des réfugiés conduit l'auteure à orienter ses réflexions sur les apprentissages réalisés au cours de la migration et sur leur nécessaire reconnaissance par la personne réfugiée et par la société d'accueil. L'auteure a déjà offert à ce propos la métaphore de « l'arbre qui marche » (Guilbert 2004, 2005). On rejoint ici Anne-Nelly Perret-Clermont (2002 : 12) lorsqu'elle évoque la période de transition comme une opportunité d'apprentissage : « Une période de transition peut être l'occasion d'un développement si une personne étend ses compétences, fait l'expérience de nouveaux rôles identitaires, de nouvelles relations interpersonnelles, lui permettant de gérer la nouveauté et d'y trouver un sens ». Cette phase d'apprentissage, d'acquisition des compétences, de qualifications dépend « de la manière dont la personne se perçoit et se définit, et de la manière dont elle parvient à inscrire ses modifications, ses compétences, son identité présente, dans une forme de récit englobant ». C'est donc le sens que la personne va donner à la situation, comment elle va construire la signification de la situation qui va déterminer le mouvement d'individualisation dans lequel elle est engagée. Même si la migration, la mobilité n'a pas été l'objet d'un projet, l'espace de transition créé par la situation de mobilité est propice à l'élaboration de projet, d'abord plus ou moins confus. Il est possible aussi que des projets « rêvés » puissent alors se réaliser. L'espace - temps de transition est aussi marqué par l'importance des relations interpersonnelles – ou de leur quasi-absence; la qualité de l'espace relationnel et la présence de ressources symboliques sont déterminantes pour l'élaboration de capacités adaptatives. Une communauté de compatriotes d'immigrants dans de mêmes conditions peuvent agir comme « micro-société d'entraide et de survie » et jouer « un rôle de médiation adaptatrice entre les deux pays, entre les deux cultures » (Matas 12).

La situation finale, une vie inachevée

Le texte produit présente un parcours qui se poursuit, ainsi ouvert non seulement à de nouveaux projets et réalisations mais aussi à des réinterprétations renouvelées du chemin parcouru. Ce qui fait par ailleurs la richesse du récit de vie réalisé dans une étude longitudinale.

Ces éléments de définition du récit de vie comme récit s'étendent aussi à la technique d'entrevue semi dirigée, même si les thèmes évoqués dans les propos du participant sont orientés par le chercheur, dans la mesure où ce participant élabore dans ses discours ces transitions et ces passages d'un état à un autre au cours de sa migration et de son parcours d'adaptation et d'interactions dans la société d'adoption.

Le concept de projet

Les déplacements, la mobilité d'un espace culturel et national à l'autre, ouvrent un champ de possibles qui se manifestent sous forme d'anticipation, d'appréhension, de projet. L'approche anthropologique du projet, de Jean-Pierre Boutinet (1990), incite à identifier la diversité des situations, « à comprendre comment fonctionne le projet dans différents ensembles culturels, à s'interroger sur la façon dont les individus, les groupes, les cultures construisent et vivent leur rapport au temps » et leur façonnement du temps à travers des projets. Boutinet (1990 : 6) suggère que le projet, plus qu'un concept est « une figure emblématique de notre modernité ». En articulant le projet au temps, Boutinet distingue différents modes d'anticipation : les anticipations adaptatives, les anticipations cognitives, les anticipations imaginaires et les anticipations opératoires. Le projet entretient une double relation, avec le temps et l'espace. Une autre caractéristique du projet mentionnée par Boutinet et pertinente pour notre réflexion en regard des femmes immigrantes et réfugiées est que le projet « est aussi le fruit de l'environnement qui de par sa physionomie inspire un acteur apte à exploiter des situations ; quoi qu'il en soit, tout projet s'appuie sur l'existence d'opportunités en nombre suffisant, que l'acteur va identifier pour ensuite les exploiter » (p. 284). L'anthropologie du projet, selon Boutinet, révèle quatre dimensions qui expriment quatre préoccupations dominantes : une dimension d'inspiration vitale, une dimension à connotation culturelle, une dimension plus psychologique et existentielle, et, une dimension méthodologique à référence pragmatique (p. 351). Ce cadre analytique permet d'apprécier la détermination et la subtilité, la précarité et l'inventivité des femmes au cours de leur trajectoire migratoire et dans la prise en mains de leur devenir.

Le projet dans les récits de vie des femmes réfugiées

Des femmes d'origine vietnamienne : la quête de la liberté

Plusieurs femmes d'origine vietnamienne nous ont livré leur récit dans le cadre d'une recherche effectuée entre 1990-1994 : *L'enjeu relationnel des discours sur l'autre : l'expression discursive des relations entre Québécois francophones et Vietnamiens d'origine* (Guilbert 1993, 1994a, b, c). Dans les récits de ces femmes vietnamiennes, il y a une variabilité selon les vagues d'immigration et selon le groupe d'âge. D'une manière générale, les jeunes femmes célibataires rencontrées au camp de Phanat Nikhom ou à Québec et à Montréal concrétisaient un projet familial. Le départ avait été planifié avec le soutien des parents qui désiraient ainsi offrir à leurs enfants une chance de poursuivre leurs études et d'avoir une vie meilleure et remplie d'opportunités. Les jeunes femmes étaient fortement mobilisées par une quête de liberté, non seulement politique et sociale, mais aussi incluant un affranchissement de l'encadrement familial même si cette quête d'autonomie vis-à-vis de la famille était réinterprétée en continuité avec le devoir de piété filiale. En effet, ces jeunes femmes se promettaient d'envoyer de l'argent et de subvenir aux besoins de leurs parents lorsqu'elles seraient arrivées et travailleraient dans leur nouveau pays d'adoption.

Une fois arrivées dans leur nouvelle société, certaines mettaient effectivement en oeuvre leur projet d'étude ou de travail; pour d'autres, il s'agira davantage d'anticipations adaptatives, la quête de vie meilleure se poursuivant au hasard des rencontres et des opportunités. Des femmes mariées, accompagnées de leur mari et de leurs enfants, ont réalisé le projet de partir; par la suite, nous observons de la part de ces femmes des tactiques adaptatives pour elles-mêmes alors que les projets opératoires sont conçus en fonction des enfants. Certaines femmes produisent un récit où l'anticipation imaginaire domine, telle Ann, 40 ans, héroïne à la fois victime et sauveur, qui assiste à l'âge de 15 ans au suicide de son père et prend alors la famille en charge, travaille, étudie, fait du commerce, sombre dans une grossesse et un mariage non désirés. Elle refait du commerce avec succès et échoue finalement au Québec où son personnage est confronté à une réalité sur lequel elle n'a plus d'emprise, même dans le récit. L'illusion semble s'arrêter là.

La plupart des trajectoires cependant combine plusieurs modalités de projet passant d'une migration forcée qui n'était en rien un projet, puis façonnant des projets adaptatifs et finalement trouvant la capacité de planifier des projets opératoires. Un bel exemple de cette traversée est le récit de Madame Lâm. Cette femme, âgée de plus de soixante ans lorsqu'elle arrive au Québec, a su, malgré son infortune, construire une continuité de son comportement actif et associatif qu'elle avait au Vietnam en participant à une association d'âge d'or pour femmes d'origine vietnamienne à Montréal. Madame Lam s'est reconnue la vocation d'enseigner la langue, la poésie et la littérature vietnamiennes aux jeunes de sa communauté. Elle a conseillé ses compatriotes de son groupe d'âge sur le chemin de l'adaptation à la société québécoise. Elle se perçoit elle-même comme une médiatrice : « J'établis un pont entre deux générations ». Elle peut le faire parce que, alors qu'elle était encore au Vietnam, elle a ardemment désiré des changements, particulièrement en ce qui concerne les rapports entre les hommes et les femmes de même que les devoirs de la bru vis-à-vis de sa belle mère et de toute sa belle-famille.

Des femmes d'origine albanaise du Kosovo : le désir de retour

Dans le contexte d'accueil des réfugiés d'origine albanaise du Kosovo à Québec en 1999, et suite à une médiation interculturelle survenue lors d'un conflit, nous avons réalisé une recherche collaborative avec des intervenants et des personnes réfugiées du Kosovo, particulièrement à travers deux activités : la préparation d'un Forum Kosovo/Québec : reconstruction sociale et solidarité (mars 2000), et un atelier de parole – Accompagnement des Albanais du Kosovo dans l'examen de l'alternative : demeurer au Québec ou retourner au Kosovo (Guilbert 2001, 2004, 2005a). Les récits produits par les femmes en situation familiale (mari et enfants) étaient traversés, pour la plupart, par un seul projet : celui du retour au Kosovo, qui était par ailleurs un projet familial. La fuite était essentielle pour protéger l'intégrité physique et morale de la famille, mais l'immigration n'était pas en projet et n'a pas été assumée comme tel. Pour la plupart des parents, le projet opératoire était le retour au Kosovo et la participation à la reconstruction du Kosovo. Par ailleurs, pour les jeunes gens, jeunes garçons et jeunes filles, cette migration forcée ouvrait un espace de découvertes où il était possible de rêver et aussi d'organiser des projets d'études, d'apprentissage de langue, de formation de réseaux à travers les espaces qu'ils traversaient. Toutefois la rétention des familles du Kosovo installées à Québec a été pratiquement nulle; et conséquemment au départ de ces familles, les projets des adolescents et adolescentes ne pouvaient s'affranchir des projets parentaux. On ne peut qu'espérer que cette anticipation imaginaire qui n'a pu alors passer à l'acte puisse se réaliser dans le futur, que ce soit dans le retour au Kosovo ou par le départ vers d'autres destinations.

Des femmes immigrantes et réfugiées de diverses provenances : trajectoires migratoires et études

Nous pouvons observer le rôle moteur des différentes modalités de projets et d'anticipations dans les récits de femmes immigrantes d'origines diverses qui ont été rencontrées dans le cadre de la recherche sur la mobilité des femmes et des familles immigrantes dans les régions du Québec (Guilbert 2008a, b; Vatz-Laaroussi, Guilbert et Vélez 2007; Vatz-Laaroussi et Guilbert 2006-2009). Nous avons donné la parole à des femmes immigrantes installées dans cinq régions du Québec : la région de Québec, Sherbrooke, Trois-Pistoles, Saint-Pascal et Drummondville. Ces recherches visent à mieux comprendre les facteurs d'insertion durable et les mobilités secondaires des femmes et des familles immigrantes. Il se dégage trois principales stratégies utilisées par les femmes pour réussir leur insertion socio-économique et leurs projets personnels et familiaux : le retour aux études; l'acceptation d'un emploi déqualifié et précaire pour entrer sur le marché de l'emploi; celle du retour au foyer alors qu'elles étaient des professionnelles sur le marché du travail dans leur pays d'origine. Ces stratégies sont discutées en famille et parfois se combinent à des moments différents du processus d'insertion sociale. Le retour aux études est une stratégie fréquente dans les villes moyennes universitaires de Québec et de Sherbrooke.

Le positionnement de ces femmes immigrantes et réfugiées par rapport à la poursuite des études ou au retour aux études fournit de bons exemples de la construction de projet au cœur de la migration et du processus d'adaptation et d'insertion sociale à leur nouvelle société.

Les femmes immigrantes et réfugiées entretiennent un rapport aux études qui est complexe. Elles participent largement à cette tendance, somme toute assez récente, de poursuivre ou de reprendre des études supérieures dans un établissement d'enseignement québécois. Ce choix relève parfois, mais pas toujours, d'un projet ferme et réfléchi. Quatre profils de positionnement des femmes immigrantes face à la poursuite des études émergent de l'analyse des entrevues : 1) la poursuite ou la reprise des études est un projet opératoire; 2) la reprise des études constitue un projet adaptatif qui prend forme après la migration; 3) la reprise des études est une aspiration secondaire, une anticipation imaginaire; 4) l'absence de projet d'études.

La poursuite ou la reprise des études : un projet opératoire

Pour plusieurs femmes, le projet d'études constitue une des motivations fortes, sinon la principale, qui a conduit à la migration. Il a été conçu, planifié, bien préparé. Il correspond à une quête de connaissance, à des objectifs de formation professionnelle, à une étape cruciale dans le projet de vie. Il s'inscrit dans la tendance de l'internationalisation des études et de la circulation mondiale des savoirs et des compétences. Un nombre croissant d'étudiants étrangers décident sur place au cours de leurs études de faire une demande d'immigration et de demeurer au Québec. La migration pour études avec un statut d'étudiant étranger est une stratégie conduisant à une immigration. Le statut d'étudiant étranger et celui de réfugié se fusionnent parfois dans la trajectoire de femmes de la Colombie, du Rwanda et du Congo, comme ces étudiantes réfugiées parrainées par l'Entraide universitaire mondiale du Canada (EUMC), section Université Laval. Alors que l'immigration n'était pas un projet, que l'émigration a été expulsion et rejet, le projet d'étude, organisé et appuyé par des instances internationales et du pays d'accueil, revêt une signification de triomphe et de revanche sur la mort et la destruction, il symbolise un gage de vie et une promesse d'avenir. D'autres femmes arrivent comme immigrantes avec leur statut de résidente permanente et débutent leurs études le plus tôt possible après leur arrivée. Des femmes – d'origines algérienne, marocaine, roumaine, colombienne – s'étaient informées sur le Québec par Internet et par leurs réseaux académiques et de connaissances. Plusieurs d'entre elles mentionnent spécifiquement que le fait francophone a été pour elles un attrait. Ceci se vérifie auprès des femmes provenant du Congo et du Rwanda, de la Roumanie et de la Colombie.

Les études, un projet adaptatif

Pour d'autres, la reprise des études constitue un projet adaptatif qui prend forme après la migration comme stratégie pour obtenir un emploi ou une meilleure situation. Règle générale, cette idée prend corps seulement après que plusieurs recherches d'emploi se sont avérées vaines ou que de brèves expériences de travail n'ont pas conduit au maintien à l'emploi. Nous observons en effet que plusieurs femmes reviennent aux études parce que les obstacles qu'elles ont rencontrés sur le marché de l'emploi se sont avérés infranchissables. Ces obstacles sont de plusieurs ordres : problèmes d'équivalence des diplômes, difficultés à maîtriser la langue française après un an de francisation, barrière créée par les employeurs qui exigent une « expérience de travail québécoise », le manque d'informations ou de faux renseignements, une discrimination réelle ou ressentie face à des employés d'organismes qui ne les accompagnent pas adéquatement dans leur démarche et les orientent vers un travail bien en dessous du niveau de leurs formations et expériences professionnelles. Ce retour aux études peut avoir des retombées positives sur plusieurs plans. En plus des connaissances acquises, le retour aux études peut être une stratégie qui favorise l'insertion sociale grâce à un apprentissage progressif et encadré des institutions, de la culture et des mentalités québécoises. Toutefois, bien qu'à un degré moindre que pour l'emploi, elles doivent se confronter aux problèmes des équivalences des diplômes pour l'admission aux études et des critères d'admissibilité aux programmes d'aide financière qui ne sont pas adaptés à leur situation.

On constate que les femmes qui sont venues seules, avec ou sans enfants, avec un statut d'étudiante ou de réfugiée, poursuivent ou font un retour aux études. Ces femmes monoparentales montrent une détermination et une énergie remarquables en cumulant les rôles d'étudiante, d'employée et de mère. Elles mettent parfois en péril leur santé et sont confrontées à des périodes d'épuisement et de dépression. En ce qui concerne la trajectoire des femmes mariées avec enfants, la place des études est importante dans la stratégie familiale, mais c'est d'abord le mari qui poursuit les études et ce n'est que lorsqu'il aura terminé et qu'il occupera un emploi que la femme entreprendra des études à son tour.

Anticipation imaginaire ou absence de projet d'études

Nous rencontrons également deux autres types de positionnement des femmes face aux études Dans certains cas, la poursuite ou la reprise des études est une aspiration secondaire, une anticipation imaginaire, presque un rêve parmi les multiples possibilités qu'on voudrait avoir, sans que cela se constitue en un réel projet. Dans d'autres cas, la poursuite ou la reprise des études ne constitue en rien un projet et ne faisait partie de l'horizon de la femme ni avant ni après la migration. Il semble que, pour ces femmes, l'horizon soit plus restreint. La situation est paradoxale. Ces femmes ne vivront pas le sentiment de déqualification et les frustrations de leurs consoeurs instruites et professionnelles qui ne peuvent pas trouver de travail dans leur domaine. Elles peuvent accepter plus facilement de « petits boulots ». Par ailleurs elles sont moins outillées pour développer des compétences transversales, pour se réorienter et inventer leur vie. Souvent avec de jeunes enfants, elles ne terminent pas leur francisation et sont redevables à de tierces personnes de leurs démarches administratives et de leur réseau de relations. Elles demeurent au foyer avec leurs enfants, mais elles ont moins d'opportunités de développer un réseau social réconfortant.

Par le récit de ces femmes, nous avons accès à un contenu riche de connaissances sur les trajectoires migratoires et sur les stratégies d'adaptation et d'insertion sociale dans leur nouvelle société. Le récit de vie permet plus encore. En fait, la production du récit est le lieu privilégié d'un travail de réflexivité, de construction identitaire et de transformation personnelle. Il est nécessaire de penser le récit de vie en tant que projet, un projet de quête de sens et de travail d'identité, un projet qui se partage pour s'élaborer.

Le récit de vie comme projet

Le récit de vie est un récit. Il raconte un évènement. Cet évènement existe en dehors du récit qui en est la représentation. Par contre, le travail de signification, l'attribution de sens, le travail d'interprétation et de réflexivité, donc le travail d'individuation s'opèrent dans et par le récit.

Le récit de vie, oral, n'existe pas en dehors de la relation de deux personnes, celle qui parle et celle qui écoute. La perspective ethnologique a mis l'accent sur l'interaction chercheur/participant à la recherche comme le lieu même de la production des récits de vie. Le récit de vie est produit de la rencontre d'une intentionnalité de la part d'un chercheur, lequel a une question de recherche – et d'une disponibilité de la part d'un locuteur potentiel et choisi par le chercheur ce qui donne lieu à un contrat implicite ou explicite entre le chercheur et le locuteur. Le récit de vie s'instaure donc comme projet commun des deux personnes en présence, le chercheur et le participant à la recherche. Sollicité par l'ethnologue de raconter des évènements de sa vie, le sujet perçoit le récit « comme un moyen de reconstruire sa vie et de (se) donner une image de lui-même qui soit suffisamment cohérente pour être communiquée à autrui » (Gonseth et Maillard, 1987 : 39). En se racontant, le sujet réactualise le passé, effectue un retour sur lui-même par un travail de réflexivité. Il construit la réalité et se construit dans cette réalité par l'activité narrative. Le chercheur contribue, par son écoute et sa présence, à l'élaboration de ce récit. Dans la recherche interculturelle, le chercheur est pris lui-même dans les filets interculturels et toute présomption d'abstraction impersonnelle serait une imposture. Les interactions posent d'emblée aux acteurs sociaux deux enjeux majeurs : la qualité de la relation à l'autre et l'affirmation de son identité. Ce double enjeu, relationnel et identitaire, donne lieu à des représentations de soi et de l'autre auxquelles ni le participant à la recherche ni le chercheur échappe, c'est une relation qui transforme tout aussi bien la chercheure, le chercheur, que les participants à la recherche, comme l'a si bien démontré Camille Lacoste-Dujardin (2002) dans *Dialogue de femmes en ethnologie*.

Interlocution et réflexivité : vers la conscientisation des gains de la migration

Le récit est la représentation d'un événement et d'une transformation, « quelque chose s'est produit » en dehors de la narration qui en est faite. Par ailleurs, un évènement se produit à travers et par l'activité narrative, un événement qui ne se serait sans doute pas produit en dehors de ce récit. Il s'agit du travail de réflexivité que les femmes tissent en se racontant. Il s'agit tout particulièrement de la prise de conscience des apprentissages, des savoirs, des compétences qu'elles ont acquises au cours de leur migration. Cette émergence de la conscience de « gains » de la migration et de l'expérience d'adaptation dans la société d'arrivée est un événement qui se produit dans cet espace d'interlocution entre le chercheur et le participant à la recherche.

Ces femmes immigrantes et réfugiées vivent l'expérience de ce que Charles Taylor (1998) appelle « la réflexivité radicale », soit un engagement et un courage d'adopter le point de vue de la première personne. Taylor explique que la reconnaissance de sa propre expérience se fonde sur une réflexivité constante, un regard perspicace et lucide sur les expériences passées en vue de les intégrer, de les actualiser et de les adapter à la situation présente. Un des avantages de ce travail de réflexivité est qu'il construit en la personne la sécurité ontologique essentielle en lui conférant la conviction qu'elle est capable de s'adapter constamment à un environnement nouveau tout en s'appuyant sur la continuité de ses forces et de ses expériences ancrées dans le temps. Ce travail de réflexivité permet aux femmes de reconnaître leurs ressources personnelles de même que les apprentissages et les savoirs qu'elles ont acquis au cours de leurs déplacements et de leurs efforts d'adaptation au réel.

Toute migration produit une « zone de turbulence » et constitue un « changement catastrophique » pour reprendre l'expression de Grinberg et Grinberg (1986 :106) « dans la mesure où certaines structures se transforment en d'autres à travers des changements, traversant des moments de douleur, de désorganisation et de frustration. Ces moments, une fois surmontés et élaborés, donneront la possibilité d'une véritable croissance et d'une véritable évolution enrichissante de la personnalité ». À plus forte raison, la migration forcée est un déplacement marqué par des pertes, des deuils et des souffrances; par contre, ce voyage douloureux conduit à des expériences d'apprentissage. La migration et l'exil nécessitent, même dans des conditions difficiles, des apprentissages multiples : des apprentissages cognitifs formels des langues, des métiers, des technologies; des expériences de travail en contexte interculturel et international; des apprentissages informels tels des savoirs d'expériences. Ces femmes immigrantes et réfugiées ont développé des stratégies d'insertion sociale. Elles ont transformé leurs connaissances et compétences culturelles en habiletés professionnelles. Elles se sont investies dans des réseaux sociaux. Elles ont parfois bénéficié d'accompagnement et de relais et certaines d'entre elles servent, à leur tour, d'accompagnateurs et de personnes-relais auprès de nouveaux arrivants. Plus encore, la trajectoire migratoire à travers les ruptures et la quête de sens et de continuité les a conduites à un travail de réflexivité et a enclenché un processus d'individuation.

Presque toutes les femmes rencontrées, tant celles qui pensent rester que celles qui pensent partir ou sont déjà parties, se sont livrées à un travail de réflexivité et font un bilan positif de ce qu'elles ont appris au cours de leur parcours migratoire jusqu'à maintenant et réfléchissent à la manière dont elles peuvent utiliser ces connaissances et ces expériences acquises dans leur stratégie d'insertion sociale et leur quête de qualité de vie.

Une grande partie des ressources informelles qu'acquièrent les personnes immigrantes au cours de l'expérience migratoire est constituée par l'apprentissage progressif des codes sociaux, des attitudes et des manières d'être et de fonctionner dans la nouvelle société. Ce sont des connaissances, des savoirs d'expériences et une imprégnation graduelle des sensibilités et des manières de voir le monde qui permettent de construire une adéquation des comportements entre les nouveaux arrivants et la population locale. Les femmes prennent conscience des compétences culturelles qu'elles ont acquises dans leur nouveau milieu de vie telles le pragmatisme, la ponctualité, l'adaptabilité et la résilience, la nécessité d'adopter une attitude proactive, de faire respecter son point de vue et de défendre ses droits. « L'autonomie, l'indépendance et le sentiment de responsabilité, c'est ce qu'on apprend le plus à travers la migration », dit Marisa une femme d'origine colombienne.

Le travail de réflexivité des femmes sur leur expérience migratoire les conduit à revisiter leur passé, leur héritage culturel et leur perception d'elle-même; elles prennent conscience d'une quête de soi dans le contexte déstabilisant de la distanciation ou de la mise entre parenthèse des réseaux familiaux. Beatriz Vélez (Vatz-Laaroussi et al., 2007 : 81) a démontré comment certaines femmes eurent à élaborer une identité inédite, hors du cadre culturel traditionnel : « Ici je me suis rendu compte que j'étais capable de vivre sans mon mari. En Colombie, les femmes dépendent toujours de leur mari et de leur famille mais ici, les femmes peuvent se débrouiller seules et elles sont plus valorisées. Alors, grâce à l'appui d'un organisme, j'ai décidé de me divorcer. Le fait de recevoir de l'aide financière m'a encouragée à faire, ce qu'en Colombie, je n'aurais jamais pu faire ».

Le travail de réflexivité s'accompagne également d'une évaluation critique des conditions d'accueil et des opportunités qui leur ont été offertes par la société d'accueil pour la réalisation de leurs projets. Elles évaluent les concordances et les écarts entre leurs attentes et les résultats obtenus. Pour certaines femmes qui sont arrivées depuis un an et moins, la première étape est considérée satisfaisante. Rocio, Colombienne, mariée, craignait que ce qu'elle avait entendu de bon se révèle être faux, mais « Mes attentes ont été surpassées. Je ne me suis pas laissée troubler par le changement ». On sent que l'humeur est à la découverte et à l'optimisme. La première année est une période de familiarisation avec le nouvel environnement physique et social.

Mais lorsque, après un an, les espérances et l'optimisme de la découverte se brisent sur des récifs, les femmes constatent des écarts très prononcés avec leur projet initial et les situations qu'elles vivent. Ce qui était un attrait devient parfois une limitation. L'impression d'homogénéité francophone de la ville de Québec peut être vécue comme un enfermement identitaire avec peu de possibilités sur les plans de l'emploi, de l'éducation des enfants et des réseaux de sociabilité. Le grand écueil est la question des équivalences des diplômes et de la reconnaissance des acquis. Ces femmes n'auraient pu imaginer une telle impasse et qu'elles vivraient un tel sentiment de non-sens. Certaines femmes ont exprimé leur difficulté d'adaptation devant des systèmes d'éducation si différents : « Si tu me demandes quel le plus grand abîme qu'il est possible de rencontrer entre cette réalité et ce que tu avais imaginé, il y a le côté académique, le côté linguistique, il y a les difficultés de construire, dans ce défi, ce que tu étais avant, là-bas». Les établissements d'enseignement sont aussi un microcosme social et les femmes étudiantes ont été confrontées à l'apprentissage des codes sociaux : « Je n'avais jamais imaginé la différence sur le plan relationnel.... Le concept de famille, et d'ami, la relation homme-femme, c'est différent. Je ne m'étais jamais questionnée. Même si en Colombie et en Amérique latine, il y a du machisme, je ne m'étais jamais questionnée ».

Ce que les femmes apprennent dans la migration, c'est aussi l'adaptabilité et la mobilité. La mobilité géographique devient un moteur de mobilité sociale, une stratégie d'atteinte des objectifs, de promotion économique et sociale et d'accomplissement des projets personnels et familiaux, ou encore le moyen de quitter une situation difficile. La femme est souvent l'actrice principale dans la prise de décision de rester dans la première localité d'installation au Québec ou de partir vers une seconde ou troisième destination.

Le récit de vie dans la formation : une dynamique collaborative et citoyenne

Le défi du narrateur du récit de vie est de « trouver les mots pour *se* dire » (Guilbert 1994a), avec les couleurs de l'émotionnel, pour se faire écouter par l'autre, se construire une place dans et par le récit et partager cette route narrative pour cheminer ensemble. Le récit de vie s'avère une force percutante en contexte de formation et d'accompagnement. Il a une incidence sur l'acculturation des participants mais, dans chaque contexte, il doit être utilisé de manière collaborative et non-intrusive. L'intimité ne se prend pas, elle s'offre. Plusieurs stratégies de recherche, de formation et d'accompagnement ont été développées dans une perspective d'ethnologie collaborative : les médiations interculturelles, les ateliers interculturels de formation mutuelle, les ateliers interculturels de l'imaginaire, la participation à la préparation de forums (Guilbert 2005a, 2005c, 2007, 2008).

Des Albanais du Kosovo réfugiés à Québec ont participé à la préparation et au déroulement du Forum Kosovo et Québec : reconstruction sociale et solidarité (mars 2000, Guilbert 2001, 2007). Cet événement illustre comment peut se construire un projet commun, une interface des recherches scientifiques, des savoirs d'action des professionnels de l'intervention et des savoirs culturels et expérientiels des personnes immigrantes réfugiées. Dans la préparation et le déroulement de cet événement, le récit de vie occupe une place centrale comme production de connaissances et comme participation sociale des personnes immigrantes et réfugiées. Le Forum commençait par la présentation d'analyse des aspects historiques et ethnologiques de la part de chercheurs, des intervenants illustraient leurs champs de pratiques, puis deux femmes et un homme racontaient quelques aspects de la composition et du fonctionnement de la famille albanaise au Kosovo, les valeurs, le rapport à l'éducation et à la santé; des étudiantes québécoises racontaient à travers des « Dits de vie » des aspects sensibles de l'expulsion du Kosovo, de l'expérience des camps de réfugiés et de la première installation des Albanais du Kosovo au Québec. Une exposition montée à partir même des objets, des photos et de récits des Albanais du Kosovo et Québécois évoquaient par la médiation du visuel cette valse rupture/continuité qui tisse l'expérience migratoire. Sur l'heure du midi, deux étudiantes en ethnologie de l'interculturel lisaient oralement deux « Dits de vie ».

La préparation et le déroulement de la table ronde « La culture des Albanais du Kosovo vue par eux-mêmes » illustre les potentialités du récit de vie comme lieu de production et de diffusion de connaissances, d'intervention et d'accompagnement et surtout comme modalité de participation citoyenne de la part de nouveaux arrivants dans l'espace public. Des entretiens ethnobiographiques ont été effectués avec 16 Albanais du Kosovo, 11 hommes, 5 femmes réfugiés au Québec depuis juin 1999. Puis des entretiens approfondis ont été réalisés auprès de 6 personnes (durée approximative de 10 heures chaque personne) – dont les trois participants à la table ronde. Au cours de ces entretiens individuels, ou par deux selon les cas, et lors des deux rencontres de groupe, les participants ont eu l'opportunité, par un travail de réflexivité d'opérer un retour sur leurs savoirs et leurs expériences, de faire le point sur leur parcours identitaire, d'exprimer leur ambivalence à propos de leur désir de rester au Québec et de leur désir de retourner au Kosovo. Ils pouvaient alors dire les motivations, les valeurs et les sentiments qui étaient centraux pour eux. Un élément significatif qui émerge de cette démarche est l'importance accordée aux activités, aux valeurs, aux préoccupations qui constituent une trame de continuité entre la vie au Kosovo et la vie au Québec.

La consignation des entretiens a été effectuée par l'usage du magnétophone ou par notation écrite ou les deux selon les moments et les personnes. La notation écrite était le plus appréciée des collaborateurs albanais car elle présentait pour eux plusieurs avantages : ils ressentaient alors moins le stress de parler français qu'en situation d'enregistrement par magnétophone; la notation écrite permettait un rythme plus lent, accordait du temps pour trouver les images et les mots en français et ainsi d'avoir une meilleure maîtrise du récit de leur expérience individuelle et de l'expérience collective dont ils témoignaient. Suite à ces entretiens ethnobiographiques, un travail de réécriture et une mise en récit a été effectuée avec les participants en articulant les éléments culturels tirés de l'entretien autour de trois thèmes : 1) Organisation familiale et sociale au Kosovo. 2) Des aspects culturels spécifiques : l'accompagnement de la femme enceinte et de la jeune mère dans la maison familiale; le travail professionnel d'infirmière dans un hôpital du Kosovo les dix dernières années; la résolution des conflits dans la famille et le village; la situation scolaire des enfants les dix dernières années au Kosovo. 3) Les expériences d'insertion sociale et les chocs culturels depuis l'arrivée au Québec; les activités de continuité entre la vie au Kosovo et la vie au Québec. Ce récit de vie est orienté sur les éléments culturels partagés par la collectivité. Trois Albanais du Kosovo (deux femmes et un homme) ont présenté leur récit lors de la table ronde, une participation chargée de sens pour eux et pour l'auditoire.

Le contenu riche des entretiens ethnographiques conduits auprès des Albanais du Kosovo portait non seulement sur les aspects culturels mais également sur ce qu'ils avaient vécu et ressenti lors de l'expulsion de leur maison, le séjour dans de camps de réfugiés, les événements qui les ont conduits jusqu'au Québec. Afin de respecter l'intimité des propos et par souci de ne pas confiner les participants Albanais uniquement dans un rôle de réfugiés victimes, témoins d'horreurs, il a été convenu avec eux que leur présentation consisterait davantage en l'explication des aspects culturels de la vie au Kosovo et de leurs expériences nouvelles dans la société d'accueil. Par ailleurs, dans la perspective d'une journée de formation mutuelle, il était nécessaire d'accorder une juste place à la trajectoire migratoire complète des réfugiés. Cette importance de connaître la trajectoire des réfugiés du pôle d'émigration (Kosovo) au pôle d'immigration (Québec), des différentes étapes qu'ils ont franchies, les causes et les circonstances de leur départ jusqu'aux imprévus de l'installation dans la société d'accueil a été confirmée lors de la discussion avec la directrice d'un service : « Ce qui manque très souvent dans ce genre de journée de formation, me disait-elle, c'est qu'on a jamais une idée de la trajectoire - type complète de tous les évènements par lesquels sont passés les réfugiés ». Il a donc été convenu d'évoquer ces contenus par la médiation culturelle de « Dits de vie », rédigés par L. Guilbert et lus oralement par des étudiantes en ethnologie et en théâtre. Les « Dits de vie » sont des textes pétris de récits de vie de personnes immigrantes et réfugiées et de matériaux ethnographiques tels contes, chansons, croyances et rituels qui entraient en résonance avec ces récit de vie (2001, 2008 b).

Conclusion : une réflexion à poursuivre autour de certains concepts

Bon nombre de personnes réfugiées qui ont été poussées à l'exil ne s'arrêteront pas définitivement à une destination et reprendront la route vers l'accomplissement de leurs projets et en quête d'une qualité de vie satisfaisante. À travers ce chemin de mobilité, elles font des choix ou des choix se font, elles avancent bon gré mal gré dans un processus d'acculturation, ce processus de changement qui s'opère au contact de l'autre. L'acculturation est comprise dans son potentiel de changement tant de la part des migrants que de la part de la population locale, tant de la part des participants à la recherche que des chercheurs. Toshiaki Kozakai (2007) revisite le concept d'acculturation en soulignant la nécessité d'une saine fermeture sur soi pour réaliser un échange, une ouverture vers l'autre (p.13). Il avance que l'intégration des valeurs étrangères et le changement culturel peut s'effectuer en douceur et de manière volontaire» en autant que « chacun arrive à accepter la vision de l'autre ». « Pour accepter les idées des autres, dit-il, il faut avoir le sentiment de ne pas soi-même changer sur le fond. Une certaine assurance identitaire est indispensable pour que, d'une part, les étrangers puissent intégrer les normes et les valeurs de la société d'accueil, et que, d'autre part, la population autochtone puisse accepter les valeurs et les coutumes apportées par les étrangers » (Kozakai : 83).

Cette assurance identitaire est bien nécessaire de part et d'autre pour réaliser une acculturation progressive et positive dans la société québécoise, une société multiculturelle, pluraliste, façonnée par l'individualisme. « Individualisme », un mot qui a bien mauvaise presse! À cet égard, la lecture de *L'individualisme est un humanisme* de François de Singly, est des plus rafraîchissante. Il fait voir un individualisme qui ne nie pas l'importance des liens sociaux et affectifs, mais « de tels liens doivent avant tout assurer la fonction de reconnaissance interpersonnelle » (de Singly, 2007 :47). Il affirme « le pouvoir de l'individu de se délier éventuellement d'une appartenance héritée, et de pouvoir jouer sur plusieurs appartenances afin de construire ainsi un soi original » (p.80). Corroborant les propos de Ion, Franguiadakis, Viot, il soutient que « L'individualisme désigne le refus de tout enfermement identitaire involontaire. Il requiert les combats collectifs qui soutiennent cette émancipation et les moyens de la mettre en œuvre » (p.14). L'individualisation, démarche individuelle, s'inscrit cependant dans un contexte collectif et elle nécessite une reconnaissance de la part des autres. La société doit mettre en place « une politique de la reconnaissance afin d'offrir à chacun les moyens de tester sa propre identité en ne l'enfermant pas dans un statut, en ouvrant au maximum les portes des différentes scènes » (p. 16).

Mais si une société peut se donner des règles qui permettent et protègent l'expression individuelle, ces règles en garantissent-elles l'émergence? Les récits de vie produits par des personnes immigrantes et réfugiées expriment une mobilité non seulement spatiale et géographique, non seulement culturelle, non seulement idéologique, mais surtout une mobilité personnelle, une mobilité intérieure, qui suscite un regard réflexif porté sur soi, dans son passé, son présent et son devenir. Un mouvement intérieur vers une conscience de soi qui s'élabore à travers le récit des expériences de mobilité, de migration et d'adaptation à de nouveaux contextes.

Ces réflexions se rapprochent du concept d'individuation élaboré par le psychanalyste Carl Jung (1990), reformulé et explicité dans un paradigme élargi par le philosophe Gilbert Simondon (2007). Jung présente l'individuation comme un processus de différentiation, de transformation, de maturation et d'approfondissement de la personnalité. Tout comme Jung, Simondon considère l'individuation comme un principe et un processus par essence interminable. Il exprime sa distanciation de l'attitude objectivante. Il insiste sur le processus d'*individuer* et sur le chemin individuel de l'expérience et de la connaissance, sur l'individuation de la connaissance et non sur la seule connaissance. Simondon approfondit aussi le lien entre individu et collectivité dans ce processus d'individuation. Il y a là des pistes à poursuivre ultérieurement car elles sont des fondements pour mieux comprendre les apprentissages de la migration, pour sonder ce devenir de l'être du migrant qui se construit dans cette expérience humaine bouleversante de la mobilité.

Bibliographie

BOUTINET, J.-P. (1990). *Anthropologie du projet*. Paris : P.U.F.

EVERAERT-DESMEDT, N. (1988). *Sémiotique du récit*. Bruxelles : De Boeck université.

GRINBERG, L., GRINBERG, R. (1986). *Psychanalyse du migrant et de l'exilé*. Lyon : Césura Lyons Éditions.

GUILBERT, L. (1993). Transfert, transformation et transform culturel. In COUTURE, André et al. *Transferts Orient-Occident. Populations, savoirs et pouvoirs*. Québec : Documents du GÉRAC, 6, pp. 68-121.

- (1994a). Des réfugiés vietnamiens à l'École du Québec, Thaïlande: préliminaires aux rencontres interculturelles. *Revue d'études canadiennes*, 29, 1, pp. 90-106.

- (1994b). En quête d'avenir. L'intertexte de la rencontre avec l'autre. In GUILBERT, L., DOUTRELOUX, A. *Interculturalité et intertextualité*. Québec : Université Laval, Département d'histoire, pp. 15-40

- (1994c). Intermédiaire culturel et médiateur de cultures : évolution des rôles et des attitudes dans la société québécoise. *Revue internationale d'action communautaire*, 31 / 71, pp. 151-162.

- (2001). Intervention avec les réfugiés. Récit ethnologique et recherche. Trajectoires migratoires des Albanais du Kosovo. *Collectif interculturel*, V, 1, pp. 105-130.

- (2004). *Médiations et francophonie interculturelle*. Québec : Presses de l'Université Laval.

- (2005a). La ville de Québec : un laboratoire pour la mise en œuvre de médiations avec les réfugiés. *Études ethniques au Canada*, 37, 3, pp. 59-75.
- (2005c). Taller intercultural del imaginario, resiliencia y practicas de narracion oral en grupos interculturales. *Revista del Departamento de Trabajo Social*, 7, pp. 161-171. Bogota, : Universidad nacional de Colombia,
- (2007). Ethnologie colaborative : élaboration et analyse d'espaces de médiation en contexte de migration. *Recherches qualitatives. Revue électronique de méthodologie*, Hors série, no 4. http://www.recherche-qualitative.qc.ca/hors_serie_4.html
- (2008a). Femmes immigrantes et réfugiées : quelques tendances du début du XXIe siècle. In DE WAELE, M., PÂQUET, M. *Québec, Champlain, le monde.* Québec : Presses de l'Université Laval, pp. 223-240
- (2008b). Atelier interculturel de l'imaginaire. *Revue CREA.* Lyon : Centre de recherches et d'études anthropologiques. (À paraître)

JUNG, C.G.(1990). *L'Âme et le Soi. Renaissance et individuation.* Paris : A. Michel.

KOSAKAÏ, T. (2007). *L'étranger, l'identité. Essai sur l'intégration culturelle*. Paris : Petite bibliothèque Payot.

LACOSTE-DUJARDIN, C. (2002). *Dialogue de femmes en ethnologie*. Paris : La Découverte.

MATAS, J., PFEFFERKORN, R. (1997). Mémoires de migrants. Le temps de la transition. *Revue des sciences sociales de la France de l'EST*, 24, pp. 122-132.

PERRET-CLERMONT, A.-N. Esquisse d'une psychologie de la transition. *Éducation permanente*, 2002, 1, pp. 12-15.

SIMONDON, G. (2007). *L'individuation psychique et collective : à la lumière des notions de forme, information, potentiel et métastabilité.* Paris : Aubier.

SINGLY, F. de. (2007). *L'individualisme est un humanisme.* Paris : L'aube,

VATZ LAAROUSSI, M. et al. (2007). *Les femmes immigrantes et réfugiées dans les régions du Québec : insertion et mobilité.* Rapport présenté à Condition féminine, Canada. Sherbrooke : Université de Sherbrooke, Observatoire canadien de l'immigration dans les zones à faible densité d'immigrants.

VATZ LAAROUSSI, M., GUILBERT, L.. (2006-2009). *La rétention de l'immigration dans les régions du Québec : une étude longitudinale de trajectoires d'immigrants au Québec*. Projet de recherche. Conseil de recherches en sciences humaines du Canada.

«Une valise toujours prête devant la porte » : le roman familial de demandeurs d'asile comme récit de l'autre et de son histoire.

Catherine MONTGOMERY

« Une valise toujours prête devant la porte » : c'est de cette façon que May[1], originaire d'Afrique centrale, décrit son expérience en tant que demandeur d'asile. Son récit et ceux d'autres demandeurs d'asile rencontrés dans le cadre d'une recherche menée au Québec (Canada)[2], nous parlent de parcours mouvementés qui obligent les individus à franchir de multiples formes de frontières, qu'elles soient géographiques, psychologiques ou sociales. Entre 2000 et 2005, le Canada a accueilli 188746 personnes dans ses programmes humanitaires, dont 46398 sont venus dans la région du Québec (CIC, 2006). Comme d'autres populations immigrantes, les demandeurs d'asile font face à des pertes importantes : perte du pays, de réseaux de soutien, de la familiarité des pratiques au quotidien, de biens matériels et culturels. Ces pertes sont d'autant plus significatives étant donné le caractère souvent abrupt et brutal d'un exil forcé. Les parcours des demandeurs d'asile sont aussi marqués par des rapports persistants d'altérité, soit la construction, historiquement et socialement constituée, de rapports entre un « nous » (souvent détenteur de pouvoirs et de ressources) et un « autre » (soumis, la plupart du temps, au pouvoir). Les rapports d'altérité ont comme impact de contraindre la marge d'action de ceux désignés « autre », diminuant ainsi leurs possibilités de jouir des droits et de ressources existants dans une société donnée (Cognet & Montgomery, 2007; McAll, 1995). Le statut de réfugié

---

1 Ce nom est fictif.

2 Le projet, intitulé *Transmissions intergénérationnelles. Roman familial et jeunes réfugiés*, a été financé par le programme du Multiculturalisme, géré par le Conseil de recherche en sciences humaines du Canada. Il a été entrepris dans le cadre des activités de recherche du Centre de recherche et de formation, CSSS de la Montagne (Montréal) et l'équipe de recherche était composée des chercheurs suivants : Catherine Montgomery, Spyridoula Xenocostas, Lilyane Rachédi, Josiane LeGall, Michèle Vatz Laaroussi, Myriam Hamez-Spy, Jacques Rhéaume. La richesse du projet repose aussi sur la contribution précieuse de plusieurs agentes de recherche : Sara Sultan, Marisa Feo, Siran Nahabedian, Rosemary Roberts, Rita Henderson et Marie Drolet.

est, en soi, un statut d'altérité. Il représente le refus de reconnaissance de droits et de privilèges à tout un ensemble de personnes désignées «autre» en raison de leur race, religion, nationalité, opinion politique ou tout autre forme d'appartenance sociale[3] Les conséquences de ce processus d'*altérisation* sont extrêmes, car le « Réfugié-Autre » ne risque pas seulement l'exclusion sociale, mais pire encore, la persécution et même la mort.

Le récit biographique peut constituer un outil intéressant non seulement pour comprendre les rapports d'altérité, mais aussi pour agir sur ces rapports. Déjà beaucoup utilisé pour étudier les phénomènes migratoires (Thomas & Znaniecki, 1918; Louis, 1961; Delcroix, 2001; Vatz-Laaroussi, 2001, et. al. 2002; Breckner, 2002; Chamberlayne, 2002), le récit biographique amène les individus à raconter, sous une forme narrative, leur vie ou une partie de celle-ci (Bertaux, 1997; Mercier & Rhéaume, 2007). Construit à partir du vécu personnel, le récit se présente sous une forme singulière et unique. Il invite le narrateur à effectuer un retour sur les liens à construire entre le passé, le présent et le futur et incite ainsi une renégociation continue du rapport à soi et aux autres ainsi que de nouvelles façons de se positionner comme acteur ayant une capacité d'agir sur ses conditions de vie. En même temps, ce vécu est toujours lié, d'une façon ou d'une autre, à d'autres vécus, qu'ils soient familiaux, communautaires, nationaux ou politiques. Ce va-et-vient constant entre les différentes formes de vécu fait en sorte que le récit, même individuel, est toujours socialement situé.

Lors d'une recherche récente sur les demandeurs d'asile (Montgomery et al. 2007), nous avons expérimenté une forme d'approche biographique appelée roman familial. Située à la croisée des champs de la recherche et de l'intervention sociale, l'approche biographique du roman familial vise à reconstituer l'histoire individuelle et familiale à la manière d'un « roman » (de Gaulejac, 1999; Poupard et al. 2002; Rhéaume et al. 1996). Notre contribution a pour objectif de réfléchir sur le roman familial d'abord comme espace de témoignage de la place occupée par les rapports d'altérité dans les parcours de demandeurs d'asile et, ensuite, comme espace réflexif pouvant les aider à se repositionner face à ces rapports.

---

[3] On réfère ici à la définition classique de « réfugié », tel que stipulé dans la Convention de Genève relative au statut de réfugié : « personne qui, par suite d'événements survenus avant le premier janvier 1951 et craignant avec raison d'être persécutée du fait de sa race, de sa religion, de sa nationalité, de son appartenance à un certain groupe social ou de ses opinions politiques, se trouve hors du pays dont elle a la nationalité et qui ne peut ou, du fait de cette crainte, ne veut se réclamer de la protection de ce pays; ou qui, si elle n'a pas de nationalité et se trouve hors du pays dans lequel elle avait sa résidence habituelle à la suite de tels événements, ne peut ou, en raison de ladite crainte, ne veut y retourner. » (Article 1.A)

Qu'est ce qu'un roman familial ?

Historiquement, le terme roman familial est associé à Freud. Dans la pensée freudienne, le roman familial est une histoire imaginaire créée par l'enfant pour dépasser ses premières désillusions vis-à-vis de ses parents et de son environnement (Freud, 1941 [1909]). Adoptée dans le champ de la psychosociologie par Vincent de Gaulejac et collaborateurs (de Gaulejac, 1999; Poupard et al. 2002; Rhéaume et al. 1996), l'approche biographique du roman familial élargit le champ d'analyse par l'interrogation des liens à construire entre les expériences de vies individuelles et leur ancrage dans les phénomènes globaux de changements sociaux. Habituellement élaborée en atelier de groupe, la démarche roman familial invite les participants à parler de leurs vécus individuels et familiaux autour de thématiques précises comme les transitions professionnelles, les statuts et la mobilité sociale, les expériences de honte et le passage à la retraite. Le récit biographique est à la base de la démarche, auquel peuvent s'ajouter d'autres outils et supports visuels, tels le génogramme, le dessin du projet parental, la trajectoire socio-professionnelle, les photos et les collages. Les ateliers ont comme but d'examiner la dynamique des processus de transmission familiale et les ajustements entre les identités prescrites, désirées et acquises (de Gaulejac, 1999). Le processus d'autoréflexion suscité par la démarche aide les individus à identifier leurs forces biographiques. Le dialogue de groupe permet par la suite de positionner les récits individuels dans un cadre plus large et, de cette façon, favorise une compréhension plus complexe de l'interaction entre le vécu individuel et le vécu social.

La mémoire familiale joue un rôle particulièrement important dans l'approche biographique du roman familial. Celle-ci peut être composée de souvenirs heureux ou malheureux du passé familial, trouée par des oublis conscients ou inconscients, reconstruits à partir de référents disparates et fragmentaires (Segalen, 1988). Comme le suggère Muxel : «La mémoire familiale est d'abord une histoire personnelle et sa reconstruction. Il y a du roman en elle. Une fiction vraie à travers laquelle l'individu, mobilisant son passé, se donne du sens» (Muxel, 1996: 9-10). La mobilisation de la mémoire familiale comme mécanisme constructeur de sens est particulièrement utile dans des périodes de grande transition comme l'exil, notamment pour créer un sentiment de continuité entre les périodes pré-migratoires et post-migratoires. Pour Vatz-Laaroussi (2001), la famille constitue en elle-même une ressource significative pour gérer les deuils de l'exil. Le développement d'un sens fort d'un «nous» familial peut agir comme facteur de résilience qui facilite le processus d'établissement dans un nouveau pays.

Quelques mots sur la démarche de recherche

C'est dans cette fonction de construction de sens autour de la mémoire familiale que nous avons vu l'intérêt de la démarche roman familial pour travailler avec les demandeurs d'asile. Lors d'un premier projet[4], nous avons eu le privilège de tisser des liens étroits avec douze familles de demandeurs d'asile provenant de diverses régions du monde (Mexique, Colombie, Rwanda, Burundi, Congo, Liban, Pologne). Au Québec depuis approximativement un an, toutes les familles étaient revendicatrices du statut de réfugié au moment de leur arrivée et ont vu leur statut accepté après un processus administratif extrêmement difficile. Les ateliers de groupe utilisés généralement dans la démarche roman familial n'ont pas pu être repris lors de notre projet. Étant récemment réfugiées au Canada, plusieurs familles vivaient encore dans la crainte de la trahison et la dénonciation. Elles étaient hésitantes à relater les détails de leurs parcours devant un groupe composé partiellement de compatriotes : une situation qui révèle en soi les rapports d'altérité qui marquent leur passé. Une animatrice du projet a donc rencontré les familles séparément à deux ou trois reprises, totalisant approximativement six heures de narration. Lors de ces séances, les participants ont été amenés à discuter de plusieurs thèmes invoquant la mémoire familiale : histoire de la famille, événements et personnages significatifs, signification des noms familiaux, traditions familiales, projet migratoire, rêves et projets familiaux pour l'avenir. Les participants pouvaient aussi initier des discussions sur des thèmes de leur choix et inclure des photographies, dessins et autres objets dans leurs romans. Suivant les échanges, l'animatrice rédigeait le « roman » en tentant de respecter le plus possible les propos des participants[5]. Les « romans », d'une longueur moyenne de 10000 mots, leur ont été offerts à la fin du projet comme témoignages précieux de leurs vécus.

Leurs romans nous parlent de violence, de dissension politique, de méfiance et, surtout, de craintes pour la sécurité des leurs. Ils nous parlent

---

4 Depuis la finalisation du projet exploratoire, nous avons démarré un deuxième projet connexe qui étudie les parcours migratoires de familles maghrébines. Intitulé «Parcours d'insertion et roman familial. Le cas des jeunes familles immigrantes nouvellement arrivées au Québec», l'équipe de chercheurs est composée de Catherine Montgomery, Spyridoula Xenocostas, Josiane LeGall, Lilyane Rachédi, Jacques Rhéaume, Michèle Vatz Laaroussi et Cécile Rousseau.

5 Pour des raisons budgétaires, nous n'avons pas pu transcrire en *verbatim* des récits dans le cadre du projet exploratoire, ce qui constitue une limite analytique au projet. Les romans ont plutôt été rédigés par les animatrices du projet suivant le plus possible les histoires telles que racontées par les familles. Par la suite, les romans ont été soumis aux familles pour leur approbation et validation. Dans le présent texte, les citations provenant de romans sont présentés du point de vue de la troisième personne («May croit que»). Suite au projet, les familles ont aussi soumis par écrit leurs évaluations du projet. Les citations provenant de ces évaluations sont écrites par les participants et sont à la première personne («Je crois que»).

en même temps de réparation, de force et d'espoir. Les romans témoignent donc des rapports d'altérité, mais se positionnent en même temps comme des espaces de parole permettant de revoir les conditions de l'altérité. Le récit de May, présenté ici dans une version résumée, nous guidera dans nos réflexions sur ces thèmes. Il nous livre l'histoire personnelle et familiale du point de vue d'une mère. Nous avons choisi ce récit, car il illustre particulièrement bien la façon dont la démarche du roman familial permet à May de prendre connaissance de ses forces et des stratégies qu'elle a mises en place tout au long de son parcours afin de surmonter les situations d'adversité rencontrées. Aussi, malgré le caractère personnel et unique de son récit, son histoire rejoint sur plusieurs plans celles des autres participants, mères et pères eux aussi, notamment dans l'illustration du rapport à l'altérité, la mobilité au sein des familles, les forces familiales comme stratégie de survie et la volonté d'agir pour la protection de leurs enfants.

Le parcours de May

May est chef de famille monoparentale originaire d'Afrique centrale. Elle était établie à Montréal avec quatre de ses enfants depuis presqu'un an lorsqu'elle a participé au Projet Roman Familial. Née au Zaïre (devenu la République démocratique de Congo), de parents rwandais, le parcours de May est marqué par les conflits ethniques qui perdurent dans cette région d'Afrique depuis des décennies. De l'adolescence à l'âge adulte, elle a connu plusieurs transitions radicales qui l'ont amené à traverser les frontières nationales à plusieurs reprises, d'abord entre les pays de la région des Grands Lacs et, plus tard, celles des États-Unis et du Canada. Le monde idyllique de son enfance a éclaté lorsque May était à la fin de l'adolescence. Le massacre de plusieurs membres de sa famille élargie a provoqué un départ précipité de sa propre famille vers le Rwanda. Lorsque les choses se sont stabilisées quelque peu, May et sa sœur sont retournées au Zaïre afin de continuer leurs études, mais les frontières ont été refermées et les deux sœurs sont restées séparées de leur famille pendant quatre ans. Durant cette période de séparation, May et sa sœur ont chacune donné naissance à un enfant, deux filles nées à deux ans d'intervalle. Suite à une tragédie survenue dans la vie de sa sœur, May a « adopté » sa nièce comme si elle était sa propre fille. Lorsque les frontières entre le Zaïre et le Rwanda se sont réouvertes encore une fois, May et les deux filles sont retournées vivre avec ses parents au Rwanda. En avril 1994, à Pâques, tout s'est gâté. Les horreurs d'une guerre ethnique sont descendues dans leur rue. Par miracle, May et les deux filles ont réussi à se cacher, lorsque les hommes armés de machettes ont pénétré leur demeure. Prise de panique et de peur, May a fui une fois de plus vers le Zaïre avec les enfants.

Peu de temps après May a rencontré un homme européen vivant au Zaïre. Ils se sont mariés et ont eu deux autres enfants. Après un temps, la famille est retournée au Rwanda où une relative stabilité s'est installée. Après quelques années de paix, la famille a été harcelée pour avoir refusé d'accepter des pots-de-vin d'un officier du gouvernement haut placé. Jusqu'alors, la famille était relativement protégée par le statut « européen » du conjoint de May, mais lorsque celui-ci est mort subitement d'une courte maladie, la protection a cessé. L'exil était devenu nécessaire. Puisant dans toutes ses forces, May a mis en place un plan de départ. Par manque de fonds, elle n'a pu envoyer tous ses enfants en même temps. Elle a d'abord usé de ses contacts pour obtenir des visas expéditifs pour ses filles aînées, qu'elle a accompagnées jusqu'aux États-Unis afin de les confier à des amis déjà établis là. Elle est retournée au Rwanda par la suite afin d'organiser les finances pour le départ de ses deux autres enfants. Malgré son souci de garder le secret, son plan a été découvert. La police a confisqué son argent, elle a été interrogée, emprisonnée et relâchée. Grâce à un officier sympathisant qui l'a aidée à obtenir les précieux documents de voyage, elle a pu réaliser son plan. Après plusieurs mois, ses enfants étaient enfin réunis sous un même toit, aux États-Unis. Elle aurait souhaité retourner au Rwanda une troisième fois pour organiser le départ d'autres membres de la famille, mais c'était devenu trop risqué. Elle se sent encore coupable d'avoir dû les abandonner et craint toujours pour ceux qui sont restés au pays.

Les visas américains de May et des enfants étaient temporaires. Dans l'impossibilité de retourner au Rwanda, on lui a conseillé de demander l'asile au Canada. Au Canada, May s'est entourée d'un important réseau de compatriotes réunis autour des activités de l'église. Les enfants vont à l'école où ils se sont bien intégrés. May projetait d'entamer des études professionnelles afin de subvenir aux besoins de sa famille. Elle a de l'espoir pour l'avenir et, surtout, elle remercie Dieu que ses enfants soient sains et saufs. Elle a néanmoins certaines craintes par rapport à l'avenir de ses enfants, surtout en lien à leur exposition à des valeurs qu'elle considère plus occidentales. Elle note avec un petit pincement qu'ils lui parlent plus directement que dans le passé et respectent moins son autorité parentale. Elle s'inquiète aussi du fait qu'ils s'identifient de plus en plus à des valeurs de la consommation, qu'ils préfèrent la musique « jeune » à la musique traditionnelle et qu'ils adoptent les modes vestimentaires d'ici. En même temps, elle leur fait confiance et croit qu'ils ont un ancrage assez solide pour ne pas perdre tous les repères du passé. Pour leur part, les enfants savent relativement peu sur les raisons du départ obligé ou sur l'impact du génocide sur la famille élargie. May veut les protéger des horreurs d'un passé encore très lourd à porter. Elle seule garde leur mémoire, comme un secret enfoui dans les recoins d'une vieille valise placée toujours près de la porte.

Le roman familial comme témoignage des rapports d'altérité

En tant qu'histoire personnelle, le roman de May raconte *son* vécu, *ses* choix et *ses* contraintes. En même temps, son histoire ressemble, dans les grandes lignes, à celles de tant d'autres demandeurs d'asile dont les vies sont à jamais marquées par des événements politiques et des situations de violence qui échappent à leur contrôle. Être demandeur d'asile c'est être l'« autre » dont la seule issue est l'exil.

Les récits de May et de trois autres familles sont surtout révélateurs de l'histoire coloniale de cette région d'Afrique et des clivages ethniques exacerbés par les politiques « diviser et gouverner » instaurées par les pouvoirs coloniaux et post-coloniaux. May fait partie d'une minorité persécutée en raison de l'alliance historique de son groupe d'appartenance avec les pouvoirs coloniaux, cette proximité étant contestée par ceux exclus du pouvoir lors de l'administration coloniale. Ainsi, on peut lire dans son roman :

> « Les Belges ont profité des traits du visage aquilins des Tutsis pour déclarer cette minorité « les Caucasiens de l'Afrique »; « la classe naturellement dirigeante et la plus prospère », ainsi que « les descendants vivants d'Adam et Eve ». C'était essentiellement un ramassis de beaux mots pour camoufler leur politique de séparation et de règlements, dans laquelle les postes administratifs étaient donnés uniquement aux membres de cette ethnie, et les crânes étaient mesurés afin de s'assurer que seules l'éducation et les responsabilités seraient confiées aux vrais méritants. Bien entendu, les autres groupes ethniques des colonies belges se sont sentis marginalisés et dès que cela a été possible, après l'ignominieux départ précipité des Belges, les Tutsis ont à leur tour été ostracisés et marginalisés. »[6]

Les histoires coloniales et postcoloniales pèsent lourdement sur son parcours de vie. Le massacre de la famille de son père, les descentes d'hommes armés de machettes dans sa maison, l'interrogation, l'emprisonnement et l'exil : ce sont tous des événements révélateurs d'un passé colonial. Les rapports coloniaux et postcoloniaux ne sont pas les seuls à alimenter la construction du « Réfugié-Autre » comme catégorie

---

6 Traduction française de la version originale : "The Belgians had seized upon the Tutsis' aquiline features as a chance to declare this minority «the Caucasians of Africa»; 'the natural ruling class'; and most preposterously, 'the living descendents of Adam and Eve'. It was essentially a bunch of fine words to disguise their policy of divide and rule, in which the administrative positions were given only to members of this ethnicity and craniums were measured to ensure only the truly worthy were given education or responsibility. Understandably, the other ethnic groups in Belgium's colonies felt marginalized and when given a chance after Belgium's ignominious, hasty, retreat, the Tutsi's were retributively ostracized and marginalized".

sociale. Violences étatiques, dénonciations pour des prises de position politique, menaces de mort, abductions, emprisonnements et meurtres de conjoints et d'enfants : ce sont là des manifestations réelles du statut du «Réfugié-Autre» présentées dans les autres romans. Pour certains participants au projet, ces violences étaient encore trop proches pour être verbalisées et ils ont choisi de ne pas parler des souvenirs les plus douloureux. May aussi a choisi de garder certains événements pour elle : « Je n'ai pas partagé tout ce qui s'est passé pendant le génocide. Pas seulement parce que je ne prévois pas en parler bientôt à mes enfants, mais seulement dans longtemps, mais aussi parce que je n'aime pas parler de ça ».[7] De tels silences révèlent avec encore plus de force le caractère insidieux du rapport à l'altérité que renferme la catégorie sociale de « réfugié ».

Ce sont ces mêmes manifestations d'altérité qui ont motivé la création de mesures internationales pour la protection des demandeurs d'asile. Ces mesures empruntent à une vision humanitaire et le principe que « les êtres humains, sans discrimination, doivent jouir des droits de l'homme et des libertés fondamentales »[8]. Par le biais d'ententes avec les pays signataires elles visent, *théoriquement*, à ouvrir une voie aux demandeurs d'asile pour échapper aux conditions qui menacent leurs sécurités. De façon générale, le Canada jouit d'une réputation favorable envers les demandeurs d'asile et les romans comptent plusieurs témoignages à cet effet. Paradoxalement, la vision humanitaire de la protection des demandeurs d'asile se heurte à une autre vision selon laquelle les pays signataires des Conventions sont de plus en plus préoccupés par le contrôle des frontières. Selon cette vision, le « Réfugié-Autre » n'est plus simplement celui qu'il faut protéger, mais aussi celui qui menace la sécurité nationale. Il est, encore une fois, l'autre dont il faut se méfier, il est l'étranger qui est potentiellement dangereux pour l'intégrité de la nation qui l'accueille dans ses frontières[9].

Cette vision du contrôle des frontières est manifeste dans le processus même de détermination de statut de réfugié au Canada, voire le processus administratif qui vise à déterminer l'éligibilité des demandes d'asile. Dans le cadre de ce processus, tout demandeur d'asile est obligé de

---

7 Traduction française de la version originale : « I did not share everything that had happened during the genocide. Not only because I don't plan to tell my children soon, only much later, but also because I don't like speaking about it ».

8 Convention relative au statut de réfugiés, préambule.

9 À titre d'exemple, le Canada a signé en 2002 l'*Entente entre le Canada et les États-Unis sur les tiers pays sûrs* (en vigueur depuis décembre 2004), qui a eu comme effet de réduire drastiquement l'accès à la frontière canadienne pour les demandeurs d'asile ayant d'abord transité par les États-Unis. Cette entente a récemment été contestée par la cour fédérale (18 jan 2008), qui demande sa révocation en raison des injustices qu'elle crée pour les demandeurs d'asile, refoulée aux États-Unis

produire une autre forme de récit biographique qui relate leurs parcours de vie, particulièrement les événements pouvant servir de « preuve » de leur crainte de persécution. Composé d'une histoire écrite (formulaire de renseignements personnels) et orale (audience de détermination de statut), le récit vise à établir la « crédibilité » de la demande d'asile[10]. Certains ont suggéré que le récit de détermination nous apprend moins sur le vécu des demandeurs d'asile eux-mêmes que sur les perversités du système de détermination de statut (Barsky, 1994; Rousseau et Foxen, 2006). Raconter sa vie, dans ce contexte, tient surtout d'un calcul de risques : que dire ou pas dire, et comment? La plupart du temps, les stratégies d'interrogation employées par les membres du tribunal prennent des allures d'une chasse aux mensonges visant à piéger les revendicateurs.

Lorsqu'on avait approché May pour participer au Projet Roman Familial, elle venait d'accéder au statut de réfugié et l'expérience de l'audience où elle devait défendre son récit de détermination avait été difficile. Comme pour la plupart des demandeurs d'asile, May a dû structurer son récit en fonction des attentes et des préoccupations du tribunal. Malgré l'aide de son avocat, elle a vu son récit décortiqué et scruté afin d'en saisir la moindre contradiction ou faille. Son récit de détermination était devenu l'histoire d'un réfugié suspect et potentiellement abuseur du système. Elle avait été dépossédée de sa propre histoire : encore une manifestation concrète de son statut de « Réfugié-Autre ». La forme et le contenu du récit de détermination sont dictés plus par les règles du système d'immigration que par les préoccupations des principaux intéressés. L'expérience subjective et intime des demandeurs d'asile est ainsi transformée sous une forme objectivée devant servir de « preuve ». Dans ce contexte, la véracité de l'histoire racontée est remise en doute, interrogée et contestée.

Le roman familial : un espace tiers de renégociation de l'altérité.

L'un des objectifs du *Projet Roman Familial* était de permettre aux participants de formuler leur histoire selon un genre narratif radicalement différent de celui qui est imposé lors du processus de détermination. À la différence de ce processus, la décision de participer au projet et de produire un « roman » était strictement volontaire. Même si les thèmes

---

[10] Une première série de consignes amène les demandeurs d'asile à décrire les grandes lignes de leurs parcours migratoire et de vie : citoyenneté et statuts nationaux, l'historique de la situation familiale, des études et l'expérience professionnelle, service militaire, arrestations et infractions criminelles, lieux de résidence et de transit. Ensuite, le cœur du récit touche aux raisons invoquées pour justifier la demande de refuge. On leur demande ainsi d'exposer «dans l'ordre chronologique tous les événements importants et les raisons qui [les] ont amené à demande l'asile au Canada». Commission de l'immigration et du statut de refugié du Canada. Formulaire de renseignements personnels. http://www.cisr-irb.gc.ca

généraux de discussion ont été proposés par l'équipe, les participants étaient libres de structurer leurs récits à leur façon, de parler d'expériences ayant plus de sens pour eux et d'en passer d'autres sous silence. Les silences, contestés dans le cadre du processus de détermination, étaient considérés par l'équipe comme des zones d'intimité personnelle et familiale et n'ont pas été questionnés. Ainsi, le projet permettait aux participants de se réapproprier leur histoire. Pour un participant, le projet a permis de replacer les fragments de son expérience d'exil dans un récit qu'il qualifie lui-même de « cohérent ». À ses yeux, le fait que le roman soit présenté sous une forme publiée a renforcé la légitimité de son histoire : « Ça donne de la valeur à notre histoire. C'était vraiment bien de voir tout ça couché sur du papier, devenu presque officiel »[11]. May a aussi apprécié de pouvoir raconter son histoire à sa façon : « J'étais un peu nerveuse parce que ça faisait longtemps que je n'avais pas parlé de ces choses, sauf avec mon avocat. Je ne pensais pas que je voulais en parler, mais une fois que j'ai commencé, ça ne me dérangeait plus de continuer. J'ai aimé le fait de ne pas être obligée de répondre à des questions et que j'étais autorisée de parler des parties de mon histoire que je jugeais importantes »[12]. Contrairement au récit de détermination, le récit qu'elle a produit dans le cadre du Projet Roman Familial lui appartenait entièrement.

Le roman familial est surtout un outil permettant aux familles de dialoguer avec leur passé et de renégocier leur rapport aux événements qui ont marqué leurs histoires. Les départs précipités du pays entraînent un changement radical de vie dans un court laps de temps. Il est facile dans cette période d'avoir l'impression d'avoir été entrainé par les événements, sans véritable prise sur eux. La démarche roman familial peut aider les individus à prendre conscience de leur statut d'acteur en mettant l'accent sur les forces individuelles et familiales qui ont animé leurs parcours. En effet, l'analyse des romans révèle de multiples forces et stratégies mobilisées par les participants, consciemment ou inconsciemment, afin de renégocier les conditions de l'altérité.

La mobilité en tant que telle est une stratégie importante. Certes, elle est adoptée par les demandeurs d'asile dans une situation de contrainte extrême, mais elle représente néanmoins une forme d'action. Dans les romans, l'exil forcé est présenté surtout comme une stratégie visant à

---

11 Traduction française de la version originale: «it gave value to our narrative, it was really nice to see it all down on paper, official almost».

12 Traduction française de la version originale: «I was a little nervous because I hadn't talked about these things in a while except with my lawyer. I didn't think I wanted to talk about them but once I started I did not mind continuing. I liked that there wasn't anything I was obliged to answer and I was allowed to tell the parts of my story that I thought were important».

assurer la sécurité et la protection des enfants. Malgré l'instabilité de son parcours et les épisodes répétés d'exil, May se rend compte par le roman que ses déplacements ont été motivés à chaque fois par une seule et cohérente logique : protéger ses enfants et les réunir dans un environnement stable et sans risque. Ce sont ses enfants qui lui ont donné l'espoir de lutter : « Ce sont les enfants qui lui ont donné la possibilité de construire un futur [...] les mères, peu importe les horreurs qu'elles ont dû vivre, sont simplement reconnaissante que leurs enfants ne grossissent pas la population des orphelins du Rwanda »[13]. Son récit lui permet de constater avec fierté que ses enfants sont sains et saufs *grâce à ses efforts*. Ainsi, la sécurité de sa famille représente un fil conducteur important qui relie les épisodes fragmentés de son parcours.

L'analyse des romans révèle aussi que la mobilité est une stratégie déjà très présente dans le passé familial. À l'exception d'une seule famille participante, les mobilités géographiques contribuent à l'histoire familiale depuis plusieurs générations. Le roman de May, par exemple, décrit les déplacements fréquents de ses ancêtres dans la région des Grands Lacs et en Europe, que ce soit pour les études, le travail ou encore en raison de conflits ethniques et politiques. Un autre participant raconte avec fierté la mobilité des ancêtres à travers de nombreuses frontières nationales. Liban, Iraq, Chypre, Angleterre, Arabie Saoudite, Dubai, Pays de Galles, Canada, tous contribuent, à un moment ou un autre, d'une mobilité familiale très valorisée dans le récit. La remémoration de cette mobilité permet aux participants de faire des liens entre leur situation actuelle d'exil et celles qui font partie du passé familial. Ainsi, la mobilité leur paraît non seulement comme une histoire de rupture, mais aussi comme une forme de continuité à travers les générations : une stratégie utilisée maintes fois par les ancêtres afin d'améliorer les conditions de vie.

D'autres types de forces familiales émergent également dans les anecdotes racontées autour de personnages significatifs identifiés dans les romans, surtout des figures de parents, grands-parents, oncles et tantes. Souvent ces personnages sont présentés de façon quasi-héroïque ou mythique, comme des individus ayant fait preuve de courage et de débrouillardise lorsqu'ils étaient confrontés à des situations de grande adversité. Par exemple, May présente son père comme étant un homme courageux qui a pris beaucoup de risques pour assurer la sécurité des siens. Il est décrit aussi comme un intellectuel qui valorisait l'éducation et qui a fait tout ce qui était en son pouvoir afin de maintenir ses enfants à l'école même dans des périodes de plus grande instabilité politique.

---

[13] Traduction française de la version originale: «It was the children that gave her the ability to fathom a future. [...] mothers, no matter the horror they have lived, are simply grateful their children are not among Rwanda's teeming population of orphans».

D'autres romans décrivent des personnages familiaux qui ont marqué la vie communautaire ou politique de leur pays, risqué leur vie pour défendre une cause ou encore ont fait d'énormes sacrifices pour sortir leur famille de situations d'extrême pauvreté. Un participant, par exemple, a décrit avec enthousiasme son admiration pour son grand-père, un visionnaire qui a su répondre aux besoins de sa famille malgré plusieurs épisodes d'exil de son pays natal. Au terme du Projet Roman Familial, ce participant souhaitait en savoir plus sur les travers et exploits de son grand-père qui, selon ses dires, lui a légué un sens important de la responsabilité familiale. Les romans comptent aussi des représentations de femmes très débrouillardes, surtout des figures de mères dévouées à leurs familles. Trois romans racontent la vie de mères et de grands-mères laissées seules à élever des enfants dans des situations des plus précaires. L'autoportrait que fait May d'elle-même dépeint aussi une femme forte capable d'affronter des situations périlleuses. Ainsi, le courage, la débrouillardise, la persévérance, l'ambition et l'effort sont des qualificatifs récurrents qui contribuent à la construction d'une conception très forte du « Nous familial » (cf. Vatz-Laaroussi, 2001). Les personnages du passé familial sont présentés dans les romans comme des modèles à émulation.

Se savoir capable d'agir dans un contexte d'adversité repose aussi sur d'autres forces pouvant être mobilisées dans des situations de besoin. Plusieurs romans décrivent notamment le rôle de la foi et les activités spirituelles comme sources de soutien importantes qui aident les participants à gérer le vide laissé par l'exil forcé. Dans le roman de May plus particulièrement, la foi apparaît comme un outil de réparation pour tenter de comprendre l'incompréhensible : le génocide d'un peuple, conséquence extrême des rapports à l'altérité. C'est à travers sa foi et son implication dans la communauté qu'elle puise ses forces pour renégocier les événements traumatiques de son passé. On apprend dans son roman :

> « May croit fermement qu'elle est l'une des chanceuses survivantes du génocide rwandais, et que ce n'est qu'avec la grâce de Dieu si elle est en vie aujourd'hui. À la différence de tant de gens qui ont perdu ceux qu'ils aimaient, elle se sent privilégiée qu'il lui reste encore beaucoup de gens à aimer et qui l'aime en retour. Par dessus tout, elle croit que Dieu lui a donné une deuxième chance pour le bien de ses enfants, que le Très-Haut va aussi protéger contre le mal. Durant le génocide, les parents étaient impuissants à protéger leurs enfants, et seuls ceux que Dieu lui-même a protégés ont survécu. [...] l'Église était devenue le refuge des individus et la plus grande force de réconciliation dans le pays. »[14]

---

[14] Traduction française de la version originale: « May firmly believes that she is one of the luckier survivors of the Rwandan genocide, and that it is only by the grace of God that she is alive today. She feels fortunate that, unlike so many people who lost everyone they loved, there are still many people for her to love and to be loved by.

Les enfants de May ont trouvé, à leur tour, un important ancrage dans les réseaux communautaires entourant l'église ce qui, d'après May, leur procure un sentiment de stabilité dans une période autrement très instable. Malgré l'assurance qu'elle ressent d'avoir inculqué de bonnes valeurs aux enfants, elle craint néanmoins l'influence de valeurs «occidentales» sur leurs comportements, notamment la plus grande liberté accordée aux jeunes pour exprimer leurs opinions et contester l'autorité parentale. En même temps, elle est fière de noter que ses enfants sont très confiants et qu'ils sont capables de se faire une place. Son roman révèle donc un double jeu entre, d'une part, sa crainte de perdre ses propres repères en ce qui concerne les modèles de l'autorité parentale, puisés dans les traditions familiales et communautaires et, d'autre part, l'émergence d'une nouvelle forme de relation avec les enfants qui semble plus égalitaire. La plupart des familles participantes ont constaté cette même tension entre les modèles parentaux du pays d'origine et ceux plus caractéristiques à un pays comme le Canada. Parents et jeunes doivent renégocier ces modèles, ce qui illustre bien le caractère dynamique des transmissions familiales. Les familles rencontrées lors du projet étaient au Canada depuis relativement peu de temps, mais leurs romans démontrent déjà ce processus de négociation entre les modèles de relations parents-enfants du passé et du présent: une forme de redéfinition *en cours* des rôles respectifs de chacun. Le projet a ouvert un espace de dialogue au sein même des familles, ce qui facilitait la réflexion commune autour de ces processus de négociation. Le passage suivant d'une participante résume bien cette fonction du projet:

> « Nous sommes même devenus plus proches. On se souvient des choses du passé. C'est bien que les enfants se souviennent des choses qu'ils ont mises de côté. Ils se découvrent eux-mêmes. Ils ont apprécié de partager leur expérience et de pouvoir comparer les manières de faire ici avec ce qui s'est passé dans notre pays. Nous parlons de notre famille plus souvent. Ils me posent souvent des questions et j'essaie de leur répondre de mon mieux. »[15]

Furthermore, she believes that God gave her this second chance for the good of her children whom his divine will also protected from evil; during the genocide, parents were helpless to protect their children and it was only the ones God himself protected that survived. [...] The church has become the people's refuge and the greatest force for reconciliation in the country ».

15 Traduction française de la version originale: « We have become even closer. We remember things from the past. It is good to remember things that they [the children] have put aside. The children are discovering themselves. They have appreciated sharing their experiences and being able to compare the ways of doing things here with the way things happen in our country. We talked about us [our family] even afterwards. They often ask me questions about the past and I try to explain to them as best I can ».

Conclusion

Le parcours de May n'est pas représentatif des parcours de tout demandeur d'asile, mais il partage avec eux certaines caractéristiques semblables : exil forcé, risques et périls associés à la fuite, craintes pour la sécurité personnelle et familiale, vécu d'événements intimidants et traumatiques, perte de repères et, en même temps, une capacité étonnante d'agir dans des situations d'extrême adversité. Le roman familial, comme forme de récit biographique, permet de capter le rapport subjectif et intime qu'entretiennent les individus avec ces passés souvent très lourds. Il constitue aussi un témoignage important des rapports d'altérité qui sont au fondement du statut de réfugié comme catégorie sociale.

Le roman familial se positionne en même temps par opposition à une autre forme de récit – le récit de détermination de statut de réfugié – imposé aux demandeurs d'asile dans le cadre du processus administratif visant à contrôler les accès aux territoires des pays dits «d'accueil». Produit souvent dans un contexte de méfiance, le récit de détermination peut avoir pour effet de déposséder les demandeurs d'asile de leurs histoires qui deviennent, sous les interrogations des membres du tribunal, des histoires contestées. Malgré le bien-fondé des principes humanitaires à l'origine du système de détermination, la logique du contrôle des frontières agit comme un filtre institutionnel qui reproduit les conditions d'altérité. Face à ce pouvoir institutionnel, les individus peuvent se sentir dépourvus et impuissants. Le processus d'autoréflexion suscité par la démarche roman familial permet de contester ce rapport au pouvoir institutionnel, en créant un espace d'expression qui encourage les participants à se réapproprier leurs histoires et, de cette façon, de renforcer leur statut d'acteur.

Surtout, ce type de démarche permet aux familles de renégocier leur rapport aux passés individuels et familiaux. En mettant l'accent sur la mémoire familiale comme ressource mobilisatrice, les participants sont amenés à prendre conscience des forces biographiques qui motivent leurs actions. Ainsi peut s'initier un travail de transformation sur le plan identitaire qui encourage les participants à se percevoir moins en fonction de leur statut de « Réfugié-Autre » que comme acteurs résilients et actifs dans la mise-en-scène de leurs propres parcours. Transposée sur le plan social, cette même démarche ouvre aussi un espace de parole à une catégorie de personnes souvent exclues de la parole et, dans cette fonction, invite à contester les stéréotypes et idées reçues qui circulent dans le domaine public à l'égard des demandeurs d'asile.

Bibliographie

BARSKY, R. (1994). *Constructing a Productive Other. Discourse Theory and the Convention Refugee Hearing*. Philadelphia : John Benjamins.

BERTAUX, D. (1995). Social Genealogies Commented On and Compared : n Instrument for Observing Social Mobility Process in the Longue Durée». In *Current Sociology*, Vol. 43 92/3, pp. 69-89.

BERTAUX, D. (1997). *Les récits de vie*. Paris : Nathan.

BRECKNER, R. (2002). Migrants : a target-category for social policy? Experiences of first-generation migratio. In *Biography and Social Exclusion in Europe. Experiences and Life Journeys*. Bristol : The Policy Press.

CHAMBERLAYNE, P., RUSTIN P, WENGRAF. (2002). *Biography and Social Exclusion in Europe. Experiences and Life Journeys*. Bristol : The Policy Press.

CHAMBERLAYNE, P. (2002). Second-generation transcultural lives. In *Biography and Social Exclusion in Europe. Experiences and Life Journeys*. Bristol : The Policy Press.

CITIZENSHIP AND IMMIGRATION CANADA (CIC). (2006). *Facts and Figures. Immigration Overview. Permanent and Temporary Residents, 2005*. Ottawa : Citizenship and Immigration Canada. Catalogue C8d 813 06 06^{E}.

COGNET, M. MONTGOMERY C. (2007). *Éthique de l'Altérité. Culture, santé et services sociaux*. Québec : Presses de l'Université Laval,

DE GAULEJAC, V. (1999). *L'histoire en héritage. Roman familial et trajectoire sociale*. Paris : Desclée de Brouwer.

DE GAULEJAC, V. (1993). Approche clinique et histoire de vie. In Enriquez E. et al. *L'analyse clinique dans les sciences humaines*. Montréal : Éd. Saint-Martin, pp. 163-180.

DELCROIX, C. (2001). *Ombres et lumières de la famille Nour. Comment certains résistent face à la précarité*. Paris : Payot.

MCALL, C. (1995). Les murs de la cité : territoires d'exclusion et espaces de citoyenneté. In *Lien social et politiques –RIAC*, n. 34, vol. Automne, pp. 81-92.

MERCIER, L, RHÉAUME, J. (2007). *Récits de vie et sociologie clinique*. Québec : Presses de l'Université Laval.

MONTGOMERY, C., et al. (2007). *Intergenerational Transmissions in Refugee Families : the Family Novel Project*. Rapport de recherche, Centre de recherche et de formation, CSSS de la Montagne.

MUXEL, A. (1996). *Individu et mémoire familiale*. Paris : Nathan, Paris.

POUPARD, D., RHÉAUME, J. (2002). Récits de vie en groupe et Gestalt: roman familial et trajectoires sociales. *Revue québécoise de Gestalt*, Vol. 5, pp.9-27.

RHÉAUME, J., CHAUME, C., POUPARD, D. (1996). Roman familial et trajectoires sociales : le groupe comme outil d'implication et de recherche. *Revue Intervention*, pp. 83-90.
ROUSSEAU, C, FOXEN, P. (2006). Le mythe du réfugié menteur : un mensonge indispensable? *Évolution psychiatrique,* 71, pp. 505-520.
SEGALEN, M. (1988). Continuités familiales. In *Sociologie de la famille.* Paris : A. Colin, pp. 185-205.
THOMAS, W. I., ZNANIECKI, F. (1958[1927]). *The Polish peasant in Europe and America.* New York : Dover.
VATZ-LAAROUSSI, M. (2001). *Le familial au cœur de l'immigration. Les stratégies de citoyenneté des familles immigrantes au Québec et en France*. Paris : L'Harmattan.
VATZ-LAAROUSSI, M., RACHÉDI L, PÉPIN L. (2002). *Accompagner des familles immigrantes. Paroles de familles, principes d'intervention et moyens d'action.* Québec : Université de Sherbrooke.

Entre la nostalgie de là-bas et le re-commencement ici. Récits individuels et histoires collectives de lutte d'Afrodes

Flor Edilma OSORIO PÉREZ

De mon village je pars déjà déçu et avec l'envie de pleurer,
Honteux et sans forces pour parler.
Difficile de supporter tant de misère, tant de médiocrité,
L'indifférence des gens d'ici,
Beaucoup ont tout, et la plupart n'ont rien
Je m'éloigne sans savoir si ça va se passer bien ou mal
Ou si je reviendrai en marchant sur mes propres pieds ...
Texte d'une chanson repris dans l'ouvrage « Les vautours sur les fleurs »

En Colombie, plus de quatre millions de personnes ont dû fuir de leur domicile pour échapper aux groupes armés et à la violence d'une guerre de plus en plus présente et complexe. Elle laisse sur son passage mort, désolation, déracinement et douleur. Le déplacement forcé des populations est devenu une donnée quotidienne, dramatique et banale de la violence armée. Le départ sous la contrainte marque une rupture brutale et radicale avec la communauté et le territoire d'origine; il traduit une privation violente de repères matériels et symboliques qui fondent l'identité des individus et des familles qui en sont victimes. Recommencer une vie implique toutes les dimensions, tant individuelles que collectives. Or, on ne repart pas de zéro, mais des diverses expériences vécues au fil des histoires personnelles et sociales. La reconstruction de la vie est un processus de continuité et d'actualisation des projets de vie antérieurs. Elle commence au moment du départ, marquée par la destruction et la peur, alors même que l'on s'engage sur les chemins douloureux de l'incertitude et de la perte.

Dans une étude plus vaste (Osorio, 2005), nous avons analysé diverses expériences d'action collective de personnes en situation de déplacement forcé dans le pays. Nous presentons ici le cas de l'Association de déplacés Afro-colombiens, Afrodes. Elle est dépositaire des luttes ethniques livrées principalement dans le département du Chocó, et fortement articulés avec la revendication de territoires ancestraux, dont la possession est

juridiquement établie. De plus, cette association a mis en scène des dynamiques collectives face aux précarités des conditions de vie des afro-colombiens déplacés à Bogotá : projets de logement, projets économiques, création d'espaces pour la rencontre et le renforcement de la mémoire et cultures traditionnelles vers l'autonomie et l'organisation communautaire.
L'étude s'est appuyée sur une perspective dynamique qui montre le déplacement forcé comme un processus complexe, une expérience extrême, qui se construit avec et à partir d'un même déracinement, au cours d'un processus qui, bien sûr, subit des ruptures, mais qui maintient aussi des continuités avec le vécu antérieur. Les choix théoriques qui ont orienté cette recherche conjuguent trois processus sociaux complémentaires : la construction de l'action collective, la construction du territoire et la construction de l'identité. Ces trois processus sociaux convergents, instables et indissolublement liés sont par nature des valeurs et des ressources mobilisées dans la construction des luttes sociales des *desplazados*. Nous pouvons affirmer en corollaire qu'il n'y a pas d'action collective sans ressources partagées à l'échelle du groupe étudié et donc sans patrimoine commun. Ce patrimoine commun est formé des biens matériels, des ressources environnementales, des savoirs, des représentations et des valeurs sociales mis en œuvre et produits dans une logique d'action collective.
Agir dans une situation limite comme le déplacement forcé ne concerne pas, bien sûr, le seul plan individuel. La reconstruction de soi et de la place que l'on tient dans la société relève pour une large part d'une logique collective : c'est dans cette dimension que se joue, au préalable, la reconstitution et la revendication du patrimoine social indispensable à la fondation d'une identité nouvelle. La pratique sociale s'articule autour de la reconstruction d'un territoire entendu comme espace matériel ou symbolique, c'est-à-dire comme l'espace dans lequel les individus créent et cherchent les ressources indispensables à leur reconstruction dans une continuité temporelle qui mobilise leurs mémoires. Dans cette reconstruction du discours du « nous », se recrée une mémoire qui permet de penser en commun un futur et qui oriente l'action elle-même. Nous pourrions dire ainsi que dans l'identité convergent **la mémoire et l'action** qui soulignent à la fois le poids de l'historicité et celui de l'adaptabilité et de la capacité de changement. En ce sens l'identité articule les récits individuels avec des histoires collectives, le passé avec le présent et l'idée de futur, l'ici et le là-bas.

La recherche a privilégié l'approche qualitative interprétative qui correspond le mieux à l'étude des processus sociaux par des techniques diverses, appuyée sur les témoignages individuels et collectifs[1]. Le

1 Pendant les années 2000 et 2001, nous avons réalisé dix entretiens avec cinq femmes

témoignage présente des conditions particulières qui changent dans le temps et qui le rendent communicable ou non car parfois le silence alors va au-delà de la volonté ou la capacité des personnes à exprimer leur expérience. Il y a des sentiments ambivalents car témoigner laisse presque toujours transparaître un jugement sur ses actions ou sur le passé, tant pour ce qui concerne le locuteur que pour celui qui l'écoute. Tout entretien individuel met en jeu indirectement une multitude de valeurs, de représentations et des critères de définition des groupes et des liens avec le passé. Pour cela il est nécessaire d'inscrire toute l'histoire et la mémoire individuelle dans une histoire et une mémoire collectives (Pollak, 2000). De façon simultanée, les histoires collectives et individuelles se tissent à partir des tristesses et des joies de leur situation passée et de leur présent incertain qui demande la construction d'un nouveau lieu dans la ville. Alors, il s'agit davantage dans leur récit d'une lecture rétrospective qui possède une nature réflexive mais dont la fonction est paradoxalement prospective.

A partir des récits individuels de déracinement et de reconfiguration de leurs vies, des femmes et des hommes afro-colombiens construisent jour après jour l'histoire collective d'Afrodes à Bogotá. En suivant leurs témoignages nous développons quatre sujets : le vécu des discriminations et des solidarités en ville, la façon d'agir dans un milieu misérable, les contrastes entre le « ici » et le « là-bas » et l'action commune.

Discrimination et liens de solidarité

Bogotá, capitale du pays et d'une population de plus de sept millions d'habitants, s'est construite notamment à partir de migrations régionales. Aujourd'hui, le *desplazamiento* forcé contribue de manière importante à sa croissance. Sur près de quarante familles de *desplazados* qui arrivent chaque jour à la capitale, on estime qu'au moins trois sont afro-colombiennes, provenant surtout de la Côte Pacifique. La vie en ville suit une ségrégation spatiale sous le mode ethnique, sociale et économique dans les quartiers marginaux. Dans ce contexte, l'association Afrodes a été conçue par un petit groupe d'amis et s'est fait connaître à travers les multiples réseaux de parents, amis et anciens habitants de la même région. Elle a probablement son plus grand nombre d'adhérents à Bogotá.

L'arrivée dans une ville inconnue, pour la grande majorité des gens, signifie une rupture territoriale importante. Cependant le rural «profond» comme on peut qualifier le territoire du Chocó où les activités comme les routes et les paysages suivent le rythme lent des fleuves, marque de manière singulière l'expérience rurale auprès d'autres *desplazados*. De plus, le sens et les défis liés à cette arrivée sont en relation avec les profondes racines ethniques de ces communautés. Quels sont les critères du choix de Bogotá comme destination d'exil? Les réseaux familiaux et l'imaginaire de la capitale, en tant qu'espace sûr, jouent un rôle clef malgré les distances géographiques et culturelles entre le Chocó et Bogotá. Pour Pedro, il est clair que :

> « On vient à Bogotá, pour être le plus loin possible et se sentir un peu plus en sûreté. Ce n'est pas pour l'argent ni parce qu'ici comme disent certains il y a du travail. C'est pour la sécurité. C'est plus éloigné de tous ces problèmes, plus éloigné de la mort. »

La perception de la sécurité qu'offre la ville est relative pour d'autres, comme Sandra : « Ici, on n'est pas en sécurité, mais on ressent comme un peu plus de tranquillité. Là-bas, on avait peur qu'ils exterminent toute la famille ». Pour Emilia, cela a été une frustration : « On pense qu'en arrivant à la capitale, on va obtenir plus d'aide, de travail, et que les choses seront plus faciles, mais ici tout est difficile ».

Le choix d'une destination est marqué aussi par les décisions des autres et par les réseaux d'amitié et de parenté qui ont facilité l'intégration. Quand ils arrivent, l'aide offerte par des parents et des amis, au cœur d'une ville inconnue, est une raison suffisante. C'est l'expérience de Mariano :

> « Je suis venu à Bogotá parce qu'ici j'avais un parent qui m'aidait. Il m'a dit qu'il m'accueillait les premiers jours. J'ai déménagé avec ma famille de Quibdó[2]. On était fin août 2000. Le voyage a duré deux jours. Nous sommes arrivés ici et nous avons appelé notre parent du Terminal[3] et il est venu nous récupérer. De là-bas, je l'avais appelé et il nous attendait le jour où nous sommes arrivés. Nous ne connaissions pas Bogotá. »

C'est de cette manière qu'ont lieu des regroupements familiaux, comme c'est le cas pour Simon qui a cinq frères déjà installés dans la ville. De même que pour les migrations dues au travail, grâce à leur rôle de facilitateurs les réseaux sociaux constituent de fortes orientations en ce qui concerne les lieux d'arrivée dans le *desplazamiento* forcé.

Une première confrontation est le vécu de ce qu'ils appellent la discrimination raciale. Bien que dans la ville coexistent solidarité et exclusion, cette dernière frappe fortement les Afro-Colombiens. Emilia rend compte de cette double facette de la ville :

> « On nous aide beaucoup. Ceux qui sont ignorants et qui ne comprennent pas ce qui nous arrive sont ceux qui nous traitent mal. Ici, ils sont racistes, ils ne vous aiment pas si vous êtes de couleur. Ils disent que les noirs sentent mauvais, qu'on est sales et qu'on est trop nombreux. »

---

[2] C'est la ville capitale du département du Chocó.

[3] Terminal de Transports Terrestres de Bogotá.

De son côté, Pedro affirme :

> « Dans mon village, personne ne nous reprochait d'être différents, parce qu'on était tous noirs. A Quibdó il y a beaucoup de blancs et à ce que je sache, ils ne sont pas mal traités. »

Le vécu quotidien de la discrimination est assez marqué. Malgré le malaise et la douleur leur réaction est le silence, en tant qu'exercice de résistance quotidienne et passive :

> « On se tait parce que… comment faire pour les affronter? On fait comme s'ils ne parlaient pas de nous. Parce que s'ils se mettent en colère, c'est pire... Moi, ce que je fais c'est rester calme, ou on va de l'autre côté trouver d'autres gens .»[4]

C'est la discrimination raciale quotidienne et latente de la ville qui a suscité un regroupement de la population noire dans certains quartiers. Cette ségrégation sociale a servi en même temps de point de référence pour des retrouvailles entre gens d'une même région, entre amis ou simplement entre Afro-Colombiens :

> « Au Terminal, nous avons rencontré des amis. Ils nous ont demandé où nous allions et nous leur avons dit « Nous ne savons pas ». Ils nous ont répondu « L'endroit le plus proche où il y a beaucoup de noirs, c'est à Candelaria… » On y est arrivés et comme c'était dimanche, il y avait le marché et il y avait des gens de la même région que nous et des gens qu'on connaissait, et ils nous ont offert leur hospitalité. On y est restés un ou deux mois. »

De telles retrouvailles, racontées en des termes similaires par différents *desplazados*, ne relèvent pas du hasard : elles entrent pleinement dans les logiques de la ségrégation spatiale.

La narration des processus d'installation rend compte des liens de solidarité qui sont entretenus dans la ville et qui vont au-delà des proches, et qui touchent aussi les amis et tous les gens originaires d'une même région. Dans des nombreux cas, il s'agit tout simplement de l'aide à un autre Afro-Colombien. Les plus anciens reçoivent les derniers arrivés, selon une dynamique cherchant à contrecarrer la discrimination tacite des autres colons pauvres mais non noirs. La solidarité entre anciens et nouveaux venus est concrète dès l'hébergement jusqu'à l'orientation dans la ville et l'accompagnement pour les démarches administratives institutionnelles. En ce sens on peut affirmer qu'une des stratégies par

---

4 Entretien collective avec trois femmes et deux hommes associés d'Afrodes. Avril 2001, Bogotá.

lesquelles se reconstruit le territoire, en ce qui concerne les Afro-Colombiens, relève d'une solidarité ethnique. Mais, cette solidarité ethnique peut-elle être considérée comme généralisée? Diverses lectures coexistent en fonction des expériences. Pedro affirme, par exemple, que :

> « À La Candelaria, 40% sont noirs parce que là où il y a un noir il y en vient d'autres. C'est un truc logique. C'est peut-être parce qu'on l'a dans le sang – qu'est-ce que vous en pensez ? Si je vois un autre noir, je l'accueille, même si on ne se connaît pas, et qu'on ne s'est même jamais vus. On le recommande auprès des autres voisins. Et cela ne se passe pas exclusivement avec les gens du Chocó, parce qu'il y a des gens de Bolívar qu'on a accueillis. »

La connotation de la solidarité ethnique est vue comme d'ordre essentiel, naturel et ici idéalisé. Simón et Marino discutent de l'existence d'une « solidarité ethnique naturelle ». Ils sont conscients que la population afro-colombienne aussi peut traiter « ses frères d'ethnie » avec indifférence : « Ce ne sont pas tous les noirs qui aident les autres noirs. Cela ne tient pas à la couleur mais au cœur de la personne »[5].

Le concept de «habitus» de Bourdieu (1980) peut nous aider à mieux comprendre cette solidarité à caractère ethnique. Les réseaux sociaux denses et étendus qui se sont tissés dans les lieux d'origine entre les Afro-Colombiens génèrent des «systèmes de dispositions durables et transportables» (1980 : 88) qui fonctionnent comme la matérialisation de la mémoire collective et permettent à un groupe d'agir de manière similaire sans que cela passe par des concertations préalables. C'est la force des comportements sociaux qui contribue à alimenter le sens de l'identification à la situation d'autres noirs, à les considérer comme faisant partie de « leur sang », comme l'affirme Pedro.

La solidarité repose sur des valeurs profondément ancrées et non explicitées. Il est évident que les réseaux préexistants, étendus et intenses, se reproduisent dans la ville. Ils vont même jusqu'à se renforcer dans un milieu d'exclusion perçue au quotidien et constituent des mécanismes d'intégration, de survie, d'adaptation voire parfois même d'isolement.

Stratégies socioculturelles des déplacés dans un milieu urbain hostile

Les *desplazados* inventent des mécanismes précaires pour faire face à leurs besoins et aux difficultés sociales et économiques. Une des stratégies mises en place par les femmes est d'aller chercher fruits et légumes à la centrale d'approvisionnement, Abastos. Virgelina explique que c'est que cette activité :

---

5 Phrase de Simón, homme de 25 ans. Interview collective. Avril 2001. Bogotá.

« Je vais là-bas pour récupérer de la nourriture. On nous y traite très mal. On nous dit : « Va travailler! » J'y vais tous les huit jours avec une autre voisine. On part à cinq heures du matin. Il y a plein de choses jetées. Parfois, on nous offre des fruits. Il faut avoir de la patience. On récupère oignons, tomates, pommes de terre, légumes, fruits, bananes, guineos. Le guineo[6] c'est pour préparer le repas aux enfants, parce que dans le Chocó on les élève avec des guineos. »

On peut temporairement suppléer le manque d'argent en faisant appel aux petits prêts :

« J'ai dû mettre au clou la bouteille de gaz, et contre cela, ils m'ont prêté quinze mille pesos[7]. On met aussi au clou le poste de télévision ou ce que l'on a quand il n'y a plus rien pour acheter à manger et qu'il n'y a pas de travail. Quand vient un jour avec du travail on le paye ou sinon c'est perdu[9]. »

Mais il y a aussi des stratégies de survie culturelle qui permettent d'assurer une continuité aux rituels sociaux tels que les rencontres, la fête, la célébration et le jeu. Dans le cadre d'une dynamique de continuité et de fragmentation dans les pratiques culturelles des Afro-colombiens *desplazados* à Bogotá, on trouve diverses attitudes et différentes conduites. Carmen, par exemple, a maintenu certaines coutumes :

« J'ai quelques amis et quelques personnes que j'ai connues ici et dans d'autres endroits. Quand je suis à la maison, après avoir fait le ménage, je pars l'après midi ou le week-end. Je joue et je plaisante un moment et après je reviens chez moi. On joue au bingo et aux dominos, comme là-bas. Spécialement les femmes. Quand les hommes n'ont rien à faire en semaine ils se réunissent et jouent au billard ou aux cartes. Et le week-end ils vont boire et parler entre hommes. »

D'autres personnes comme Emilia, avec le *desplazamiento* ont suspendu de tels liens : « J'ai des amies par ici, mais je n'aime pas sortir, j'aime rester à la maison. Là-bas, dans le Chocó, oui, je sortais ». Profitant des possibilités, certains cherchent à recréer leur milieu rural dans le quartier comme c'est le cas pour Pedro et Julieta : «Ici, nous avons quelques lapins, des poules, un couple de canards et même une chèvre».

De nouvelles activités culturelles, comme le théâtre expérimental qui s'accorde avec les habilités de chacun sont développées par des femmes et des jeunes. Ce sont des expériences qui comprennent la construction collective d'œuvres militantes visant une revalorisation sur leur condition

---

[6] Banane plantain.

[7] Neuf dollars.

[9] Interview avec Simón. Avril 2001. Bogotá.

de *desplazados*. Virgelina, une des protagonistes[10], avec danses et chansons raconte le processus et ses succès :

> « J'ai dit que je ne savais pas et Doña Julieta m'a demandé d'y aller avec elle, que là-bas ils nous apprendraient. Alors j'ai chanté une chanson qui dit : « Mon mari est parti au village/Avec l'argent que je lui ai donné/ Il a acheté du fromage pour l'autre/Et du poisson pour moi/ aïe, couvre-moi parce que j'ai froid ! » Devant le public je suis très fière parce que jamais je n'aurais pensé que j'arriverais jusque là. »

L'oeuvre des jeunes[11] s'intitule *La mort est en liberté*, c'est aussi une création collective. Un fragment d'une des chansons dit :

> « J'ai vu la fumée et les flammes monter jusqu'au ciel/Ma famille et mes amis fuir leur maison/Cris, horreur, pleurs et deuil/La mort est en liberté/Ta vie est en jeu, ton sang est le pari/Ils viennent avec des armes à feu/La mort est en liberté/Colombia est en jeu/Dans cette guerre maudite, autant de pauvres autant de morts/Je veux retourner au bord de ma rivière, Je veux retourner à mon village/Aidez-nous mon Dieu, aïe, à éteindre cet enfer »[12].

Cette capacité créative prend ses racines dans leur patrimoine culturel. Dans la région d'origine il y avait une grande quantité de chansons pour chaque occasion y compris pour les funérailles dont étaient habituellement chargées les femmes. Les célébrations de Noël, des saints patrons, les *comparsas*, les *paseos* et la *rumba* font partie de l'inventaire d'un passé regretté qui à Bogotá se vit de différentes manières tant et si bien qu'ils ne tombent pas en désuétude. C'est une tâche dirigée vers le maintien de ces espaces culturels. Cependant les nouvelles expériences de théâtre et de formation ne sont pas habituelles et leur portée est très restreinte. Malgré ses limites vus comme des espaces qui génèrent de nouvelles sociabilités ils ont une valeur importante à l'heure de la reconstruction de nouveaux territoires.

L'ici et le là-bas

La nostalgie de ce que l'on a laissé est plus profonde à cause de la différence d'environnement. Le « mythe d'Ulysse » (Sayad, 1998) à savoir le rêve du retour à une Ithaque magnifiée est très fort et se traduit tant dans la comparaison quotidienne de coutumes et de paysages entre

---

10 L'oeuvre qui s'intitule «Les vautours sur les fleurs» a été à partir des propres expériences des femmes avec le soutien du Théâtre de La Candelaria. Le spectacle a été présenté pour la première fois en Avril 2001.

11 Plus élaborée que celle des femmes. Le groupe a fait une tournée en Europe fin 2001

12 Extrait du texte de l'oeuvre fournie par Estela Duque de l'ONG Taller de Vida. Juin 2001.

Bogotá et le Chocó que dans les articulations entre l'espace actuel et l'espace laissé et éloigné. Le quotidien de la survie leur remet en mémoire le patrimoine matériel et symbolique qu'ils possédaient et qu'ils n'ont plus et c'est d'autant plus douloureux que leur regard est idéalisé. Leurs fermes, leurs villages sont reconnus comme un territoire prodigue en ressources. Pedro insiste sur le contraste :

« Regarde la situation que nous vivons. Sur nos terres, on va à la 'sementera', on cueille les bananes, on va avec son chien et on chasse un animal. On revient à la maison, on vend les bananes et on vend la viande de l'animal. Ici il faut payer le billet de transport. Là-bas on n'a rien à payer parce qu'on va d'un endroit à un autre en marchant. L'eau par exemple : là-bas on se baigne où on veut, si l'eau d'un robinet n'est pas très bonne, eh bien, on en change. L'eau de la rivière est si pure qu'on regarde vers le bas et on en voit le fond et on dirait qu'elle est toute proche mais ce n'est pas vrai, elle est profonde mais elle est très claire. Ici on doit se laver en se jetant de l'eau avec un petit récipient. L'eau arrive tous les huit ou quinze jours et il faut l'entreposer. »

On regrette la disponibilité des aliments et leur diversité. La possibilité de l'auto-approvisionnement en produits de base est comparée á la dépendance alimentaire en ville. Avec des trémolos dans la voix et la nostalgie dans les yeux Rosario se souvient que :

« On avait la nourriture là-bas et on semait tout. On avait notre jardin potager, on chassait et pêchait dans la rivière. Le poisson ici on le mange seulement quand on a de quoi l'acheter. On mangeait aussi des ignames, des chontaduro, achim... »

La dépendance économique propre à la ville contraste avec un territoire laissé où il y avait toujours du travail sur les terres et toujours de la nourriture. Vivre en ville implique un emploi rare et mal payé ne pouvant pas garantir la survie familiale. La rupture des espaces reproductif et productif dans la ville affecte tout spécialement les femmes :

« Là-bas je cherchais de l'or, dans les fermes je coupais des bananes. On est habitués à travailler. Mais ici c'est très difficile pour faire garder ses enfants. Là-bas, on les avait avec nous à la ferme. »

Tous possédaient une maison ou un rancho comme ils l'appellent où vivre avec leur famille. Cependant ici il faut tout d'abord trouver où et de quoi vivre. On compare en permanence la relative abondance et diversité dont ils disposaient dans leur région avec la carence et la misère présente. On regrette le paysage, le climat et les coutumes de « là-bas ». Mariano qui possédait une maison à Quibdó, la capitale du Chocó, a dû construire une baraque en bois dans un quartier récemment formé qui est situé dans un ravin, sur un torrent qui charrie les eaux usées. Ces logements ruraux, humbles mais appropriés et spacieux sont devenus désormais des chambres louées, tellement petites que les enfants ne peuvent pas y jouer. Dans ce contexte urbain marginal où l'eau est rare les travaux domestiques, centrés pour les femmes sur la nourriture et le lavage du linge deviennent beaucoup plus durs :

> « Là-bas c'était amusant d'aller laver, on y allait mais c'était plus pour se baigner et on revenait dans l'après midi...On ouvrait ce linge sur la plage et il séchait en un clin d'œil. Mais ici avec ce froid et quand il pleut! Ici l'eau nous arrive par des tuyaux et on a un lavoir. »

« Là-bas il y a une forêt et ici c'est une forêt tout en ciment » comme dit Pedro montre une perception d'une ville insensible à l'autre, à l'étranger pauvre. La douleur propre à l'abandon et à la perte de « la terre » est permanente et s'intensifie quand les carences quotidiennes se chargent de rendre présente l'absence :

> « On s'ennuie de sa terre. Ce que l'on voudrait c'est retourner à notre terre s'il y avait la paix, mais cela personne ne le garantit. Parfois on boit un coup et les larmes commencent à couler. »

Il est vrai que souvent il y a eu dispersion familiale car des parents sont restés au Chocó. Les communications ne sont pas faciles. Le département a une infrastructure très déficiente voire inexistante dans le secteur rural. Malgré la distance physique le Chocó maintient et augmente sa valeur symbolique présente comme patrimoine social commun. On vit à Bogotá mais on pense en fonction de « sa terre » : « Si mon Dieu, du jour au lendemain me donnait la loterie, la première chose que je ferais serait de restaurer mon village ». Bogotá constitue alors un territoire de transition, pour un temps indéfini. Au moins dans l'idéal de certains, le retour devient un mythe à partir duquel ils construisent leur présent.

Agir en commun avec un double référent identitaire

Les relations étroites qui passent par la parenté, l'amitié et la région d'origine sont antérieures à l'organisation et constituent le principal vecteur de l'adhésion à l'association. Ainsi le processus d'entrée a lieu fondamentalement parce que les anciens font des suggestions et mettent les nouveaux en contact. C'est le cas de Mariano :

> « On m'a dit : « Il faut que vous y alliez pour vous faire enregistrer comme membre d'Afrodes. » C'est une organisation des communautés noires. J'y suis allé, j'ai rempli une fiche, on m'a demandé de participer aux réunions. Grâce à

eux maintenant j'ai plus de relations. »[13]

Il est clair que pour le gens d'Afrodes, il y a un double référent identitaire: l'appartenance ethnique et le fait d'être *desplazado*. Le premier, le critère ethnique, où la question de savoir comment marquer l'« identité » afro-colombienne devient essentielle. Pour ses dirigeants, « c'est avoir conscience de son identité, ce n'est pas seulement une question de pigment »[14]. Dans la pratique, le différenciateur objectif c'est la pigmentation de la peau. Cela reste assez diffus et part en principe de traits évidents pour lesquels on se reconnaît soi-même et on est reconnu par les autres de manière égalitaire. En fait les membres de l'association non noirs sont très peu nombreux et font généralement partie de couples mixtes.

Etre *desplazado* est l'autre référent identitaire qui définit les membres d'Afrodes. Ils forment ainsi un groupe déterminé parmi les Afro-Colombiens : les *desplazados*. S'il est vrai qu'ils en ont besoin pour demander des aides institutionnelles et que, même, on se bat légalement pour obtenir cette reconnaissance, il n'en reste pas moins vrai qu'on la vit de manière contradictoire lors de l'établissement des relations avec le reste de la société :

> « Nous n'aimons pas le mot 'desplazado' parce qu'il est mauvais. On a peur de dire je suis 'desplazado'. Etant donné qu'on ne sait pas avec qui on parle, on a toujours peur des réactions des gens face à notre condition »[15].

Dans l'ensemble les deux référents donnent une force spéciale à l'organisation. Comme le référent ethnique existait avant le *desplazamiento* c'est celui qui donne la force dans l'organisation et l'adhésion. Le référent de *desplazado* a une connotation plus temporelle. En ce sens il est logique et évident que le *desplazamiento* comme catégorie identitaire soit subordonné à celui d'*Afro-Colombien*. Aux côtés de la double discrimination dont ils font l'expérience s'ouvre une double entrée dans les demandes face à l'Etat et aux ONG. Potentiellement ceci leur donne une plus grande marge d'action institutionnelle.

En guise de clôture

Le cas d'Afrodes montre que le *desplazamiento* est une expérience douloureuse de confrontation à des situations jusque-là inimaginables mais aussi de résistance. Cette confrontation nourrit des apprentissages qui se fondent, sans forcément s'y intégrer, dans les anciens systèmes de

---

13 « Avoir des relations » signifie connaître d'autres personnes.

14 Entretien collectif avec des dirigeants d'Afrodes . Avril 2001.

15 Entretien avec Sandra, de 23 ans, associée d'Afrodes . Bogotá, Avril 2001.

représentations. Elle marque les choix à venir et façonne les comportements sans qu'il soit aisé de démêler ce qui relève d'un passé déjà mythifié et d'un présent davantage subi que vécu. Les récits de vie dévoilent les référents identitaires collectifs. C'est la mémoire commune qui va leur permettre de faire partie d'un groupe d'où ils peuvent affronter le poids tant de la faim et la misère, comment de la douleur, de la discrimination et de la nostalgie. Mais aussi ces conditions vont être retournées en ville grâce à la mobilisation des réseaux sociaux établis dans leurs lieux d'origine qui s'appuient sur des identités rurales et ethniques. La perception d'une triple exclusion en tant que déplacé, noir et paysan pauvre est affichée comme ressource dans la construction de référents identitaires face tant aux interlocuteurs institutionnels qu'à la société en général.

L'arrivée de gens déplacés dans un territoire nouveau nécessite un processus de restructuration des réseaux d'action collective avec de nouveaux champs de pouvoir, de résistance et de solidarité. La construction de la collectivité passe nécessairement par la construction de l'individuel et entretient une dialectique permanente entre le « moi » et le « nous ». Et la mémoire agit comme connecteur des temps et des espaces en configurant des stratégies diverses qui se construisent en articulant passé et présent, processus forcés de déterritorialisation et de reterritorialisation dans des conditions de grande précarité et d'angoisse. Dans ces micro-sociétés qui reproduisent des sociabilités préalables il est possible de configurer peu à peu de nouveaux espaces de sociabilité et des apprentissages différents qui donnent un nouveau sens à la vie.

D'après Simmel (1979) le *desplazado* représente l'étranger pour la société colombienne, avec la double connotation « d'ennemi intérieur » car il réunit en lui le pauvre et l'étranger. Le déplacé vit dans la frontière entre le passé et le présent, entre la mémoire et l'oubli, magnifiant son lieu d'origine qui sert de lieu mythique à la dignité qu'il veut retrouver un jour. Contrairement à d'autres expériences de migration ceux qui sont déplacés ne s'en vont pas avec l'illusion de progresser, c'est-à-dire qu'ils ne partent pas avec un projet d'avenir. Ils partent avec les marques de la crainte et de la douleur qui continuent de s'accroître sous le poids de l'incertitude. Comme l'exprimait un paysan déplacé : « À moi tout me fait mal : ma perte là-bas, ma souffrance ici ». Recommencer chaque jour en comptant seulement sur le présent dessine lentement et d'une manière ambiguë un projet d'avenir qui prend forme quand le poids de la réalité révèle qu'on n'a pas droit au retour.

Bibliographie

BOURDIEU, P. (1980). *La Distinction*. Paris : Minuit.

OSORIO, F. (2005). *Los desplazados. Entre survie et résistance, identités et territoires en suspens.*. Lille : ANRT.

POLLAK, M. (2000). *L'expérience concentrationnaire. Essai sur le maintien de l'identité sociale*. Suite Sciences Humaines. Paris : Métailié.

SAYAD, F. (1998). Le retour, élément constitutif de la condition de l'immigré. *Migrations Société*, Vol. 10, n°57, mai-juin.

SIMMEL, G. (1979). Digressions sur l'étranger. In GRAFMEYER, Y., JOSEPH, I. *L'Ecole de Chicago*. Paris : Champ Urbain.

Ni ci, ni là
Récits de familles de disparus au Liban*

Iman HUMAYDAN

Il est ici question des expériences des familles de ceux qui ont disparu au cours des guerres civiles libanaises de 1975 à 1990. C'est une partie de la recherche que j'ai menée entre 2002 et 2006; son objectif était d'explorer la manière dont ces familles construisent l'expérience de la disparition d'êtres qui leurs sont chers à travers récits et pratiques. Les familles des disparus sont privées d'un lieu où chercher ces êtres chers et accablées par des sentiments fondés sur l'incertitude, l'ambiguïté et l'angoisse de savoir si leurs proches sont morts ou vivants. Si on présume qu'ils ne sont pas vivants, les disparus représentent plus qu'un simple cas de mort non naturelle; tout aussi déconcertant est le fait que la date, le lieu et les circonstances de leur mort sont également inconnus et le lieu de repos définitif non identifié. Les proches du disparu n'ont ainsi pas la possibilité de pleurer leur mort ni d'en faire le deuil.

Mes résultats indiquent que les récits des familles s'inscrivent dans un contexte de « liminalité » : les disparus n'appartiennent pas à une catégorie spécifique dans l'ordre social; ils ne sont ni morts, ni vivants; ils sont suspendus entre des catégories, et donc « liminaux ». Cette liminalité ne peut être appréhendée qu'à travers les expériences et les récits de leurs proches. Cependant, du fait que les familles baignent continuellement dans l'incertitude, aussi bien les disparus que leurs familles partagent cette position liminale, une ambiance d'étrangeté inquiétante (*uncanniness*) freudienne (Turner, 1966 : 233).

Disparitions forcées

A la différence de l'expérience de l'Amérique latine et d'ailleurs, où les disparitions étaient une manifestation de l'abus de pouvoir de la dictature, les disparitions libanaises étaient plutôt « un produit de l'effondrement de l'Etat » (Humphrey et Kisirwani, 2001), où les milices d'une variété de partis, sectes et religions étaient les principaux auteurs des enlèvements. La plupart de mes informateurs a raconté des histoires de proches enlevés

* Traduction de Mirko RADENKOVIC

surtout par différents groupes en conflit armé. Le phénomène de l'enlèvement durant la guerre civile libanaise a changé avec le temps : l'identité des kidnappeurs a changé tout au long de la guerre, où deux pays de la région, au moins, se sont impliqués épisodiquement dans ces enlèvements : Israël et *la Syrie* (Human Rights Watch, 1995).

Le premier recensement des disparus date de 1992, grâce à un rapport du ministère de l'Intérieur : il dénombre 17415 personnes disparues. 13968 d'entre elles étaient des citoyens libanais, appartenant à différents milieux sociaux et religieux, tandis que le reste était constitué surtout de réfugiés palestiniens (Human Rights Watch, 1995). Selon nombre de spécialistes, ce chiffre n'est toutefois pas crédible, car il ne distingue pas ceux qu'on a fait disparaître par la force de ceux qui ont été, par exemple, tués sans intention [visant une personne en particulier] au moyen d'une voiture piégée et dont les cadavres étaient difficiles à identifier. D'autres ont été également présumés disparus du fait que leurs corps n'avaient pas été identifiés par leurs familles. Ce rapport a complètement omis aussi de mentionner ceux qui ont été échangés contre d'autres kidnappés, puis relâchés, ou encore ceux dont les corps ont été retrouvés.

La guerre civile libanaise est finie depuis seize ans, mais à ce jour, la question des « disparus » reste sans solution. En 1982, des membres de familles de disparus ont fondé le Comité des familles des kidnappés et disparus au Liban (CFKDL). C'est à travers ce comité que ces familles ont demandé à l'Etat d'investiguer et de révéler la vérité sur la localisation des personnes enlevées. L'amnistie générale des auteurs de crimes de guerre de 1991 est restée muette sur la question des disparus. Selon Humphrey et Kisirwani (2001), cette loi sur l'amnistie a empêché l'investigation de tout crime commis avant que les milices ne se dissolvent en 1991. Ils observent en outre que les nouvelles nominations ont en effet promu et protégé nombre de dirigeants miliciens et politiques du temps de guerre, ceux-là mêmes qui avaient été responsables de la conduite de la guerre. Les gouvernements libanais successifs n'ont commencé aucune investigation sérieuse du problème. Aussi bien l'amnistie évoquée que les politiques des gouvernements de l'après-guerre ont donc empêché les familles d'amener les auteurs de ces crimes devant la justice ou encore de découvrir la vérité sur la localisation de leurs proches disparus.

En 1998, le gouvernement libanais a crée une commission officielle pour investiguer la localisation des disparus et publier un rapport. En 2000, sans même publier le rapport, la commission a déclaré qu'aucune des parties liées aux milices ne détenait plus aucun prisonnier. Les familles ont refusé de tels résultats et demandé à connaître la vérité[1].

---

1 « Vérité » sur la vie ou la mort des disparus et les circonstances factuelles de cette dernière. NDT.

Selon un entretien de 2002 avec Wadad Halwani, ce rapport jamais officiellement publié ne suggérait aucune politique nationale pour aider les familles à se réconcilier [avec leurs pertes] ou faire leur deui; pas plus qu'il ne suggérait une quelconque réparation symbolique ou matérielle. Ce n'est qu'en avril 2005 que l'association du Barreau libanais en a publié la plus grande partie dans le journal *Annahar*[2].

Dimension théorique

Observant que « dans la guerre au Liban, 90% des victimes étaient des civils », le sociologue libanais Antoine Messara demande : « Qui écrira l'histoire de ces 90% ? » (Messara, 2004 ; trad. de l'angl.). Si je devais répondre à cette question, je dirais qu'à ce jour, ni les sciences sociales ni l'histoire n'ont produit une histoire crédible des victimes du Liban. La question des disparitions n'a fait l'objet, non plus, d'aucun travail universitaire approfondi. Cependant, les récits de ces victimes civiles sont à chercher dans plusieurs œuvres artistiques et littéraires.

Les familles de ces disparus ont des histoires à raconter. Comme l'écrit Jean Makdisi dans ses *Beirut Fragments* (1990), « Beaucoup de ceux qui avaient été enlevés comme otages furent relâchés; le sort de centaines et de centaines d'autres n'a pas été aussi heureux. La mort de certains fut confirmée. D'autres ont disparu sans trace : certaines familles les attendent toujours, tandis que d'autres ont renoncé à l'espoir depuis longtemps, bien qu'ils souffrent encore, non soulagés qu'ils sont par un deuil qui n'est jamais arrivé – et dont l'espoir a tourné au désespoir, comme une bougie devient un tas de cire dégoulinant, imprimant une tache indélébile sur leurs vies. » (1999 : 258; trad. de l'angl.) C'est sur ceux-ci que porte ma recherche.

Je les ai écoutés et j'ai recueilli leurs récits. Comme le dit Michael Jackson, les récits « transforment notre expérience de ce que sont les choses » (2002 : 30; trad. de l'angl.). J'examine ici comment ces récits représentent un passage du privé au public, dépassant des significations personnelles. Je montre aussi comment les histoires des femmes deviennent l'écho de leur liminalité.

Michael Jackson propose deux idées assez générales pour les récits. La première est citée de Hannah Arendt, pour laquelle raconter une histoire est « une stratégie pour rendre des significations privées publiques » (2002 : 14,15 ; trad. de l'angl.). Dans la seconde, il soutient que raconter une histoire est « une stratégie humaine vitale pour maintenir une sensation d'action face à des circonstances qui rendent impuissant » (ibid.).

Il est vrai que les récits des proches sont un cheminement de

---

[2] 29 avril 2005.

l'incertitude vers de la certitude, du passé vers du présent, de l'ambiguïté vers de la vérité. J'ouvre cependant ici un dialogue avec Jackson pour suggérer que les récits des familles des disparus reflètent leur état liminal. Les familles peuvent bien changer ou modifier leurs récits; leur liminalité persiste comme un « état en soi » (« state of being »). Paul Sant Cassia (2005) décrit ainsi la liminalité des familles chypriotes disparues comme un « état existentiel » (« existential state »). En ce sens, l'état liminal ne ressemble pas à « l'entre-deux transitionnel » (« transitional inbetweenness ») de Mary Douglas, non plus qu'à un « passage » ou une « phase » de Victor Turner. Dans le cas des familles de disparus, nous le qualifierons plutôt « de condition d'existence » (« existential state of being »).

A travers ces récits, les familles défient le silence pour redonner symboliquement vie aux disparus. Arendt remarque pertinemment dans *Human Condition* qu'une « vie sans parole ni action [...] est littéralement morte au monde; cette vie a cessé d'être humaine parce qu'elle n'est plus vécue parmi les hommes » (1958 : 176; trad. de l'angl.). Les récits des familles, leur manière de vivre cette absence et de décrire leur expérience m'ont amenée à approcher cette expérience de la disparition comme une catégorie sans état dans l'ordre social.

Comme pierre angulaire de mon travail conceptuel, j'emprunte le concept de liminalité à Arnold van Gennep et Victor Turner pour décrire l'état de ces familles. Le concept est dû à van Gennep, qui en usa la première fois dans *Rites de passage* (1909 et 1960, cité par Turner 1967 : 94). Turner (1967, 1974 et 1992) a repris le concept de van Gennep pour présenter ceux qui subissent la liminalité comme « éclaireurs » (« luminaries »), dans un état « d'entre-deux » (« betwixt and between », 1966 et 1992). On trouve aussi un lien à la « pollution et abomination » de Mary Douglas (1966) dans son travail sur le pur et le sale. Tous ces travaux m'ont aidée à décrire la disparition vécue par les familles comme « un état de manque d'état » (« a state of statelessness »), qui a besoin d'être classé et débarrassé de son ambiguïté. [...] Les disparus sont hors catégorie dans l'ordre social ; ils ne sont ni morts ni vivants; ils sont « suspendus » et donc liminaux. [...] La liminalité des disparus est examinée à travers l'expérience de leurs familles, leurs pratiques et récits. Comme les familles vivent dans une incertitude continuelle, elles sont elles-mêmes en position liminale, dans une atmosphère « d'étrangeté inquiétante » freudienne. Elles ont besoin d'une « assurance d'une résolution finale et stable de leur ambiguïté » (Turner, 1966 : 233). Définir la disparition comme une catégorie « sans état » dans l'ordre social suppose que les familles des disparus ont besoin de classer ou catégoriser les disparus en connaissant la vérité et donc à travers des rituels et cérémonies mortuaires.

Dans un travail sur l'expérience des Commissions de vérité et de réconciliation sud-africaines, Brandon Hamber et Richard Wilson ont également emprunté le concept de liminalité pour soutenir l'idée que le survivant aussi bien que le mort habitaient un espace social symboliquement liminal, où « les deux font partie de la société, mais en sont extraits » (2002 : 5). Leur discussion de l'importance de la réconciliation dans le cadre d'une nation sud-africaine a des similitudes avec le travail de Humphrey et Kisirwani (2001) sur les disparus au Liban. Ils suggèrent d'utiliser le dilemme des disparus pour mesurer l'amplitude de la réconciliation à l'intérieur d'une nation; ils remarquent qu'un traitement convenable de la crise des disparitions forcées implique une véritable reconnaissance de la souffrance sociale des familles.

Les récits des femmes reflètent leur besoin de catégoriser les disparus en sachant quelque chose soit sur la mort, soit sur la vie de leurs enfants. Elles ont besoin d'accomplir leur deuil et de le porter, en noir, en signe de douleur. « J'accepte tout, dit Mariam, mère d'un disparu. S'il est vivant, je le veux, et s'il est mort, je veux son corps pour l'enterrer et avoir des funérailles dignes. Je veux porter le noir. » L'étude de Mary Douglas (1966) sur les rituels liés à la pollution dans les sociétés dites primitives corrobore mon hypothèse de l'état liminal des familles. [...] Toute la relation du pur à l'impur, de la vie à la mort est dans la séparation (Douglas, 1966 : 11). Séparer, c'est éviter la contradiction : « La pureté est, soutient Douglas, l'ennemi du changement, de l'ambiguïté et du compromis. Le paradoxe ultime de la quête de pureté est qu'elle est une tentative de faire entrer de force l'expérience dans les catégories logiques de non contradiction » (1966 : 162). L'auteure traite la pollution comme une menace et suggère que les rituels de pollution sont des rites de passage de la pollution à la propreté. Douglas conclut, sur une note fonctionnaliste, que les rituels mortuaires sont aussi une source d'unité pour un groupe à l'intérieur de la société.

Dans leur travail sur la clôture du passé en Afrique du Sud, Hamber et Wilson (2002) citent l'Argentin Suarez Orozco, qui a montré « comment les disparitions et le manque de corps à enterrer produisaient une incertitude ontologique parmi les survivants et une expérience psychologique de « l'étrange inquiétant » de Freud. Cette notion saisit les difficultés usuelles des survivants qui doivent pleurer un proche sans son corps : cette étrangeté se nourrit de cette incertitude; est-il vivant ou mort ? » (2002 : 5) Hamber et Wilson soutiennent en outre qu'en l'absence de corps, « la vérité » reste le seul espoir, même si limité, pour obtenir quelques réponses. S'il est impossible de trouver le corps, la seule autre stratégie qui puisse apporter quelque clôture aux proches est la révélation de faits concernant la disparition (2002 : 9). Les « faits » peuvent dans ce sens au mieux remplacer le « corps » pour apporter une relative conclusion et réintégration sociale. Mais les gens peuvent-ils se réconcilier avec leur destin en l'absence du cadavre ?

Dans son étude sur les disparus à Chypre, Paul Sant Cassia (2005) tente de répondre à cette question; Cassia dépasse l'idée du corps comme forme de réconciliation pour suggérer que le corps d'un disparu est un capital symbolique et un témoignage (2005 : 25). Il note que la disparition, y compris celle du corps, est un acte politique; pour remplir le « vide de la disparition » (Cassia, 2005) et l'absence de « la vérité », les familles tentent alors sans répit de reconstruire l'identité des disparus à travers des liens visuels et matériels – photos et effets personnels. Les proches représentent aussi leurs êtres chers avec des moyens artistiques – poésie, sculpture et peinture. En l'absence d'un corps, ces objets de lien représentent un « capital symbolique » pour les familles (Cassia, 2005).

Pour ce qui touche les disparus, le cas du Liban suggère que la réconciliation sociale pourrait s'accomplir à travers la reconnaissance publique de la crise des familles, de même qu'en retrouvant et en révélant « la vérité ».

Bribes de voyages

> *Le monde ne fait pas de pause le temps que le théoricien finisse son esquisse.* Valentine Daniel, *Charred Lullabies (berceuses carbonisées)*

Parmi les nombreuses familles rencontrées, j'ai choisi sept femmes et un homme pour être mes interviewés, tous de milieux sociaux et culturels différents. Elles sont les mères, épouses, soeurs et ou filles de *mafqudin* (disparus). Tous mes interviewés croient que leurs *mafqudin* ont été enlevés de force et contre leur volonté. Ils ont subi une disparition forcée au sens de la déclaration de l'ONU. Certains de ces interviewés ont été témoins de l'enlèvement, d'autres ont des indices forts. Mon choix d'interviewés n'était [...] pas intentionnel. Du fait que le *lajnat al ahali* (CFKDL) comprend des familles de milieux sociaux et culturels différents, j'ai pu rencontrer des personnes dont les *mafqudin* avaient été enlevés par des parties en conflit tout aussi différentes. C'était une sorte d'échantillonnage en boule-de-neige.

Les expériences tragiques de disparition me sont apparues comme des lambeaux de pénibles voyages à rapiécer et à raconter. J'ai interviewé plusieurs fois chacun de mes interviewés. Ceci m'a permis d'écouter les changements dans leurs récits; ceux-ci, ainsi que les changements dans leurs activités et revendications étaient intimement corrélés à ceux de l'ambiance politique et aux événements qui se sont produits durant la période d'enquête. Beaucoup d'événements ont affecté directement et indirectement la politique à l'égard des disparitions et donc les récits des familles. En 2004, une négociation entre le Hezbollah et Israël a mené à la libération de prisonniers libanais et arabes d'Israël en échange de corps de soldats israéliens; ceci a laissé espérer de nombreuses familles que leurs enfants pourraient être en Israël. L'assassinat de l'ancien Premier ministre Rafic Hariri en février 2005, puis le retrait de l'armée syrienne et la découverte de charniers à Saïda, dans la Beqaa et ailleurs ont changé de nombreux récits familiaux, ainsi que l'identification de l'ennemi et du *mafqud* même.

Mes huit interviewés étaient Fatma Abdallah, Wadad Halwani, Najat Hashisho, Khadijeh Wehbe (Um Mohammad Herbawi), Mariam Saidi, Odette Salem, Gladys Dib et Adel Burji.

Wadad, Najat et Gladys sont des femmes de disparus; Um Mohammad, Mariam et Odette ont des enfants disparus; Fatma a un frère disparu; Adel, le seul homme, a un frère disparu aussi.

Wadad et Najat ont été témoins de l'enlèvement de leurs maris chez eux; Um Mohammad a été témoin de l'enlèvement de son fils alors qu'ils fuyaient Beyrouth-Est pour la partie Ouest.

Najat Hashisho est l'une des rares à faire de l'agitation pour la cause des disparus au niveau judiciaire. L'histoire d'Adel est intéressante, non seulement comme celle du seul homme de l'échantillon, mais encore parce qu'il explique sa participation exclusivement par des questions judiciaires et des conflits familiaux de propriété, une préoccupation « plus masculine ».

Tous mes interviewés sont Libanais et membres du Comité CFKDL, le premier à s'établir au Liban, en 1982. [...] Ce comité comprend également des Palestiniens dont des proches ont disparu pendant la guerre, surtout en 1982, suite à l'invasion israélienne. On suppose que ceux-ci ont disparu à cause de leur identité nationale et non à cause d'une identité communautaire ou d'une affiliation politique. Ainsi, leur disparition a eu pour résultat un ensemble de dynamiques politiques différent. C'est pourquoi j'ai restreint mon travail, ainsi que mon échantillon aux membres libanais de ce comité.

Raconter sa liminalité

Il n'y a rien de tel que 'était' – mais uniquement 'est'.
Si 'était' existait, il n'y aurait alors ni souffrance ni chagrin.
Interview avec William Faulkner, *The Art of Fiction*, n° 12, 1956

La dernière fois que j'ai rencontré Odette, dont les deux seuls enfants ont disparu en 1987, c'était sous la tente des familles de disparus, près de l'immeuble des Nations unies au centre de Beyrouth, en avril 2006[3]. Elle avait de fortes douleurs aux reins et paraissait fatiguée; je savais que cela durait depuis dix ans. Quand je lui ai suggéré d'aller à l'hôpital pour se faire éventuellement opérer, elle m'a dit : « Non, pas maintenant. Quand mes enfants seront revenus et que j'aurai passé suffisamment de temps avec eux. Alors, je verrai ce que je peux faire pour mes reins. »

« S'ils ne sont ni ici ni là, alors où sont-ils? S'ils sont vivants, nous voulons qu'ils reviennent; s'ils sont morts, nous voulons leurs corps, pour les enterrer décemment », nous dit Um Mohammad, lors d'une rencontre en mars 2004, tout comme Mariam, plus haut : « Je n'en peux plus, je ne peux plus, mon Dieu ! Mon fils est perdu et cela fait que je suis perdue ». Dans leurs expressions, les familles décrivent leurs proches disparus comme étant dans un état liminal, ni morts ni vivants. »

L'état de liminalité que les familles vivent se manifeste dans leurs récits et leur quotidien. [...] En me basant sur Heidegger, ainsi que Jackson (2002 : 31), je suggère que les récits des familles reflètent « une existence comme mode de liminalité », ou « d'entre-deux », comme dans l'étude sur la pollution et la pureté de Douglas (1966). Ici, la liminalité, comme concept complexe, évoque des aspects variés comme la vérité, la réconciliation, les sentiments de culpabilité et la violence institutionnelle.

Turner explore le terme de liminalité comme une « métaphore » du devenir. Croyant que le monde social est un monde en devenir, et non un monde existant, il laisse entendre que « dans tout déplacement ritualisé, il y a eu au moins un moment où ceux qui étaient déplacés conformément à un scénario culturel se trouvaient libérés d'exigences normatives, quand ils étaient de fait dans l'intervalle entre les créneaux successifs des systèmes juridiques ou politiques. Dans cet intervalle entre mondes ordonnés, presque tout peut arriver » (Turner, 1974 : 13; trad. de l'angl.). Dans le cas des disparus, leur existence liminale ou « d'entre-deux » est un état d'existence où des « moments d'antistructure » ne finissent jamais – lesquels sont à mettre en rapport avec « la pollution et l'abomination » de Douglas (op.cit.). Elle utilise la pollution comme une analogie pour exprimer l'ordre social et indique que « les réflexions sur le sale impliquent celle sur la relation de l'ordre au désordre, de l'existence à l'inexistence, de la forme à l'informe, de la vie à la mort » (1966 : 5; trad. de l'angl.).

Pour rebondir sur ces études, je pense que dans les récits de leurs familles, les disparus ne sont pas catégorisés dans l'ordre social; ils ne sont ni morts ni vivants, mais suspendus. « Nous voulons connaître la vérité sur le sort de nos kidnappés... »

---

[3] Des ONG, avec les familles des disparus présumés dans les prisons syriennes, ont installé une tente, depuis le 11 avril 2005, au centre de Beyrouth, près du quartier général de l'ONU, dans le parc Gebran Khalil Gebran.

Rappelons la définition des rites de passage de Van Gennep : « rites qui accompagnent chaque changement de place, d'état, de position sociale et d'âge (Van Gennep, 1960, cité par Turner 1967 : 94). Ces rites étaient liés à une « crise vitale » telle que la naissance, la puberté et la mort. Turner (1997), de même, évoque les trois phases des rites de passage : séparation, transition, puis incorporation ou agrégation. Le cas de nos disparus se termine avec la première phase. Dans la mémoire de leurs proches, on a un arrêt sur image dans cette phase unique. Aucune transition ni agrégation n'a permis à ce jour de catégoriser ou classer ces personnes. « Liminal » est un processus de devenir, mais dans le cas des disparus, il nous a paru considéré comme un état, un « état existentiel » (Cassia, 2005). Les disparus vivent symboliquement le processus du devenir à travers les récits de leurs familles. A l'instar des « liminalités » subies, ou « liminaires » de Turner, les disparus échappent à une classification cognitive ordinaire, car ils ne sont ni ceci ni cela, ni ci ni là » Turner, 1992 :49). Ces liminaires sont en un sens « morts » au monde, et la liminalité a beaucoup de symboles de mort (ibid.). La dynamique de leur existence est « suspendue ». Jusqu'à ce que leurs proches déterminent leur appartenance soit aux morts, soit aux vivants, leur destin sera fait de l'angoisse de la liminalité.

Vérité et réconciliation

Comment les proches des disparus peuvent-ils surmonter leur état liminal? Sur les phases du drame social, Turner (1997) pense que pour comprendre un changement social, nous devons examiner en profondeur soit la phase corrective soit la façon dont une crise ou une violation est contenue. Turner présente le drame social comme un outil pour décrire et analyser des épisodes qui manifestent du conflit social. Celui-ci comprend quatre phases principales d'action publique, accessibles à l'observation, savoir : violation d'une norme, crise, action corrective et enfin expression ou publique ou symbolique d'une réconciliation, ou sinon d'un schisme irrémédiable. Si le drame a été convenablement géré, alors sa phase finale sera une réconciliation sociale; sinon, des schismes sociaux sépareront les groupes en conflit.

En partant de l'analyse conceptuelle du drame social de Turner, je soutiens que les gouvernements de l'après-guerre n'ont pas clôturé proprement la question des disparitions. Différents travaux sur la réconciliation (Arendt, Kleinman, Brandon et Wilson, Das, parmi bien d'autres) observent que la manière dont les pouvoirs en place traitent une crise détermine l'intensité de la souffrance sociale. Pour les proches, qui expriment leur perte d'espoir de tout soutien du gouvernement, la connaissance de la vérité, au moins, deviendrait « l'expression publique ou symbolique de la réconciliation ». Ne pas connaître cette vérité ni faire un geste de réconciliation avec le passé, c'est abandonner les familles à l'incertitude. Les familles ne peuvent pas se remettre de leur état existentiel sans aide. Dans d'autres pays qui ont connu les disparitions forcées, la vérité et la réparation ont été des outils pour accomplir la réconciliation nationale et personnelle. Ceci a aidé les familles à connaître le sort de leurs disparus, de façon à faire leur deuil. Um Mohammad :

> « J'accepte la vérité quelle qu'elle soit. Si mon fils est mort, je veux voir ce qui reste de son corps, même un lambeau de sa chemise. Je reconnaîtrai mon fils, même dans une pile d'os secs. S'il est vivant, où est-il ? Et pourquoi le retiennent-ils ? Je veux la vérité. »

Les familles demandent justice et la justice, pour elles, ne peut se passer de la vérité. En 1999, quand le Comité a lancé sa première campagne nationale sous la bannière « C'est notre droit de savoir »[4], la connaissance de la vérité a remplacé les autres revendications, telles que celle d'amener les auteurs des enlèvements devant la justice[6]; il voulait connaître le sort des disparus et la localisation éventuelle des corps.

Adel Burji, dont le frère a disparu en 1976, exprime son besoin de connaître la vérité en des termes politiquement plus contextualisés; il accuse en effet ses proches d'avoir livré son frère aux Syriens. Il pense que l'ignorance nourrira la haine, la vengeance et les guerres; tandis que l'Etat justifie sa rétention de cette vérité par l'affirmation que la vérité peut conduire justement à l'hostilité, à la vengeance et aux guerres. Adel Burji :

> « Vous me demandez ce qu'est pour moi la justice; je vais vous dire : le côté matériel m'est bien égal; tout ce que je veux, c'est une justice honnête et sérieuse qui ne soit pas politisée. D'abord, nous avons besoin de connaître la vérité, pour avoir une conscience en paix. Si nous ne savons pas la vérité, l'hostilité prévaudra toujours contre cette personne; les sentiments de rancune, de haine, de meurtre et de vengeance perdureront contre lui et contre les Syriens. »

Les proches pourraient penser que leurs disparus étaient finalement bien morts, mais ils ne peuvent pas imaginer comment c'est arrivé et quand. Il reste un vide dans leur mémoire; leur mémoire s'arrête au moment où ils ont vu leur disparu vivant pour la dernière fois et il n'y a aucun indice pour les aider à remplir ce vide. Cassia décrivait la recherche sans fin des femmes par la métaphore d'une tunique vide, qui est « un vide à remplir – une absence (d'un corps formée par une présence (vêtements à remplir) » (2005 : 107).

---

4 Assafir, 14 avril 1999.

6 V. Young, 2000, sur le CFKDL.

En l'absence de vérité : récits de rêves et de culpabilité

De nombreux récits montrent que le fait de connaître la vérité ne leur rend pas seulement justice, mais les aide encore à surmonter de profonds sentiments de culpabilité, faute d'avoir rempli leurs devoirs de parents ou proches.

Um Mohammad a été témoin de l'enlèvement de son fils, mais elle n'a rien pu faire face à trois hommes armés. Dans son histoire, elle exprime une forte culpabilité pour ne pas avoir été capable de sauver son enfant :

> « Ses images m'entourent dans ma chambre. Je ne peux pas dormir; comment est-ce que je peux dormir dans un lit bien chaud alors qu'il est là-bas au froid et souffrant de douleur et de faim? »

Mariam Saidi :

> « Un matin, je me réveillerai et verrai mon fils près de moi. A ce moment-là, je me rendrai compte que tout ce que j'aurai enduré n'était qu'un cauchemar. »

Des rêves, on en trouve à profusion dans les récits des femmes. Um Mohammad :

> « Toujours, je le vois dans mes rêves. Quelquefois, je le vois triste. Je l'appelle, mais il ne répond pas. »

Odette Salem :

> « Pendant la première année après leurs kidnappings (Richard et Christine), je les ai vus trois fois en rêve. Ils viennent me rendre visite, me parlent et puis s'en vont. Je savais que ces rêves voulaient dire quelque chose : à chaque fois que mes enfants sont déplacés d'une prison à une autre, ils viennent dans mon rêve pour me le dire et pour que je ne les perde pas. »

Une analyse psychologique n'a pas sa place ici. Je trouve plus pertinent de regarder ces rêves dans une approche anthropologique pour les mettre en rapport avec l'état du disparu, ni mort ni vivant. A cette fin, je me sers de l'exploration, par Turner, des rituels mortuaires dans la tribu Ndembu, pour comparer les rêves de ces mères à l'ombre du mort des Ndembu. Turner (1967) observe que « le Ndembu croit que sans le rituel du deuil, l'ombre du mort ne resterait jamais tranquillement couchée dans sa tombe. Elle se mêlerait constamment des affaires des vivants, jalouse de chaque nouvel ajustement, tel que le remariage de sa veuve, ou la nomination d'un successeur, duquel elle aurait disparu. Et effectivement, cette ombre pourrait infliger une maladie à tous ceux qui auraient dû honorer sa mémoire par une assemblée funéraire mais ont omis de le faire. » (ibid. : 9)

Mariam Saidi croit qu'en tant que mère, elle a une obligation envers son fils disparu :

> « Je ne peux pas remplir mes obligations s'ils ne me le rendent pas, même comme cadavre. »

Conclusion : héros de la perte

> *Pourquoi mon frère a-t-il disparu ? Pourquoi tous ces gens ont-ils disparu ? Pourquoi cette guerre, en premier lieu ? Regarde ce qui s'est passé. Le Liban est toujours le même et toute cette guerre, c'était pour rien.* Sawsan Herbawi, une soeur de disparu [fille d'Um Muhammad]

La mythologie grecque est remplie d'histoires d'attente. Pénélope attendit des années son mari Ulysse; Perséphone, déesse de la végétation, attendait son fils Achille, tout en connaissant d'avance son sort fatal. Les mythes nous expliquent aussi le besoin de pleurer et d'enterrer ses morts : Antigone « entendit avec indignation l'édit révoltant qui livrait le cadavre de son frère aux chiens et aux vautours, le privant de ces rites considérés essentiels au repos du mort » (Bulfinch, 1913 : 183). Elle insista pour ensevelir son frère de ses mains nues. Les gens ont besoin d'accomplir ces rites de passage pour faire leur deuil : chagrin, pleurs et enterrement.

Nos familles sont donc dans l'attente de leurs disparus. Quand ce retour devient de moins en moins probable, les proches attendent une indication qui confirme leur absence définitive. Ils cherchent une preuve qui peut être un corps ou un témoin qui révèle la vérité factuelle de leur sort. L'absence de corps nie et empêche le deuil. La différence entre la mythologie et les histoires des familles de disparus est celle entre justice et injustice, héroïsme et victimisation. La mort d'un héros représente la justice. Elle permet une continuelle renaissance aux sens multiples de la justice dans une société. La disparition, la mort du disparu et la disparition du cadavre sont trois actes qui représentent l'injustice et l'absence de réconciliation nationale.

Dans ce contexte, les familles s'accrochent à leurs récits. Je souscris à l'idée de Jackson, déjà évoquée, que raconter des histoires est une stratégie humaine vitale pour maintenir une sensation d'action face à des circonstances qui rendent impuissant. En ce sens, les récits changent notre expérience; les récits représentent un passage du privé au public, d'un sens personnel à celui qui le dépasse. En ce sens, raconter est partiellement un outil de réintégration et de réconciliation en l'absence d'autres outils sociaux, politiques et judiciaires.

L'amnistie générale de 1990, suivant l'accord de Taif, a protégé tous les criminels de la guerre civile libanaise; la conclusion du problème des disparus devient alors improbable au niveau national. Les politiques nationales post-Taif n'ont pas fait avancer d'un pouce cette question. Le conflit avec la Syrie de 2005 a soulevé la question des disparus présumés dans les prisons syriennes. Dix-huit ans après la guerre civile, de nouvelles alliances ont accompagné le retrait de l'armée syrienne. Toutefois, ces alliances, qui incluent nombre de chefs de milices de la guerre, ne sont pas entrées en matière sur la question des disparus aux mains de ces mêmes milices locales, malgré les nombreux espoirs.

Les récits des familles font partie de la mémoire de la guerre, donc de la mémoire collective. Ils en sont une partie qui n'est reconnue ni par l'Etat ni par les *social studies*. Cependant, les familles tentent sans cesse de rapporter la date de disparition de leurs proches aux événements publics bien connus et aux changements politiques du temps de la guerre. Le besoin urgent des familles de rattacher leurs histoires à la « grande » histoire, pour être inclus dans la mémoire de la guerre, est dérivé de leur sentiment profond d'être laissés pour compte avec leur cause non légitimée. C'est pourquoi la demande de connaître la vérité équivaut plutôt à une demande de reconnaissance et de réconciliation.

Reste à explorer

Ce travail induit bien des discussions et des analyses inexplorées. Mes interviewés vieillissent et leur cause est la cause d'une vie, de la leur... Um Mohammad avait trente-six ans quand son fils a disparu. Elle en a maintenant soixante-six. Qui va prendre le relais? Elle dit que sa fille continuera. D'autres membres des familles ont migré, sont morts ou ont déclaré la mort [de leur disparu] ou ont fini par renoncer à leur quête. La réconciliation sera-t-elle alors personnelle plutôt que le fait d'une politique nationale?

Enfin, si les politiques d'après-guerre ne se sont guère inquiétés de la question des disparus, je voudrais soulever une question : comment ces familles peuvent-elles se réconcilier avec leur tragique destin? Les scénarios de réconciliation adoptés dans des contextes comparables sont-ils transférables dans ce pays déchiré par des conflits communautaires qu'est le Liban? et comment?

Bibliographie

Ouvrages

ARENDT, Hannah. *Human Condition.* Chicago : The University of Chicago Press, 1958.

ARENDT, Hannah. *On Violence.* New York : Harcourt, Brace & World Inc., 1970.

BULFINCH, T. The Age of *Fable.* New York: Thomas Y. Crowell Company Publishers, 1913.

CASSIA, SANT PAUL. *Bodies of Evidence*. London: Bergham Books, 2005.

CONNERTON, Paul. *How Societies Remember.* London : Cambridge University Press, 1994.

DANIEL, Valentine. *Charred Lullabies; Chapters in Anthropology of Violence.* Princeton : Princeton University Press, 1996.

DAS, Veena. Our Work to Cry : Your Work to Listen. In *Mirrors of Violence: Communities, Riots and Violence in South Asia.* Oxford : Oxford University Press, éd. Veens Das, 1990, pp. 345-398.

DOUGLAS, Mary. *Purity and Danger; an Analysis of Concepts of Pollution and Taboo.* London : Henley: Routledge & Kegan Paul, 1966.

FREUD, Sigmund. Mourning and Melancholia. Freud, S. *On Metapsychology.* Vol. 1. London : Pelican Freud Library, 1984, 251-67 (First Published 1917).

HANF, Theodore. *Coexistence in Wartime Lebanon: Decline of a state and Rise of a Nation.* London : Centre for Lebanese Studies- I.B. Tauris, 1993.

HUMAN RIGHTS WATCH. *Slaughter Aamong Neighbors-The Political Origins of Communal Violence.* New Haven Conn : Yale University Press, 1995.

JACKSON, Michael. *The Politics of Storytelling; Violence, Transgression and Intersubjectivity.* California : Museum Tusculanum Press, University of California, 2002.

KLEINMAN, Arthur, DAS, Veena, LOCK, M. (Ed). *Social Suffering.* California : University of California Press, 1997.

MAKDISI, S Jean. *Beirut Fragments*. New York : Persea Books, 1990.

MESSARRA, Antoin. Introduction. In *Monitoring Civil Peace and Memory in Lebanon 1999-2003.* Beyrouth : Librairie Orientale, 2004.

TURNER, Victor. *Blazing the Trail.* Ithaca : London: The University of Arizona Press, 1992.

TURNER, Victor. *Dramas, Fields, and Metaphors.* Ithaca : London : Cornell University Press, 1974.

TURNER, Victor. *The Forest of Symbols-Aspects of Ndembu Rituals.* Ithaca: London : Cornell University Press, 1967.

United Nations. The United Nations Resolution on Enforced Disappearance. United Nations, 1992.

YOUNG, Michael. Resurrecting Lebanon's Disappeared. A study published within the Project on Civil Society and Governance : Moving Forward. The Lebanese Center for Policy Studies (LCPS), 2000.

Périodiques
Annahar, Assafir (journaux)
HAMBER, Brandon, WILSON, Richard. Symbolic Closure through Memory, Reparation and Revenge in Post-Conflict Societies. *Journal of Human Rights* 1(1), march 2002.
HUMPHREY, Michael, KISIRWANI, Maroun. Impunity, Nationalism and Transnationalism : The recovery of the Disappeared. *Bulletin of the Royal Institute for Interfaith Studies* 33(2), autumn-winter 2001, pp. 113-139.

Troisième partie
Le récit de vie comme espace de déplacement de soi

L'approche autobiographique dans la formation de futurs médiateurs linguistiques et culturels : de mobilités géographiques vers des déplacements identitaires

Aline GOHARD-RADENKOVIC

Tout public en situation de mobilité pose la question des stratégies développées dans ces expériences choisies ou subies : peut-on les typifier en regard des parcours des acteurs et des situations de mobilité? Il pose également la question des compétences interculturelles, acquises dans cette expérience : quels sont les capitaux de départ et les ressources mobilisés dans ce déplacement? Comment identifier les compétences acquises dans la mobilité et comment rendre conscients les acteurs de leurs nouveaux capitaux linguistique, social et culturel? Ces compétences sont-elles capitalisables et transférables à d'autres contextes? En d'autres termes, comment analyser ces micro-processus identitaires, la transformation du capital de mobilité des acteurs, comment cerner l'évolution de la relation à l'autre en situation de déplacement tant symbolique que géographique? (Gohard-Radenkovic et Murphy-Lejeune, 2008).

Des études ont été réalisées, dans le cadre de l'Union européenne, sur les programmes d'échanges *Lingua* ou *Erasmus*. Elizabeth Murphy-Lejeune (2003) constate des divergences scientifiques dans la manière d'aborder la question de la mobilité estudiantine :

> « Les descriptions anglophones du séjour étudiant à l'étranger évoluent d'une perspective négative où le choc culturel occupe une large place, à une perspective où l'expérience est envisagée comme apprentissage et mise en place de compétences nouvelles. Le séjour est abordé en contexte européen sous l'angle des effets plutôt qu'en tant que processus se déroulant dans une temporalité et un espace spécifiques. L'éclatement théorique et empirique des recherches, la multiplicité des variables (Ellis, 1994), la disparité des résultats et la diversité des groupes observés, rendent malaisée l'adoption d'un cadre empirique à partir de résultats antérieurs » (p. 46).

L'auteur signale également que les aspects institutionnels occupent une place prépondérante, ceci sur la demande de Bruxelles, mais que des aspects plus personnels antérieurs au séjour, telles les expériences de l'étranger ou l'intégration sociale des étudiants, s'appuyant notamment sur une analyse qualitative d'entretiens compréhensifs (Kaufmann, 1996), ont été rarement pris en compte dans les études essentiellement marquées par des problématiques institutionnelles et par des approches quantitatives (Murphy-Lejeune, idem, p. 49). Ainsi, l'auteur a désigné par « capital de mobilité » l'ensemble des capitaux et ressources, expériences de l'altérité ou exposition à l'étranger antérieurs puis acquis dans les parcours de mobilité (2001).

Le *Portfolio européen des langues,* outil de promotion des politiques d'unification et de cohésion de l'Union européenne, propose d'intégrer une réflexion sur l'expérience de mobilité sous forme de fiches d'auto-évaluation dont la conception simplificatrice réduit la densité et la complexité de l'expérience de rencontre avec « l'autre » (Gohard-Radenkovic, 2006a). Par ailleurs, le même *Portfolio* propose à l'acteur de la mobilité de raconter ses expériences linguistiques et interculturelles, dont la démarche s'apparente davantage à celle du récit de vie, lui laissant ainsi plus de marge de manoeuvre et d'espace à l'expression personnelle.

Un certain nombre d'études qualitatives ont été effectuées sur les parcours de mobilité académique et les processus identitaires qui leur sont liées, dans différents contextes et lieux, en recourant aux concepts et méthodes de l'anthropologie, de la micro-sociologie, de la psychosociologie, de la pragmatique (Anquetil, 2006; Papatsiba, 2004; Triantaphyllou; 2002). Danièle Lévy et sa Formation doctorale, le PEFLIC[1], a mené des recherches sur les problématiques de la mobilité-migration, en privilégiant les approches autobiographiques, partant du postulat que les biographies langagières ou récits de vie, participent pleinement à la formation auto-réflexive de futurs enseignants en didactique des langues et cultures. Elle dit à ce propos :

> « Il racconto biografico stesso : i percorsi narrativi, il linguaggio, l'implicazione dell'io narrante, i racconti soggiacenti, affettivi, storici..., *in collegamento con* la costruzione e la gestione del proprio capitale linguistico, *la valutazione, la valorizzazione* (o meno) della storia personale di *apprendimento*, l'influenza sulla recente o futura storia d'*insegnamento* » (Lévy, 2001, p. 73)[2].

---

1 Politica, Educazione, Formazione linguistico-culturali, Faculté des Sciences politiques, Université de Macerata, Italie.

2 « Le récit biographique même, ce sont : les parcours narratifs, le langage, l'implication du je-narrateur, les récits sous-jacents, affectifs, historiques..., *en relation avec* la construction de la gestion du capital linguistique propre, *l'évaluation*, la *valorisation* (ou la non-valorisation) du parcours personnel d'*apprentissage,* l'influence sur sa

Pierre-Yves Maillard a également opté pour une approche autobiographique dans la formation initiale et continue des coopérants volontaires dans le cadre d'une ONG suisse, E-CHanger. Cette démarche, préparant les candidats à la mobilité à une pratique auto-réflexive, prend tout sons sens au retour des acteurs dans un processus que l'auteur désigne par « décapitalisation de l'expérience », dont l'objectif est de faire conscientiser les compétences acquises et les transformations vécues pendant ce séjour d'immersion à l'étranger. Il dit à ce sujet :

> « Le besoin du recul pour tenter de transmettre la complexité d'une expérience où pèse toute la dimension affective, émotionnelle du vécu, le besoin de cohérence et de fidélité à un engagement pris avec des personnes bien précises, la volonté de remettre en question des schémas ou stéréotypes sur l'Autre et sa misère : voilà des constantes cent fois vérifiées du ressenti des volontaires au retour de leu mandat Sud. Beaucoup en tissent une perception nouvelle du monde et le traduisent dans la rectification de leur trajectoire professionnelle ou dans de nouveaux engagements sociaux qui leur appartiennent, à chacun selon « sa propre loi intime de croissance » (Sulivan, 1991). (Maillard, 1998, p. 66).

Dans cette même optique, nous avons choisi les approches autobiographiques comme lieux d'analyse de micro-processus identitaires s'élaborant dans les expériences à l'étranger liées, dans notre cas, à une expérience de formation spécialisée de nos étudiants en didactique des langues et cultures étrangères (voir plus loin). Nous tenterons de répondre à ces questions: les récits de vie mettent-ils au jour (ou non) de nouvelles représentations, de nouvelles valeurs, de nouvelles stratégies, de nouvelles relations aux langues et à l'altérité, acquises dans l'expérience du déplacement mais également dans le cadre d'une formation spécialisée à des fins professionnelles? En d'autres termes, peut-on identifier dans ces autobiographies les indices de *mobilités identitaires* ? Enfin, une approche autobiographique dans la formation de futurs médiateurs des langues et cultures, est-elle du tout pertinente ?

Les approches autobiographiques : un lieu et une démarche d'analyse

Biographies langagières et interculturelles

Nous sommes conscients que les approches autobiographiques, et plus particulièrement les récits de vie, sont à la mode et qu'ils ont envahi notre quotidien, décuplé par le monde éditorial et le monde médiatique, sous toutes les formes et par tous les canaux possibles : publication d'histoires de vie, récits de voyage, journaux de bord, journaux intimes, romans

---

propre histoire *d'enseignement,* récente ou future » (traduction libre de l'auteur cet article).

autobiographiques, etc., émissions télévisées (ex. « Vie privée, vie publique »), blogs et sites informatiques, etc. « L'invention de soi » (Kaufmann, 2004.) – pour ne pas dire l'exhibition de soi – est au goût du jour. Malgré cette inflation, nous faisons l'hypothèse que l'analyse des récits de vie peut apporter des indices sur les processus de reconstruction, de redéfinition de soi dans un rapport dialectique avec « l'autre », notamment dans les situations de mobilité, de migration ou d'exil (Gohard-Radenkovic, 2006b).

Nous rejoignons la conception de Daniel Bertaux (1986) qui voit le récit de vie comme « une ligne de vie », pas une ligne droite ni harmonieuse, mais une trajectoire ballottée au gré des politiques qui réorientent le parcours de façon imprévue et souvent incontrôlable. La plupart des lignes de vies sont donc « brisées », amplifiées par le rapport à l'étranger. Or les modes de restitution des moments ou étapes-clés d'une trajectoire – ou que le narrateur juge comme telles – se font selon un processus de mise en cohérence. Ce phénomène de reconstruction *a posteriori* d'une cohérence est désigné par le terme de « lissage de la trajectoire biographique » (Bertaux, ibid.) ou encore « d'illusion biographique » (Bourdieu, 1986).

Toute restitution est donc une reconstruction du passé, une réinterprétation à partir du présent, comportant des omissions, des non-dits, des tabous, des interdits que Bertaux qualifie de « zones blanches » (1997). Ce « capital d'expérience biographique » (Bertaux, op. cit., 1986) permet de mettre au jour les bricolages linguistiques, sociaux et culturels de l'individu dans des situations d'exotopie, l'organisation de la narration étant l'expression d'une redéfinition identitaire de soi et en soi.

Corpus et objectif

Nous avons sélectionné des « biographies langagières et interculturelles » que nos étudiants non francophones, francophones ou bilingues[3], préparant le Diplôme d'Aptitude en Français Langue Etrangère[4], ont rédigé sous forme de récits de vie écrits dans le cadre d'un cours d'initiation à l'anthropologie[5]. Ces étudiants que nous formons, sont

---

3 Deux types de bilinguisme ici : français – allemand, français – italien.

4 Le Daefle est un diplôme spécialisé qualifiant à des fins professionnelles, dont la formation peut être suivie sur un ou deux ans; il a été conçu au départ pour les étudiants étrangers qui avaient fini leurs études supérieures et qui souhaitaient se spécialiser dans l'enseignement du Fle. Mais de plus en plus de francophones ont suivi cette formation car aucun cursus complet en didactique des langues et cultures n'était offert jusqu'en 2005 dans les université suisses.

5 Cours intitulé « Approches interculturelles de langues et sociétés », fondé sur les concepts et approches de l'anthropologie sociale et de l'anthropologie de la communication. Consignes pour la rédaction des autobiographies : « Rédigez vos expériences linguistiques et interculturelles vécues dans votre propre pays ou à

tous en situation de mobilité, soit interrégionale, soit internationale, soit frontalière.

Sur une centaine de « biographies langagières et interculturelles », rédigées entre 2003 et 2007 par nos différents publics étudiants[6], nous en avons retenu dix-huit parmi les étudiants préparant le Daefle. Le choix s'est fait de manière aléatoire. Ces récits de vie portent sur leur biographie langagière, leur rapport aux langues, leurs expériences linguistiques et interculturelles à l'étranger et/ou dans leur propre pays, la perception de leur formation actuelle. Dans une perspective anthropologique, nous avons développé une analyse thématique, en tâchant de repérer les récurrences d'un récit à un autre, de typifier les personnages-clés, les événements-clés qui ont influé leur parcours et les stratégies élaborées consciemment ou non par les narrateurs à travers leurs récits-témoignages (Zarate et Gohard-Radenkovic, 2004).

Profil des étudiants

- Diversité des provenances nationales.

Les étudiants qui suivent ce programme ont en commun *la mobilité géographique*. Ce sont soit des étudiants non francophones en situation de mobilité internationale, venant du Portugal, du Sri-Lanka, d'Italie, du Kazakhstan, de Bulgarie, de Chine, d'ex-Yougoslavie; en situation d'immigration (Brésil; Chili) ou d'exil (Rwanda); soit des étudiants francophones ou bilingues venant de France ou de différentes régions de Suisse. Quelques étudiants étrangers résident en Suisse depuis quelque temps mais s'y sont installés après un parcours de mobilité souvent complexe[7].

- Diversité des appartenances disciplinaires.

Si les étudiants étrangers ont déjà étudié la langue et la littérature françaises dans leur université, ils découvrent la didactique du Français langue étrangère (Fle) chez nous. Les autres étudiants, francophones ou non francophones, viennent d'autres disciplines, proches (exemple, littérature anglaise, littérature française; latin et grec, éducation enfantine, formation d'adultes) ou éloignées (exemple, journalisme, sciences économiques, histoire de l'art, droit, géographie, ethnologie, etc.). Nous constatons ici que, pour une majorité de ces étudiants, il y a déjà une *mobilité disciplinaire* entre des études de départ et le choix de cette formation en didactique du Fle, des langues et des cultures.

---

l'étranger ».

6 Nous avons différents cursus: un Bachelor menant à un Master professionnel pour le Secondaire I; un Bachelor menant à un Master scientifique visant des professions d'enseignant, de médiateur, de conseil, de spécialiste, etc. et enfin le Daefle (voir plus haut); tous les étudiants suivent obligatoirement ce cours d'initiation à l'anthropologie.

7 Tous les prénoms qui seront utilisés dans ce texte, sont fictifs.

Nous partons de l'hypothèse que ces différentes provenances nationales et ces appartenances disciplinaires des étudiants auront un impact non négligeable sur leur vision de la formation et de leur future profession. Mais c'est aussi leur parcours langagier, leur expérience de l'altérité et leur mobilité géographique, tels qu'ils l'ont narré dans leurs biographies langagières et interculturelles, qui ont construit leur regard, leurs représentations, leurs enjeux et leurs attentes, tant vis-à-vis de leur(s) expérience(s) de mobilité que de celle de leur formation.

Rôle des langues dans les parcours de vie des étudiants

Les personnages et les événements-clés

L'analyse des récits de vie, décrivant le parcours langagier, nous a permis d'identifier des personnages et des événements-clés, à caractère archétypique que l'on rencontre dans les récits initiatiques, comme les contes [8].

- *Le personnage de la Mère* (et dans une moindre mesure celui du Père) qui aime telle langue (exemple, le français), qui n'a pas pu l'apprendre ou a dû apprendre une autre langue (exemple, l'anglais ou l'allemand) contre son gré, et qui encourage sa fille : il s'agit ici d'un apprentissage par procuration;
- *la Famille,* en raison de la mobilité familiale (profession) ou de l'histoire familiale (couples mixtes, langues étrangères parlées à maison, langue héritée de la colonisation, immigration), où une ou plusieurs langues, dont une seule langue (exemple, le français, l'italien) s'impose comme langue de référence, contre d'autres langues comme le suisse allemand - l'allemand (exemple donné à plusieurs reprises), à un moment du parcours de vie;
- *l'Ami ou l'Amie* qui conseille et encourage à apprendre telle langue plutôt qu'une autre, par exemple le français, parce que « c'est une cette belle langue »;
- *l'Enseignant-e (le Maître)* qui vous initie et vous fait aimer cette langue qui va devenir LA langue de référence et va décider de la vocation professionnelle;
- *la Découverte,* sous forme de choc « affectif » ou « esthétique », lors d'un voyage ou d'un séjour pendant lequel on rencontre des gens qui vous incitent à apprendre la langue (exemple, l'anglais, l'italien, l'espagnol, le portugais, l'hindi, etc.) pour communiquer;
- *l'Evènement (la Main du destin)* qui se manifeste sous des formes différentes, comme par exemple un emploi à l'étranger (exemple, fille au pair), la rencontre avec « l'amour de sa vie », la guerre, l'exil qui bouscule

---

8 Pour identifier ces personnages et événements-clés, nous ne sommes pas partie d'un cadre théorique préalable sur la structure de la narration, mais nos analyses rejoignent les théories de Greimas citées dans l'article de Edith Cognigni dans le même ouvrage.

un parcours de vie;
- *la Quête d'une autre vie,* où l'apprentissage d'une langue représenter la fuite d'un système politique enfermant, une émancipation de la famille, un refuge dans un autre univers, ou encore un défi social, un besoin de se prouver;
- *le Désir d'une identité autre* où l'apprentissage d'une langue est liée à un retour aux sources, aux racines, à la langue première (maternelle/ paternelle) qui a été « oubliée », occultée par la mémoire familiale;
- *l'éternelle Errance* entre deux langues, entre deux pays, entre deux appartenances culturelles, à la recherche de la stabilisation d'une identité « trouble » entre deux loyautés, impliquant parfois le retour aux sources, le bâton de pélerin à la main, ou le refuge dans des lieux-tiers.

La diversité des raisons des déplacements choisis ou subis participent à la construction d'un profil *plurilingue,* et *pluriculturel* de fait, de *tous* les candidats au Daefle. Les uns et les autres maîtrisent à des degrés différents les langues apprises dans un cadre formel comme la famille, l'entourage social, l'école, ou « rencontrées » en voyage, en vacances, entretenues dans un cadre informel par des séjours fréquents à l'étranger, par des échanges, par des cours privés, par des contacts amicaux, etc.

Langues choisies ou langues subies : l'appropriation boulimique ou raisonnée

La majorité des étudiants étrangers, allophones, ont développé un rapport quasi « amoureux » avec le français tandis que les étudiants francophones ont vécu des rencontres « passionnelles » avec d'autres langues, soit à travers des séjours linguistiques ou des voyages. Exemple Thani avec le japonais, Zhinia avec le français, soit à travers leurs contacts avec des habitants du pays comme Aude de France et Maria du Chili avec l'anglais, Patricia avec le portugais.

Ainsi, Patricia se laisse non seulement apprivoiser par la langue de l'autre, le brésilien, mais tente d'en appréhender, d'en apprivoiser toute la gestuelle qui est aussi un autre langage :

> « Les expressions sur les visages des Brésiliens, leur intonation ainsi que leur gestuelle me permettaient au début, de comprendre le sens des conversations sans toutefois saisir réellement les mots exacts. Ainsi, j'ai compris en apprenant ce langage toute l'importance à accorder à ces à-côtés faisant partie intégrante de la langue portugaise, en tout cas au Brésil, et **dévoilant la plupart du temps la signification d'une phrase ou discussion.** »

Une découverte en entraîne une autre, un apprentissage en entraîne un autre, comme une boule de neige, parfois sur le mode boulimique : ainsi, Marie-Louise, Suisse romande, apprend successivement l'italien, l'allemand, l'anglais, le portugais, l'espagnol qu'elle apprend dans un cadre scolaire mais qu'elle capte aussi avec émerveillement lors de ses divers séjours touristiques à l'étranger.

N'oublions pas toutefois que ces déplacements et ces apprentissages ont été choisis. Tandis que pour l'étudiant rwandais, Paul, si le français reste une langue aimée, l'apprentissage « obligé » de plusieurs langues a jalonné un parcours de fuite et d'exil. Après des passages forcés dans plusieurs pays africains, il a développé une hiérarchie très personnelle : le français, langue d'appartenance sociale distinctive apprise au Rwanda et maintenant langue d'intégration en Suisse, est en haut du palmarès; le swahili est une grande langue de communication en Afrique de l'Est; l'anglais est une langue de communication nécessaire mais pas aimée; le lingala du Congo une langue de « bandit » (celle des policiers qui vous pillent); quant au suisse allemand, c'est une langue détestable mais utile dans ses rapports quotidiens puisque la Croix-Rouge a envoyé ce francophile inconditionnel dans un canton germanophone !

Du choix linguistique au choc culturel : les renégociations

Pour les étudiants étrangers venant de « loin », comme Thani et Dania du Sri Lanka, pourtant trilingues, connaissent de grandes difficultés linguistiques dues à des difficultés de compréhension des codes universitaires et plus largement de leur nouvel environnement social et culturel, qui ont perturbé leur rapport au français, cette langue «aimée» et déjà enseignée. Ainsi, Thani qui avait appris l'anglais, le français et le japonais, langues qu'elle maîtrise bien, parle de son séjour linguistique au Centre linguistique Appliquée de Besançon, où elle est logée dans une cité universitaire. Elle s'étonne :

> « **Ce qui m'a frappée en arrivant dans ce lieu** est le fait que dans tous les bâtiments, les chambres des garçons et des filles se trouvaient ensemble, contrairement aux cités universitaires sri lankaises où les chambres des filles sont séparées de celles des garçons ».

Après avoir exprimé sa gêne, elle « s'habitue petit à petit à sa nouvelle vie ». Il est intéressant de noter qu'elle vit exactement la même situation dans les foyers d'étudiants suisses mais qu'elle omet d'en parler : pour ne pas critiquer le pays qui lui accordé une bourse d'un an? Pour ne pas nous faire perdre la face? Mais ce choc tant culturel que linguistique semble avoir été surmonté grâce à ce travail de réflexion sur leur expérience, que nous leur avons proposé de mener *avant* la fin du cours, afin de décrisper leur parole « bloquée ».

Zhinia, parfaitement trilingue (kazakh, russe et français), déjà enseignante de français dans son université d'origine, immergée dans une ville bilingue (Fribourg) et dans un centre universitaire plurilingue (le

Cerle), est aussi déstabilisée à son arrivée. Mais très vite, elle surmontera ces « petits chocs » et regrette de ne pas avoir appris d'autres langues :

> « C'est ainsi que je regrette de ne pas avoir appris l'anglais et les autres langues, c'est ici (Fribourg) que je comprends que l'essentiel c'est de pouvoir communiquer même en ayant peu de vocabulaire tandis qu'autrefois je pensais qu'il faut parler une langue étrangère à un niveau supérieur, ne pas avoir d'accent et je me focalisais sur le français. **De même, à Fribourg, je révise mes valeurs, je lis des livres d'une autre manière, je regarde la vie autrement.** »

Pour combler ce « manque et désir de langue », cette étudiante apprendra l'allemand pour débutants proposé aux étudiants de mobilité par le Centre.

Cependant il serait insuffisant d'attribuer ce choc « linguistique » *versus* choc « culturel » aux seuls étrangers. Les francophones ou les Européens (supposés «proches») disent avoir été surpris, déstabilisés par l'approche préconisée par la formation remettant en question leurs perceptions, leurs valeurs et leurs certitudes. Deux francophones (Aude, Française; Angela, bi-nationale, Tessinoise et Française) ont même fait remarquer que cette formation avait transformé radicalement leur regard sur leur propre langue maternelle.

Ou encore la Suisse romande, Laura qui, au cours d'un séjour au Brésil, parvient à communiquer avec ses interlocuteurs, *en bricolant une langue étrange, une langue d'entre-deux,* avec quelques mots de portugais et d'espagnol qu'elle désigne par un mot-valise de son invention :

> « Je **bricolais un ridicule « portugnol » de secours** afin de pouvoir vaguement communiquer ».

La réinvention de son histoire et le désir de réparation

Quant à Rita, venant d'Italie, mais ayant une famille plurilingue et « hybride » (mariages mixtes) éparpillée aux quatre coins du monde, était très focalisée, de par ses études antérieures, sur le français et l'anglais. Elle est allée raviver ses connaissances en allemand car elle se trouvait dans un canton bilingue qui l'a vu naître : elle effectue une sorte *de pèlerinage, de retour aux racines familiales.*

Nous retrouvons ce *retour aux sources* (réinventées?) chez Jorge du Brésil dont le grand-père proviendrait de Suisse et alimente les mythes de la saga familiale :

> « Mais la conclusion et l'explication qui justifie le plus mon expérience de vie et mes séjours intercontinentaux une phrase de ma grand-mère qui me disait: **« tu es la réincarnation de ton ton arrière grand-père suisse, tu sais »**, c'est-à-dire son père, apparemment fribourgeois car il signait Yerly. Vrai ou faux, je le saurai un jour ».

Tandis que c'est sur le mode de la *réparation*, que Serge se tourne vers la langue paternelle (soit le suisse allemand) occultée - pour ne pas dire niée - par ses parents, couple mixte vivant en Suisse romande :

> « Je suis né dans un pays trilingue, voire quadrilingue. Pour être encore plus précis, j'ai toujours vécu à Fribourg, ville connue autant que Bienne pour sa spécificité bilingue. Dès mon enfance, **j'étais censé profiter de cette belle occasion pour apprendre une langue si différente de la mienne**. Et ce n'est pas tout ! En effet, je fus aussi bercé entre un père français et une mère suisse alémanique, qui, je en sais suivant quelle théorie pédagogique, avaient choisi de ne m'enseigner qu'une seule langue : le français. Toutes les conditions étaient réunies pour devenir bilingue. Mais le sort en avait décidé autrement ».

Serge souhaite réparer le rendez-vous manqué avec cette langue « autre », en partant comme étudiant Erasmus en Allemagne pour apprendre enfin l'allemand, d'autant plus qu'il se destine à l'enseigner dans le secondaire! :

> « **Que faire ?... il me fallait apprendre l'allemand un point c'est tout...** (...) Je m'engageai à partir pour six mois à Bochum, là-bas où les rayons du soleil ne transpercent que rarement la masse de nuages qui stagnent parfois des semaines en déversant une pluie fine... ».

On a pu constater que ces différents actes, retour aux sources, réinvention de son histoire, souci de réparation, présentent un caractère commun: à savoir celui d'une *mission* que chacun se serait donnée ou qui aurait été confiée par procuration (familiale).

Les langues « obligées » et la réconciliation dans un lieu-tiers

En revanche Angela, dont le père parle l'italien et la mère le français, a résidé en France voisine, en Angleterre, puis à Lugano et enfin à Fribourg, se trouve au carrefour de plusieurs langues. Elle dit à ce sujet : « A la maison, c'est un peu la cacophonie... », pour ajouter plus loin :

> « La langue maternelle de mes frères est clairement l'italien mais leur français parlé est parfait (l'écrit un peu moins...). Pour moi, tout a été plus compliqué. L'idée de devoir choisir entre les deux langues, le français et l'italien, me pose vraiment un problème 'identitaire'. **Ce 'trouble' dans la définition d'une langue maternelle sera le sujet de cette biographie** ».

Ainsi, Angela, bilingue et binationale malgré elle, restera toujours aux yeux de locaux, la *francesina* au Tessin et la *ticinese* en Suisse romande. Elle s'impliquera dans une langue comme l'anglais, un pays comme l'Angleterre où elle a passé tous ses étés au cours de ses études universitaires : « Mon rêve, dit-elle, serait d'aller vivre en Angleterre, pas forcément à Londres ». La narratrice va même plus loin puisqu'elle s'est spécialisée dans cette langue : « Mes études à la section d'anglais ont été délicieuses ».

Dans un tout autre rapport aux langues, le côtoiement avec des Suisses alémaniques développe chez l'étudiante suisse romande, Rose, des sentiments ambigus « entre haine et amour » envers leur dialecte, « qui n'est même pas du bon allemand». Pourtant, il lui a fallu apprendre l'allemand « contre son gré » et elle est partie « à reculons » se perfectionner, non pas en Suisse allemande, mais dans une petite ville allemande près de Freiburg- in-Brisgau, un lieu « plus acceptable » à ses yeux.

> « Ma première relation avec la langue étrangère été un rapport d'étonnement et de curiosité. Les choses de la vie ont fait que cette curiosité s'est transformée en colère et en haine de la langue allemande et suisse allemande (...) J'ai appris à me débrouiller, à prendre mes repères, à demander les choses quand il le fallait Je me suis créé une vie et un univers. J'ai laissé opérer ma curiosité et j'ai affronté mes peurs. **Quant à la langue allemande, de découvertes en découvertes, j'ai apprivoisé la vie et la langue allemande et j'ai appris à l'aimer** ».

Mirjana vit une situation difficile entre deux langues et deux cultures éducatives. Le serbo-croate est langue de la famille et le français, langue de l'école; puis par un retournement de situation le serbo-croate devient langue de l'école et le français, langue de la famille pour « maintenir les connaissances ». En effet, elle est née de parents originaires d'ex-Yougoslavie et a été scolarisée en France; elle a subi un incessant va-et-vient entre les deux pays, en étant stigmatisée des deux côtés à chaque « retour » dans un pays « d'origine »qui lui était devenu entre-temps « inconnu ». C'est en rencontrant son mari, lui aussi yougoslave et installé dans une région germanophone de Suisse, qu'elle apprend une troisième langue, le « bon allemand » (qui n'est pourtant pas la langue de communication sur place) et parvient, malgré les obstacles, à trouver un équilibre :

> « Mon mari et moi avons les mêmes origines, mais nos langues de communication ici en Suisse sont différentes. La mienne est le français, la sienne est l'allemand, et notre langue de communication commune est le serbo-croate. Je me suis dit : « tiens, la Suisse, j' vais pas pensé, pourquoi pas? ». **En arrivant, pas un seul instant, je ne me suis doutée que les difficultés m'attendraient, mais j'avais l'habitude... Je pensais, qu'étant intégrée en France, l'intégration, c'est du « déjà vu »... »**.

Et elle ajoute plus loin :

« Heureusement pour moi j'ai trouvé ma voie. **Je travaille, grâce à mes origines, essentiellement dans des lieux où elle sont valorisées, où elles sont *reconnues* et où je rencontre des gens comme moi.** J'ai d'abord travaillé à Berne comme secrétaire pour une association qui donne des conseils aux migrants, sur leur situation, leur séjour en Suisse. (...). Je reste maintenant depuis maintenant cinq ans active dans le domaine de la migration ».[9]

Dans ces trois cas, nous interprétons le choix d'un *lieu-tiers* comme *un lieu de réconciliation* avec la langue et la culture honnies du « voisin proche »; le choix d'une *langue-tierce* comme *langue-refuge*, traduisant une stratégie de compensation, voire un *acte d'émancipation* par rapport aux langues imposées; ou encore l'élaboration *d'un espace-tiers de réinvestissement de son expérience* auprès de personnes vivant la mobilité. Ces lieux-tiers donnent à chaque fois du sens à ces situations d'entre-deux linguistique et culturel.

L'impact des expériences de mobilité des étudiants sur leur relation à l'altérité

Les étudiants ont *tous* déjà fait soit un ou plusieurs séjours d'études ou professionnels dans une structure étrangère, soit un ou plusieurs voyages, sur une plus ou moins longue durée, dans des pays proches ou lointains. Tous ont donc été exposés à un moment de leur parcours à la diversité et ont acquis, souvent à leur insu, un *capital à la fois plurilingue et pluriculturel.* Mais davantage encore cette exposition à l'étranger à travers une mobilité intranationale et/ou internationale leur a permis de développer, souvent sans qu'ils en prennent toujours conscience en cours de route, un autre regard, des stratégies que nous essaierons d'identifier.

L'éloignement de « l'autre proche » ou « l'étranger du dedans »

Les premières expériences de contacts avec « l'étranger » (ou imaginé comme tel) se sont déroulées pour certains étudiants à l'intérieur de leur propre société où la pluralité est vécue tantôt sur le mode inclusif, tantôt sur le mode exclusif.

Ainsi, Jorge souligne son expérience de la diversité linguistique et culturelle dans son propre pays, le Brésil, « par excellence multiculturel », qui lui aurait donné des dispositions pour s'adapter et des « facilités pour entrer en contact avec les autres ». Pourtant cette pluralité de régions et d'accents, qui paraît si « naturelle » et si « enrichissante », sous-tend en fait une hiérarchisation sociale extrêmement sélective, notamment entre ville et campagne, entre régions très pauvres et régions plus riches.

---

9 Depuis l'obtention de son Daefle, Mirjana donne aussi des cours de FLS dans une association pour femmes migrantes à Fribourg.

« En arrivant à Rio, **ouvrir la bouche, c'était révéler son origine, sa différence, sa naïveté, sa méconnaissance des dangers métropolitains, c'était s'exposer à eux.** **(...)** Le regard des autres ne m'a pas empêché d'assumer mon origine. Je me suis mis à parler comme les cariocas (habitants de Rio), à l'accent très distinctif. Peut-être car l'accent de Minais Gerais (ma région d'origine) n'était pas aussi critiqué que celui du Nord-Est... Quoi qu'il ait été, j'ai aussi appris à distinguer l'origine des gens par leur accent. »

Tandis que Eléonora passe, depuis toute petite, ses vacances dans la région du Sud-est de la Bulgarie, où coexistent une minorité turque et une majorité bulgare - et dont les liens de voisinage ont été toujours précieusement cultivés. Elle observe et déplore que ces rapports se soient détériorés depuis les années 80 quand le gouvernement a obligé ces communautés turques à se « bulgariser ». Cette bulgarisation forcée, mal vécue des deux côtés, était une manière de refuser la différence tout en la stigmatisant et la visibilisant :

« Il n'était pas difficile de connaître un peu mieux ces gens (les Turcs). Il suffisait que mon père demande la route ou s'il y avait du poisson dans la rivière et tout de suite la conversation s'engageait sur des thèmes divers (...) Ces expériences m'ont appris à apprécier la culture de cette partie de mon peuple. J'ai toujours le plaisir d'entendre leur langue, très sonore, **et j'éprouve une vraie nostalgie quand les Turcs (de Turquie) que je rencontre ici m'appellent « komshu »**[10].... En effet le peuple bulgare et le peuple turc vivent ensemble depuis des siècles et chacun d'eux a influencé et enrichi la culture de l'autre. (....) Malheureusement, c'est à l'égard de cette population que **j'ai découvert aussi les ravages que la crispation identitaire peut creuser**. Craignant la croissance rapide de la minorité turque et le renforcement de leur sentiment d'appartenance ethnique, le gouvernement bulgare a commencé un processus honteux d'« intégration » de cette ethnie ».

On assiste, dans ces deux cas, à un processus de fabrication d'« étrangers du dedans », au sein d'une même société où l'autre « proche » (le voisin), est « éloigné » pour des raisons politiques, sociales ou économiques. Cet étranger du dedans est en situation de déplacement géographique et, ou symbolique, en quelque sorte « déplacé » malgré lui (parfois même sans bouger!), et donc ostracisé ou marginalisé dans la carte mentale collective.

L'approche de « l'autre lointain » ou « l'étranger du dehors »

Dans les séjours et voyages à l'étranger, la découverte de pays et la rencontre avec « l'autre », relève habituellement, du moins dans les premiers temps de la « relation enchantée ». Mais cette relation enchantée peut devenir très vite désenchantée. Ainsi dans les récits prédomine au

10 « komshu » = voisin ce qui signifie beaucoup pour les Turcs, en termes de liens et d'inclusion dans leurs réseaux.

début la projection égocentrique de soi: « désir de partir = désir d'évasion = désir de liberté ». « L'autre exotique » est là pour vous aider à accomplir cette quête personnelle.

Par exemple, la Suisse romande Solange fait toute seule un périple dans des pays d'Asie, Inde, Indochine, Thaïlande, Birmanie et Népal : *« J'étais libre,* dit-elle, *du moins je le croyais...! »* Exclamation de dépit, suivie par une longue partie de son récit où elle analyse avec ironie et distanciation son statut de femme seule en Inde, plus largement en Asie, comme une « entrave à sa liberté ».

> « Le regard de l'homme envers une fille seule peut être parfois rude mais aussi emprunt de compassion. **Il m'est arrivé de sentir un véritable déni de leur part** (...).**Il convient de se demander si ces relations avec l'autochtone traduisent une réelle « liberté » de ma part**. A cet effet, l'identité assignée en Inde, relative à ma position de jeune fille seule, constitue plutôt une barrière à ma liberté. »

Dans cette relation enchantée-désenchantée, on peut assister à la projection d'une représentation idéalisée du pays et de son peuple, ce que nous qualifierons d'« ethnocentrisme à l'envers », avant le départ. Ainsi Jae Qing de Chine se rend, à l'âge de 27 ans, en Algérie comme traducteur pour une entreprise chinoise de constructions et travaille sur un chantier à Oran. Son rêve était de profiter de ce séjour de deux ans « pour améliorer son français ». Quittant pour la première fois sa mère-patrie, non préparé par manque d'informations sur le pays, c'est le choc linguistique et culturel dès l'arrivée. S'accumulent alors des expériences qu'il a vécues sur le mode de la déception jusqu'au rejet violent des autochtones :

> « **A ma déception,** mes interlocuteurs algériens parlaient le français d'une manière très bizarre et avec un accent incompréhensible en ajoutant de temps en temps quelques mots arabes pour se faire comprendre » (...) «**L'Algérie n'était pas du tout ce dont je rêvais.** Aux conditions de vie qui étaient bien pires que celles en Chine s'ajoutait un travail intensif : sept jours par semaine et pas un seul jour de repos! »

La reconnaissance de ce pays et de son peuple apparaît à la fin de son récit de vie, quand il écrit :

> « J'ai eu l'occasion de connaître ce qu'est l'Algérie du Nord et j'ai eu une profonde impression **de l'art de vivre** de ce pays algérien ».

Mais la réhabilitation totale s'est faite bien plus tard dans le cadre de notre cours sur les littératures francophones, portant notamment sur la littérature en Algérie et celle issue de l'immigration algérienne en France.

Jae Qing qui prenait les Algériens pour des illettrés s'exclame un jour : « *Je ne ne pouvais pas imaginer que ces gens-là, Madame, pouvaient avoir une littérature en bon français!* ». Est-ce le signe d'un « réenchantement de l'autre » dont il aurait eu tant besoin pendant son séjour en Algérie ?

L'apprivoisement de l'étrangéité

Les récits de vie peuvent être des lieux de *remédiation* d'une expérience douloureuse. Ainsi l'étudiante sri-lankaise Dania va tenter à la fois d'apprivoiser sa solitude et de dédramatiser l'étrangéité de son nouvel environnement qui lui fait perdre tous ses repères et la choque.

> « Pendant les premiers jours la petite fille (1) avait toujours faim. **Ce qu'elle a reçu dans son plat était toujours incompréhensible, inconnu.** Ce n'était pas du tout délicieux : des pâtes, des macaronis, les pommes au beurre, les pommes de terre en gratin, de la choucroute sont loin de sa culture; ça ne remplit pas l'estomac. Pas d'épices, pas de sel, pas de poivre. Les yeux, la langue, le ventre font la grève en demandant du riz avec des curry. Elle chercha du riz mais qu'est-ce qu'elle avait dans son plat? Un grand morceau de viande et des pâtes. Avec des légumes mi-cuits. Elle regarda à la dérobée les autres. Tout le monde est en train de combattre. Un duel entre la fourchette et le couteau sur le terrain de la « porcelaine ». Pendant vingt-six ans (sauf les fêtes dans les hôtels), elle mangeait avec les mains pas avec des « armes ». **Elle commença aussi sa bataille. Elle avait faim. Ce n'était pas du tout délicieux. Mais, elle avala tout.**»
>
> (1) Dans certaines situations, **j'utilise volontairement la troisième personne du singulier** afin de mieux exprimer mes sentiments à travers la voix d'une autre.

Dans cette citation, on ne peut s'empêcher d'observer le *travail de distanciation à l'oeuvre,* sur le mode auto-ironique et auto-dérisoire: la narratrice va jusqu'à choisir de parler à la troisième personne du singulier et en explicite les raisons dans sa note de bas de page[11].

Parfois le rapport à l'autre, à son nouvel environnement est empreint de peur : l'enjeu est donc à la fois d'apprivoiser sa peur (objective ou subjective) en « apprivoisant l'autre ». Le « voyageur » élabore alors des stratégies de fuite, de repli ou à l'opposé se met *sous la protection des*

---

[11] Rappel : nous avions proposé aux deux étudiantes sri-lankaises qui éprouvaient de grandes difficultés d'adaptation à leur arrivée, de rédiger *avant* la fin du cours leur récit de vie. Ce travail auto-réflexif leur a permis de débloquer la parole, de surmonter leur sentiment de solitude et de peur, à tel point que toutes deux ont exprimé le souhait de rester une deuxième année à Fribourg. Mais une seule, Dania, est finalement restée tandis que l'autre, Thani, a renoncé au dernier moment. L'envers de la médaille est qu'une fois rentrée chez elle (nous communiquons régulièrement par courriels), Dania a connu de grandes difficultés pour se réadapter à un environnement « d'origine »

locaux, comme la Suisse romande Solange en Inde :

« A la frontière indienne, **les douaniers se sont montrés très protecteurs envers moi.** Ils m'ont offert un « tchai » et, au travers d'une longue discussion, ils m'ont vivement conseillé certaines destinations et déconseillé d'autres qui pourraient s'avérer dangereuses voire malsaines pour une « jeune fille comme moi » ».

Ou encore comme la Suisse romande Laura qui, lors de son séjour au Brésil se retrouve dans l'hôpital bondé d'un petit village. Avec quelques mots de portugais (de « portugnol », comme elle dit), elle se fait des amis pour exorciser sa propre « étrangéité » qui l'expose aux autres, en s'inscrivant dans des *réseaux de solidarité* et en se mettant sous la protection des « anciens » :

«Une certaine compassion s'installait entre les patients. **Les plus « anciens » prenaient en charge les nouveaux.** Les rires résonnaient sans cesse. (...) Une ambiance ludique, chaleureuse qui se dégageait de ces deux pièces remplies de monde, m'apporta un grand réconfort. Heureusement que je parlais portugais sinon, je n'aurais pu en profiter autant ».

Anna (portugaise qui a fait toutes ses études supérieures en Suisse) exprime ainsi sa « condition d'étrangère » en ces mots qui pourraient s'appliquer à la perception partagée par tous nos narrateurs de leur statut en situation de mobilité : « Ma condition d'étrangère m'a aidée à comprendre comment l'identité culturelle est fragile et perméable ».

La prise de conscience* versus *la « bonne volonté interculturelle »

Les discours de « bonne volonté dans la compréhension et la communication avec l'autre » sont repérables aussi dans les récits de vie. La plupart des narrateurs insistent sur le fait de vouloir comprendre l'autre, de vouloir apprendre à décoder ses valeurs et ses références culturelles, de « faire le premier pas », de « faire des efforts ».

D'autres étudiants reconnaissent avoir commis des « maladresses interculturelles », par exemple, cette jeune Suisse romande, Patricia, qui arrive dans une famille brésilienne à Sao Jose et qui, intuitivement, a compris qu'elle avait rompu l'ordre des rituels d'hospitalité :

« Parvenue à destination, la première chose que je fis était de sortir mes bagages de la voiture **Je compris par les rires de toute la famille ainsi que par les désignations de mes sacs que j'avais commis une maladresse.** En effet, je réalisai que j'aurais d'abord dû aller saluer mes hôtes, prendre un café ou manger quelque chose avant de me préoccuper de mes bagages ».

On retrouve des passages d'auto-culpabilisation, de « mea culpa » : « je reconnais mes erreurs », « j'ai mal jugé », ou encore « j'ai mal interprété par méconnaissance des règles d'hospitalité », dira Anna du Portugal, qui, voyageant avec son ami suisse au Maroc, se sentait « harcelée par les invitations des marchands à boire un thé ».

Parallèlement à cette prise de conscience, la bonne volonté interculturelle peut se manifester à travers des expressions telles que, « rapprochement », « compréhension entre les peuples », « partage des cultures », « enrichissement mutuel, etc. qui ne sont pas sans rappeler les discours politiques qui circulent dans l'Union européenne : elle entretient la *relation enchantée à l'autre* qui reste toutefois « étranger ». Anna encore dira à ce sujet :

> « L'inconnu fait peur... la différence de l'autre est trop grande pour être acceptée. « La culture de l'autre, je ne pourrai jamais la partager », **ce sont des idées préconçues** et auxquelles nous nous accommodons et dans notre confort « on vit bien ». (...) **Mais mon expérience de voyage me montre exactement le contraire, c'est le partage qui enrichit les deux parties.** C'est la communication qui permet à l'étranger de connaître comment agir et mieux s'adapter, mais aussi qui permet à l'autochtone de renoncer aux idées fausses qu'il pourrait avoir sur telle société ou telle autre. »

Notre narratrice raisonne, en toute bonne foi, ses expériences de voyage à travers divers pays d'Asie, d'Afrique du nord et d'Amérique latine et dans un mouvement dialectique *se* raisonne aussi. C'est un discours (auto)moralisateur qui prévaut à la fin de son récit de vie, type de discours que nous avons perçu également dans d'autres récits. Dans cette perception de voyages dans des pays très différents, voyages qui ne sont que des passages et non des ancrages dans les sociétés, où se font et se défont des liens sans engagement ni redevabilité. Ce rapport à l'autre, même s'il est ici repensé dans un autre lieu et dans un autre temps, exclut toute idée de rapport de pouvoir ou de conflit.

Le récit de vie permet donc rétrospectivement de réenchanter le monde et de rétablir l'ordre (momentanément troublé) dans la relation à l'autre.

Conclusion. Les récits de vie : des renégociations linguistiques aux bricolages identitaires

Notre question de départ était : les approches autobiographiques sont-elles une approche pertinente dans la formation de futurs médiateurs linguistiques et culturels?

Le bagage « naturellement » plurilingue de ces étudiants ou potentiellement bilingue - on a privé certains de langues, on a imposé des langues à d'autres -, a été réinvesti, renforcé, *conscientisé* à travers leur séjour et leur formation à Fribourg (certains même ont même élargi leurs capitaux à d'autres langues), qui ont impliqué l'élaboration de nouvelles attitudes et de nouvelles stratégies. Le rapport aux langues, entre passion et rejet, se raisonne. On observe ici un processus de *renégociations linguistiques* qui sont aussi les indices de *bricolages identitaires*.

Les récits de vie leur ont aussi permis d'observer à la loupe la perception rétrospective - introspective de leurs propres expériences interculturelles, indices de l'évolution possible du rapport à l'autre. Ils traduisent la *mise à distance* de ces expériences au fur et à mesure qu'ils racontent. Ils peuvent traduire aussi *l'émergence conscientisée* de nouvelles représentations, valeurs, attitudes et stratégies, qui sont autant d'indices d'une décentration culturelle et d'*une remise en question* d'un regard naïf et le plus souvent ethnocentré.

Toutefois nous percevons un paradoxe : d'un côté, nous avons observé des processus de *renégociations linguistiques* et de *décentration culturelle* chez tous les étudiants, quelle que soit la diversité ou la durée de leurs expériences. D'un autre côté, nous avons repéré les traces de discours « interculturellement » corrects dans certains récits, malgré la *pratique réflexive critique* que nous avons tenté de promouvoir dans notre formation anthropologique (ou peut-être à cause de... ?). Il faut donc rester prudent, d'éviter de tomber dans le travers du « tout autobiographique » et pour ce, envisager de croiser cette approche avec d'autres démarches.

Toutefois, nous l'avons vu dans nos analyses, les approches autobiographiques dans la formation de nos futurs médiateurs linguistiques et culturels, sont pertinentes car elles leur ont permis de dire l'indicible, d'exprimer des tensions, des peurs, des erreurs, des souffrances mais aussi des coups de coeur et des passions, et au-delà, de « penser l'impensé ». En d'autres termes, les narrateurs ont dévoilé à eux-mêmes leur propre impensé.

Si les récits de vie *révèlent* à la fois des blocages et des mobilités identitaires, ils comportent aussi des ambiguïtés, des ombres, des zones blanches dans les confidences que nous (dé)livrent nos narrateurs, qui peuvent osciller de la sincérité à la prise de conscience, de la prise de conscience à l'introspection complaisante. Mais, tout récit de vie, comme l'expérience du voyage, de par son caractère exploratoire, propose *une démarche initiatique*, ici la (re)découverte de soi dans un rapport dialectique à l'autre. C'est *le récit du récit de soi*, et à travers ce récit de soi, *l'autre et le rapport à l'autre sont (re)pensés*.

Bibliographie

ANQUETIL, M. (2006). *Mobilité Erasmus et communication interculturelle. Une recherche-action pour un parcours de formation.* Bern : Berlin : Bruxelles : Frankfurt- am-Main : New York : Oxford : Wien : Transversales, Peter Lang.

BERTAUX, D. (1997). *Le récit de vie.* Paris : A. Colin, Paris. (Coll. 128)

- (1986). Fonctions diverses du récit de vie dans le processus de recherche. In DESMARAIS, D., GRELL P. *Récits de vie. Théorie, méthode et trajectoires types.* Montréal : Editions Saint-Martin.

BOURDIEU, P. (1986). L'illusion biographique. *Actes de la recherche en Sciences sociales* n° 62-63.

GOHARD-RADENKOVIC, A., MURPHY-LEJEUNE, E. (2008). Mobilités et parcours. In ZARATE G., LÉVY D., KRAMSCH , C. *Précis du plurilinguisme et du pluriculturalisme.* Paris : Archives contemporaines.

GOHARD-RADENKOVIC, A. (2006a). Interrogations sur la dimension interculturelle dans *le Portfolio européen des langues* et autres productions du Conseil de l'Europe. La richesse de la diversité. Recherches et réflexions dans l'Europe des langues et cultures, coord. par Piccardo E. *Synergies-Europe* n°1, Réseau GERFLINT, Université de Rouen/IUFM de Grenoble, France.

- (2006b). *La relation à l'altérité en situation de mobilité dans une perspective anthropologique de la communication.* Habilitation à diriger des recherches : Sciences de la communication,, Université Lumière - Lyon II, France. Sous la dir. de Yves WINKIN

KAUFMANN, J.-C. (2004). *L'invention de soi. Une théorie de l'identité.*, Paris : A. Colin.

- (2004, 2ème éd.). *L'entretien compréhensif.* Paris : A. Colin, Paris. (Coll. 128).

KOHLER-BALLY, P. (2001). *Mobilité et plurilinguisme. Le cas de l'étudiant Erasmus en contexte bilingue. Fribourg :* Editions universitaires de Fribourg.

LÉVY, D. (2001). La formazione interdisciplinare tra ricerca e autobiografica: per un nuovo docente di lingue-culture. In *Heteroglossia* n° 1, Il nuovo laboratori della formazione degli inseganti di lingue: aperture disciplinari e methodologiche (a cura di LÉVY, D.). Ancona : Nuova Ricerche / Casa Editrice.

MAILLARD, P.-Y. (1998). *L'approche biographique: un outil pertinent pour la démarche spécifique du volontariat?* Mémoire : Sciences de l'éducation : Université de Fribourg, Suisse.

MURPHY-LEJEUNE, E. (2003). *L'étudiant européen voyageur, un nouvel étranger.* Paris : Didier. (Coll. Essais)

- (2001). Le capital de mobilité : genèse d'un étudiant voyageur. *Mélanges Crapel,* 26. Université de Nancy II. Revue en ligne

PAPATSIBA, V. (2003). *Des étudiants européens: "Erasmus" et l'aventure de l'altérité".* Bern : Transversales / Peter Lang.

TRIANTAPHYLLOU, A. (2002). *Anthropologie des échanges éducatifs. Ethnographie filmique de rencontres entre jeunes Européens.* Bern : Transversales / Peter Lang.

ZARATE, G., GOHARD-RADENKOVIC, A. (2004). La reconnaissance des compétences interculturelles : de la grille à la carte, *Les Cahiers du CIEP.* Paris : Didier.

Récits de vie, récits-témoignages d'élèves d'une classe d'accueil : vers la (re)conquête de soi et la (re)définition des liens

Drita VESHI

Dans cet article, nous analyserons l'expérience à la fois pédagogique et interculturelle que nous avons menée et vécue dans le cadre d'une recherche-action, avec des élèves, tous primo-arrivants, ayant entre 15 et 18 ans, fréquentant une classe d'accueil au niveau post-obligatoire au SCAI à Genève[1]. La plupart des élèves présentait à leur arrivée une scolarité antérieure chaotique (sous-scolarisation, scolarisation fictive, etc.), une attitude peu disciplinée (absentéisme, arrivées tardives etc.), un non respect ou une apparente incompréhension des règles de la vie scolaire, dans un certain nombre de cas, ces problèmes dus à un vécu familial et social perturbé (traumatismes, maladies, guerres, séparations avec les proches, problèmes de statut, etc.). On a pu remarquer que, au bout de quelques mois, leur niveau de français stagnait toujours, contrariant leur désir de poursuivre des études. Face à un public avec lequel il semblait parfois difficile d'atteindre les objectifs linguistiques, de construire des connaissances générales mais aussi d'apprendre le « métier d'élève », nous nous sommes demandé quelle démarche mettre en œuvre pour les aider à continuer leurs études ou à entrer dans une filière professionnelle. Les enjeux pour eux comme pour nous étaient donc cruciaux.

Devant cette situation, notre idée a été d'inviter nos élèves à réfléchir sur ce que signifiait pour eux le parcours de migration avec ses différentes

[1] Je remercie Aline Gohard-Radenkovic pour sa lecture attentive de texte ainsi que pour ses remarques et suggestions. Le SCAI (Service des classes d'accueil et d'insertion) existe à Genève depuis vingt ans. C'est une structure qui reçoit des jeunes non francophones qui ont entre 15 et 20 ans. Les élèves viennent de pays et de milieux sociaux très différents; certains sont sans-papiers, d'autres sont des mineurs non accompagnés; d'autres bénéficient de regroupements familiaux, etc. On trouve aussi des élèves non promus du cycle d'orientation (= Secondaire I) et des jeunes en difficultés. La majorité de ces élèves vient d'Amérique latine et d'Afrique mais aussi d'Europe de l'Est et d'Asie.

étapes (avant, pendant et après). Une approche autobiographique, sous forme de récits de vie, s'est vite imposée. Cette démarche a permis, et aux élèves et aux enseignants, de faire des « lectures » du récit de l'autre avec une écoute active et des regards croisés, engendrant parfois des bouleversements identitaires dans le rapport à l'autre mais aussi à soi. Ces changements que nous avons pu observer ont permis de construire un climat plus serein et d'effectuer le travail sur la langue avec une plus grande motivation. En effet, les tensions entre les élèves, dont la parole en langue étrangère était souvent bloquée, s'amenuisaient au fur et à mesure qu'ils conquéraient un espace d'expression à travers leur récit-témoignage.

Le récit de vie, une approche appropriée à des élèves de la classe d'accueil?

Notre réflexion s'inscrit dans une perspective anthropologique et rejoint celle d'Aline Gohard-Radenkovic (2004) qui déclare : « Nous sommes partis à la découverte de l'autre, de sa spécificité et de sa complexité dans chaque contexte, dans chaque écriture… » (p. 8), démarche exploratoire qui permet de repérer les représentations de l'altérité et d'identifier les processus de (re)construction des identités dans toute narration. Mais en quoi le récit de vie serait-il une approche appropriée à des adolescents en classe d'accueil qui se trouve être aussi une classe de langue?

Raconter sa vie, quand on se trouve en situation de déstabilisation, de perte de repères, c'est se réconcilier avec soi, se reconstruire dans le présent et être en mesure de rétablir un dialogue avec ses interlocuteurs. C'est aussi « tisser des liens entre les événements vécus, discontinus, pour en faire une histoire, qui a un sens pour soi » selon Christen-Gueissaz (2002), mais également pour l'autre qui l'écoute et la réceptionne. « Raconter sa vie à un lecteur fictif ou réel crée une réalité inédite, présente et interactive, et cette création discursive (c'est-à-dire de parole) donne des significations nouvelles à l'expérience du narrateur. Elle lui confère une nouvelle maîtrise de son existence, *un rôle d'acteur*, c'est-à-dire le transforme lui-même en retour (c'est le rôle performatif du récit). Le récit de vie est toujours destiné à quelqu'un, que le destinataire soit immédiat ou non. Les destinataires opèrent eux - mêmes une (co-)construction : ils entendent ou ils lisent en miroir leurs propres histoires. Certains éléments du récit vont les « réparer » ou au contraire réveiller des blessures mal cicatrisées, et ils vont réagir (verbalement ou non) à ces interpellations ». (Christen-Gueissaz , 1998).

Raconter sa vie renvoie en outre à ce qui se passe dans toute communication, à savoir une évaluation et une négociation du « qui tu es pour moi » (Flahault, 1978). Lorsqu'il raconte sa propre histoire, le narrateur bénéficie d'une occasion privilégiée d'affirmer et de faire reconnaître une place et une identité singulières, bref de reconquérir une estime de soi, dans son parcours, et « lui redonner confiance » (Christen-Gueissaz, op. cit.).

Dans un article, *Le récit de vie dans les sciences sociales*, Patrick Brun (2003) en décrit ainsi le processus: « Ce sont des tranches de vie qui s'échangent entre les individus, se croisent selon des styles de langage et des rituels de parole dans lesquels se jouent et se construisent ». En citant le philosophe Paul Ricoeur (1985) qui désigne ces jeux de construction-reconstruction des « identités narratives », Patrick Brun (op. cit.) montre comment l'histoire d'une vie se constitue par une suite de rectifications appliquées à des récits préalables (...). En d'autres termes, sur le plan personnel : « Je raconte ma propre vie, donc j'existe et j'atteste de mon vécu aux yeux des interlocuteurs dans le récit de ma vie ».

En écrivant à la première personne, on joue donc sur « l'emboîtement » de la relation personnelle, de l'expérience intime du vécu et d'une perception très précise du social qui se révèle entre les lignes de la subjectivité. Les narrateurs font émerger de leurs récits ce qui est pour eux porteur de sens et déclencheur de transformations identitaires et sociales.

Ce partage de bouts de vie oblige à assumer la place des autres dans sa propre vie et permet de dépasser l'« illusion biographique » décrite par Pierre Bourdieu (1986); il implique notamment de comprendre l'effet des rencontres sur les parcours de vie, de reconnaître la part d'aléatoire et de s'éloigner des schémas déterministes. « La caractéristique principale du récit de vie, déclare Daniel Bertaux (2001), est celle de constituer un effort de description de la structure diachronique du parcours de vie, caractéristique qui le distingue radicalement des autres formes (non narratives) d'entretiens ».

Patrick Brun (idem), quant à lui, souligne que, selon une conception ethnométhodologique de la communication, l'acteur social n'est pas un « idiot culturel » (en reprenant la fameuse phrase de Garfinkel), mais a la capacité d'interpréter ses propres comportements et de réfléchir sur lui-même. « L'épistémologie » du récit de vie, c'est-à-dire le récit de vie « considéré comme démarche de connaissance », est à la base d'une nouvelle approche dans les sciences sociales, que l'on désigne par approche réflexive.

La production de son propre récit de vie et la mise en œuvre d'une réflexion sur soi-même et le sens de son histoire conduisent l'intéressé à identifier les moments constitutifs de son parcours et à les interpréter. Il s'agit pour lui de construire du sens : le récit de vie dans cette perspective est une démarche auto-formative, ce que confirme Vincent de Gaulejac dans *Récit de vie et histoire sociale* (2000): « Chacun d'entre nous se découvre ainsi solitaire, renvoyé à lui-même dans une société où l'identité individuelle et ses ancrages sociaux se trouvent bouleversés par l'évolution démographique, la mobilité sociale et l'accélération du temps ». La personne met au jour ses compétences et leur donne forme en les dégageant de son passé de situations vécues. Brun identifie trois types de formation: psychosociale, historique, la valorisation et la reconnaissance des compétences acquises par l'expérience.

Enfin, l'individu est, selon l'expression de Bernard Pudal (2005), compris comme un « individu épistémique », celui par l'entremise duquel il est possible d'accéder à une compréhension meilleure d'une question sociologique posée de manière circonscrite. La recherche en sciences de l'éducation, et plus spécifiquement en didactique des langues et cultures étrangères, peut bénéficier de la mise en œuvre d'une démarche réflexive sur soi à partir du récit de vie, par lequel les divers acteurs de la migration s'appliqueraient à comprendre les parcours de vie, les expériences antérieures, les itinéraires de formation, les valeurs socioculturelles, les capitaux de mobilité, le rapport aux langues, le rapport à l'altérité, et les processus de transformations.

Nous avons fait l'hypothèse qu'une classe d'accueil constituait un lieu par excellence d'observation des phénomènes suivants : rapports crispés à la langue française et à l'apprentissage en général, attentes contradictoires du rôle de l'enseignant, différences de méthodes de travail et de contenus, mésinterprétation « du métier de l'élève », stéréotypes sur la « culture » des autres, malentendus culturels, comportements décalés, réactions inattendues, etc. Ces phénomènes présents dans la classe ont engendré, au début de l'année scolaire, des tensions entre les adolescents d'origine latino-américaine, marocaine, albanaise (du Kosovo) et africaine.

Nous avons fait aussi l'hypothèse qu'en présentant des parcours d'autres jeunes migrants, ces récits-témoignages les aideraient à se réconcilier avec eux-mêmes et à surmonter les tensions. Mais nos attentes ont été largement dépassées : les récits de vie de ces autres adolescents ont déclenché le désir de se raconter à leur tour.

Du récit-témoignage des autres au récit-témoignage de soi

Pour examiner les effets de cette approche autobiographique sur les individus et sur le groupe-classe, nous avons réuni un corpus de 15 dossiers confectionnés par les élèves, soit des récits écrits dans un premier temps, suivis de leurs témoignages oraux devant un public d'adultes, une synthèse pendant laquelle chacun a apporté son auto-évaluation, en faisant part de son ressenti lors des activités, enfin une réflexion sur les valeurs familiales.

A l'origine de cette expérience, nous nous étions fixé comme objectif de travailler l'expression écrite en Français langue seconde (FLS) après avoir projeté un documentaire intitulé : *Un train qui arrive est aussi un train qui part* (Lozano, 2003). Ce film met en scène les témoignages de six jeunes étrangers à Genève, leur parcours migratoire, leur regard sur la société d'accueil, leurs rêves, leurs attentes et leurs déceptions, les difficultés rencontrées et la peur vécue des contrôles policiers pour les sans-papiers.

Les élèves devaient regarder ce film et restituer par écrit ces témoignages, à la troisième personne et au passé. Dès le début, nous avons vu que les élèves regardaient le film avec attention mais n'étaient pas très enthousiasmés par l'idée de raconter la vie des autres. Ils nous alors ont proposé de renoncer à notre objectif initial et de le remplacer *par leur propre récit, à la première personne.* Les élèves se sont très vite identifiés aux jeunes interviewés. N'y avait-il pas le risque que des psychodrames éclatent en classe ? Mais la demande était venue d'eux : « Madame, pourquoi raconter la vie de ces jeunes ?... elle est très douloureuse. Est-ce qu'on pourrait raconter notre vie à nous ? »

Devant cette « revendication collective du moi », nous avons changé d'optique et d'attitude : plus de cadre, plus de consignes strictes, seulement des mots déclencheurs et des pistes de réflexion. Les élèves se sont ainsi appropriés leur propre histoire. Nous avons alors réorganisé notre démarche en quatre étapes qui se sont emboîtées les unes avec les autres :

1- La première étape est centrée sur la constitution d'un dossier : nous avons proposé quelques mots-clés aux élèves (exemple moi, ma famille, mes amis, mes héros, mes loisirs, mes rêves, mes joies et mes déceptions, la culture, les traditions, les fêtes, les artistes, l'art culinaire de mon pays, etc.); nous les avons encouragés à rechercher des documents sur Internet, à collecter des documents audio-visuels, des objets, etc; à consulter des livres, dictionnaires, revues ; à discuter avec des pairs, des proches, adultes, etc. Chaque dossier commence par une présentation du narrateur, en utilisant le « je », en dressant son portrait : physique, caractère, opinion, vision du monde, etc; puis en racontant son histoire : arrivée en Suisse, famille ici et famille là-bas, dessins qui illustrent son pays d'origine, etc.

2- la deuxième étape consistait en en une présentation de son récit de vie sous la forme d'une exposé oral. Les élèves ont sélectionné les parties de leur dossier qu'ils *souhaitaient rapporter* devant un public constitué de tous les élèves de la classe et des enseignants de différentes disciplines. L'émotion éprouvée par les élèves était si forte que nous avons suggéré à ce qu'il n'y ait pas de questions de la part du public; l'écoute, seule, a été donc autorisée.

3- dans la troisième étape, nous avons proposé aux élèves de faire une synthèse sur les phases précédentes (dossier, présentation orale) ; mais les élèves ne sont pas contentés de notre évaluation, ils ont souhaité prolonger les présentations orales et échanger entre eux leurs impressions, leur ressenti.

4- dans une quatrième phase, il nous a paru important de les faire réfléchir à l'éducation qu'ils avaient reçue et celle qu'ils souhaiteraient donner à leurs propres enfants, car ce rapport aux parents n'avait pas été abordé dans les récits de vie, et restait une zone blanche, une zone taboue dans le processus de réconciliation avec soi.

Identification des stratégies des élèves dans leurs récits de vie, récits de soi

Le récit de vie, restituant des fragments de l'expérience vécue, se présente comme outil privilégié de compréhension de son propre parcours existentiel mais aussi comme vecteur de changements internes et externes, il est porteur d'effets à la fois sur le narrateur et sur ses destinataires. Nous tenterons d'identifier les différentes stratégies, linguistiques, sociales, élaborées par les élèves dans les trois étapes, qui sont autant d'indices des transformations identitaires à l'œuvre.

Le « je » exhibé, le « je » caché

Lors de la première étape, les élèves ont suivi nos conseils et ont exploré tous les canaux possibles d'informations pour leur collecte : revues, livres de cuisine, cartes, photos d'hommes illustres de leur pays, documents traduits de leur langue maternelle, chansons, pages tirées de l'Internet, etc.

La majorité des élèves ont confectionné des dossiers où se côtoyaient une présentation générale du pays d'origine, ses coutumes, personnages, etc. et un récit personnel très émouvant. Deux d'entre eux ont donné toute la place à leur parcours de migration dans leur dossier et leur exposé. A l'opposé, quelques élèves ont développé un récit écrit moins personnel, en recourant à un grand nombre de supports iconographiques; lors de la présentation orale, ils se sont sentis très mal.

Mais ce sont les titres donnés aux dossiers qui sont révélateurs de ce que nos narrateurs *souhaitent nous dévoiler ou ne pas nous dévoiler*. En effet, certains ont accentué la dimension personnelle de leur témoignage, comme par exemple: « Entre Brésil et la Suisse », « Je suis un enfant du Ghetto », « Ma vie»; tandis que d'autres ont choisi la voie indirecte à travers la mise-en-scène de leur société, de leur pays d'origine : « Maroc dans toutes ses couleurs », « A propos du Kosovo », « Bonjour du Portugal », « Mon Pays », « Mon pays au bout des doigts », etc.

Pour une élève, la seule visibilité de son histoire, a été d'exhiber un panier de fruits exotiques. Y a-t-il vraiment eu récit ? A notre avis, oui, mais c'est un récit implicite. Elle a refusé de s'engager dans cette démarche et s'est présentée d'une manière « indirecte », en présentant le continent (africain) d'où elle venait avec « un plateau de fruits exotiques ». Elle a fait un récit de vie uniquement oral en décrivant les fruits, comme si elle ne voulait pas laisser de traces…

Les remédiations linguistiques versus médiation culturelle

Le Cadre européen commun de référence propose le concept de traduction et de reformulation d'une langue à une autre : « L'utilisateur de la langue n'a pas à exprimer sa pensée mais doit simplement jouer le rôle d'intermédiaire entre des locuteurs incapables de se comprendre en direct » (Conseil de l'Europe, p. 34-35).

Dans notre cas, les apprenants ayant un projet commun, auront recours lors de la préparation des récits écrits et oraux à différentes stratégies, dont celles de remédiation linguistique, en faisant appel à des images, des analogies, des comparaisons, des définitions, etc, à travers la co-construction, sur le mode ludique, d'une langue et d'une culture commune au fur et à mesure des interactions en classe.

Ainsi, Besim dira « on mange des « voyë » ou des « œufs au plat » ; Granit. parlera de « pitë », en ajoutant « c'est comme des pizzas ». Rosa dira : « Le nom de mon village vient d'une tradition de fabrication artisanale des objets de « Barro » de terre cuite »; Natalia donne la recette de « Pirao de Poisson » ou « batida de lait de coco ». Quand elle parle du « Fado », Marta essaie d'expliquer que « c'est une chanson nostalgique mais qui décrit l'état d'âme populaire du Portugal ». Elle souligne qu'elle n'arrive pas à trouver l'équivalent en français, parce que « c'est plus fort que les chansons d'amour… c'est de la passion… c'est une chanson nostalgique et encore plus quelque chose… ».

Mais afin de toucher l'imagination de leur lecteur potentiel, tous les élèves recourent à des descriptions concrètes, à des explications détaillées d'un plat, d'un instrument de musique, d'une fête importante, etc. Safah, l'une des Marocaines explique :

> « Le derbouka », instrument de musique, a la forme d'un vase en terre cuite. Le joueur frappe avec les deux mains la fine peau de chèvre ou de poisson tout comme les tam-tams ».

Un autre décrit :

> « L'aïd es séghir ». C'est une autre fête musulmane. C'est le petit aïd la fête qui célèbre la fin du mois de jeûne. Les enfants sont vêtus d'habits neufs et de beaux costumes traditionnels. Le matin, les mamans préparent un bon petit déjeuner et les papas avec les garçons vont à la mosquée ».

Le processus même d'élaboration du dossier a contribué au progrès dans la connaissance de la langue et dans la maîtrise de la communication. Ainsi, la mise en page, les reformulations et remédiations linguistiques, tout en conservant l'intention du message, les a tous mobilisés. Beaucoup d'entre eux s'étaient réconciliés avec cette langue « obligée ».

Ces stratégies de remédiation sont au service de l'intercompréhension linguistique entre les locuteurs, mais aussi elles sont au service de la compréhension des spécificités culturelles de chacun ainsi que de son univers symbolique : nous avons donc identifié ici des stratégies de médiation culturelle.

Davantage encore, chacun s'est senti revalorisé dans sa langue, accepté et reconnu dans ses appartenances culturelles, quand ses camarades s'amusaient par la suite à reprendre les termes de sa langue dans une conversation courante. Ils ont été, sans en être toujours conscients, *des médiateurs de langues et de cultures.*

Stratégies d'évitement devant l'indicible : la protection de soi

Dans la deuxième étape, nous avons remarqué que la narration orale a pris de multiples formes : confidences sur la vie familiale, sur la société et les valeurs du pays d'origine, tout en tâchant de maintenir une vision positive sur la vie, sans entrer dans les détails, et surtout « en ne perdant pas de face » devant le public. Tout ce qui concernait les événements douloureux du parcours de migration, les difficultés de la vie de tous les jours dans le pays d'accueil, etc., a été tu.

Ainsi, Granit, originaire du Kosovo, a chanté une chanson sur l'immigration devant le public, mais, dans son dossier, nous livre des événements de vie beaucoup plus intimes :

> « J'ai quitté ma famille car mon père souffre d'une maladie psychique depuis la guerre, et ma mère en est sortie invalide. Les combats ont créé des problèmes familiaux qui m'empêchent d'être près d'eux. La solitude me pèse. L'année passée m'a paru très longue. Mon pays me manque. J'ai un frère et une sœur là-bas, mais les seuls contacts que je garde sont quelques coups de fil à ma mère ».

Paulo, originaire d'Angola raconte :

> « J'ai beaucoup de choses à vous dire…tellement de choses qu'un jour je les écrirai et je publierai un roman. J'ai choisi de vous parler de mon hobby : le football…».

Or, voilà ce qu'il écrit dans son dossier :

> « Je viens d'Angola. C'est mon pays, où je suis né. Mes parents n'ont pas de travail, donc on vit comme on peut. Je ne suis jamais allé à l'école chez moi…mes parents n'avaient pas les moyens de me payer la scolarité. J'ai vu des guerres dans mon pays, et beaucoup de souffrance…J'ai vu mourir un ami…il rêvait de devenir avocat...Un jour un soldat me prend avec lui et il m'emmène loin…loin de mon pays. Il avait tout organisé…j'ignore encore

qu'est-ce qu'il a fait... comment... et pourquoi il avait droit de prendre l'avion... et moi avec lui...est-ce que j'apprendrai un jour qui était ce « monsieur » comment a-t-il fait pour que je me trouve cinq-six jours après mon départ, à Genève, chez ma sœur... Cela fait quelques années que je me trouve ici... mais je n'ai pas de nouvelles de mes parents...Que deviennent – ils ? Sont-ils encore en vie ? Les verrai-je un jour? Je ne sais pas...ouf... ».

« Les blancs » dans les récits, auxquels nous avons été confrontés pendant les présentations, sont des zones de l'indicible, de l'ombre : ainsi Clara ne veut pas révéler la vérité tragique de son parcours. Elle se contente de se cacher derrière son panier de fruits exotiques. Elle change souvent de coiffure et de perruque comme si elle fuyait une réalité qui lui faisait peur. C'est la seule élève qui ne se sent pas en sécurité dans la classe, qui n'a pas pu s'ouvrir ni faire de progrès en langue. Elle justifie son refus d'écrire un récit ainsi :

> « Je ne sais pas quelle sera ma langue définitive... cela dépend du pays où je serai installée une fois pour toute ma vie, mais pas toute seule ».

Sentiment d'incertitude? Stratégie d'évitement ou de protection de soi? Une année plus tard, Clara est venue nous voir avec un journal à la main, où nous avons pris connaissance d'un article écrit sur elle. Car Clara s'est confiée à un journaliste auquel elle a raconté ce qu'elle n'a pas pu dire à ses camarades[2]. Quand on lui demande si elle est heureuse en Suisse, un malaise profond transparaît dans ses propos :

> « Je ne me sens pas bien, je souffre beaucoup. Ma mère me manque et j'ai peur pour elle. Quand je suis seule, je n'arrive pas à dormir, je m'énerve et j'ai mal à la tête car j'y pense trop. Je dois prendre des médicaments à cause de ça. »

Stratégies d'apprivoisement de la perte : le « deuil » impossible ?

Les élèves tâchent de combler les manques, les pertes, l'insécurité qu'ils vivent depuis leur arrivée. Les récits de vie écrits leur ont permis de parler de ces difficultés, de leur souffrance.

Ainsi, l'enfance et l'adolescence de Paulo sont des phases « hors de l'ordinaire » : il n'a pas eu accès aux jeux et rêves de son âge. Il raconte des événements pénibles qui ont marqué sa vie et qui continuent de le marquer. Tous les déplacements physiques engendrent chez lui ce

---

2 Voilà ce qui est écrit sur elle : elle a dû quitter le Zaïre (devenu République Démocratique du Congo), parce que son père, militaire sous Mobutu, « a tué beaucoup de voisins avant de mourir lui-même ». Craignant la vengeance, elle a quitté son pays pour aller à Brazzaville (Congo - Brazzaville). Ensuite, un ami de son père l'a accueillie au Canada. Il y a un an, il l'a envoyée en Suisse, lui promettant qu'on viendrait la chercher. Elle attend toujours. Elle raconte son parcours avec une étonnante jovialité.

sentiment de vivre dans le souvenir d'un pays perdu, de la famille perdue, des proches et d'amis perdus et le poids d'un pays d'adoption où « il se sent toujours étranger ». Granit, quant à lui, a une voix cassée quand il a parlé de son projet d'entrer dans une école des arts visuels mais n'a pas pu le réaliser.

Les va-et-vient entre la Suisse et le Portugal ont eu pour Isabel, une incidence sur sa vie. L'objet qui accompagne son récit est une photo : celle de la « belle maison au Portugal ». C'est à cause de cet « objet » que la jeune fille a un parcours scolaire bouleversé. C'est ce qu'Odette Martinez dans « Souvenir d'enfance et d'exil de Maria Luisa Broseta » (2004), dit à propos de la photo : « Au-delà de son rôle de déclencheur, la photographie-lumière écrite du passé- sert de trame à l'écriture des mots du présent. » (p. 10).

La jeune fille a une attitude paradoxale qui peut s'expliquer par un conflit de loyautés entre : ses attaches à la Suisse où elle a acquis ses premières expériences scolaires, a construit ses premiers liens sociaux et ses premières identités; son attachement au père qui s'est établi une première fois en Suisse, une deuxième fois au Portugal où il a construit une « belle maison » puis est retourné en Suisse.

Ces déplacements entre ici et là-bas exigent d'elle à chaque fois une capacité d'adaptation rapide. Or, elle se sent très fragilisée dans ses apprentissages et ses identités. Habituellement un objet, une image représentent des liens forts et positifs avec le passé. Dans notre cas, ce n'est pas un objet du passé mais une « photo » qui représente une maison qui est perçue négativement car, pour Isabel, c'est *la* cause de son échec scolaire.

Paulo, quant à lui, a quitté son milieu familier dans lequel il avait des repères pour un univers inconnu dans lequel il doit tout reconstruire:

> « Je vivais dans un pays ensoleillé et ici j'ai eu du mal à m'habituer avec le froid, la neige et les intempéries, je devais m'acclimater. J'habitais dans une maison à la campagne, ici je dois m'habituer à vivre en ville, voire, dans un petit appartement. »

Ces exemples témoignent d'une tentative d'apprivoisement de la perte et, à travers elle, de la souffrance. Mais ils révèlent également que ces jeunes ne sont pas parvenus à faire totalement le deuil de la perte d'une vie antérieure, d'une famille unie, d'un avenir sans issue, d'un pays aimé ou d'un mode de vie.

Stratégies de réparation : négocier la solitude et la souffrance

Certains élèves, éprouvés par des imprévus, des pertes, des drames, essaient de renégocier leur solitude et leur souffrance en se ménageant une nouvelle place dans la classe ou la société d'accueil, un nouveau rôle dans la famille, traduisant par là de petits actes de réparation pour eux ou pour leurs proches. Le témoignage de Bezhad, venu d'Iran a touché tous les élèves. Voilà ce qu'il nous confie :

> « J'aime rire en classe parce que je suis tout seul dans ma vie Je me sens bien en classe, c'est comme si j'étais dans ma famille, chez-moi. Je suis curieux à l'école parce que je veux comprendre toutes les choses qui passent autour de moi. Parfois je ne suis pas très rassuré quand je donne des réponses. Cependant, j'ai beaucoup de patience et je suis conscient des difficultés que je rencontre dans la vie et j'aime me consulter avec les autres. Je suis habitué avec les difficultés et j'essaie de ne pas avoir peur à les affronter. »

Sara, du Chili, quant à elle, écrit :

> « Mon père était marié ici, avec une Colombienne mais malheureusement six mois après mon arrivée, elle est décédée. Là, j'ai compris qu'elle faisait partie de ma famille, elle aussi. Tout le monde va mal chez moi en ce moment, surtout à cause des petits (j'ai deux petits demi- frères). Il faut qu'on fasse un effort parce que depuis sa mort, tout a changé : les choses sont plus difficiles... mais ce qui compte ce sont les petits...J'espère faire bien les choses, faire une formation (j'ai longtemps rêvé de devenir comptable... je vois que c'est difficile... je vais essayer de faire une formation de cuisinière), et pouvoir aider ma mère et mes deux frères aînés (ils ont 23 et 24 ans), qui sont restés en Chili ».

Natalia affirme dans son récit que :

> « L'exil te construit, que c'est difficile mais il t'apprend à prendre des distances. J'essaie de m'intégrer dans cette société tout en montrant ce que j'étais et ce que je deviens ».

On peut remarquer que ces exemples de réparation *versus* reconstruction de soi, la mise en œuvre de stratégies du rire, de la communication, de l'effort, de la confrontation, traduisent le début d'une prise de distance.

Réhabilitation du pays, reconquête de l'estime de soi

Nous avons constaté que les élèves étaient attentifs à contribuer à l'amélioration de l'image que les Suisses ou les Européens se font de leur pays en combattant les idées répandues sur leur société.

> « Ces différences entre garçon et fille, contrairement à ce qu'on pourrait croire, ne sont pas dues à la religion musulmane chez les Albanais (ils ne sont pas pratiquants), mais plutôt aux coutumes (à la culture). C'est un fait, l'homme a toujours eu plus de droits que la femme ».

Safah parle de son costume marocain, reflétant des systèmes de valeurs, des croyances partagées par ses compatriotes, mais que contrairement aux représentations répandues sur les femmes musulmanes, celles-ci peuvent faire des choix :

> « Comme vous voyez, étant Marocaine et musulmane, je ne porte pas de voile, c'est un choix que j'ai fait et il faut respecter le choix et la liberté de chacun »....

D'autres encore cherchent à contester les représentations réductrices véhiculées sur leur pays, comme : « Le Brésil, c'est le samba et les stringues » ou encore sur les hommes Kosovars qui seraient tous « machos et agressifs », en choisissant des contre-exemples, des contre-documents qui montrent la diversité sociale et culturelle de leur pays.

La Brésilienne, quant à elle, présente un dossier sur la « Bossa Nova » en expliquant que « c'est une nouvelle vague de musique des année 70, qui a un rythme doux, une mélodie fluide et pure ». L'une des Marocaines, très fière de l'être malgré le fait qu'elle ne parle que l'italien, nous donne quelques conseils de prononciation de l'arabe en concluant que :

> « Dire quelques mots arabes c'est très apprécié... Je suis Italienne mais j'ai grandi au Maroc ».

La valorisation de l'expérience de migration est aussi très présente dans les récits de vie et participe à cette reconquête d'estime de soi. Ainsi, Natalia du Brésil nous dit :

> « C'est bizarre, quand je suis ici, je pense au Brésil et quand je suis au Brésil, je pense à Genève. Si un jour je dois retourner dans mon pays natal, la Suisse reste pour moi une expérience de vie inoubliable, où j'ai grandi et j'ai appris à donner des valeurs à des choses que je voyais différemment jadis... J'ai grandi intérieurement... ».

La reconquête de l'estime de soi passe ici par des stratégies de revalorisation de son pays, ses coutumes et ses traditions, mais aussi par la remise en question des idées dévalorisantes du pays d'accueil, revendiquant des contre-exemples et des contre-modèles. Elle passe aussi par la valorisation des compétences acquises dans l'expérience de migration.

Prise de conscience et libération de la parole

Nous avons constaté un continuum entre les différentes phases : le travail autobiographique est toujours à l'œuvre. En effet, c'est à l'occasion de la troisième phase, lors de cette discussion improvisée et souhaité par les élèves, que nous avons perçu l'impact des récits de vie sur leur propre vie, leur propre regard, leurs relations aux autres. Les élèves eux-mêmes ont pris conscience des changements identitaires vécus au cours ce processus tant collectif qu'individuel. Dans « le flux des événements » racontés oralement, les élèves ont voulu mettre plus de l'ordre afin d'être mieux compris, afin de mieux (s')expliquer certaines choses et construire du sens.

Lors de la quatrième étape, les réponses que les élèves ont données « au passé » à des questions portant sur leurs rapports au sein de la famille, leur ont permis de prendre une distance par rapport à l'éducation reçue et par rapport à des liens qui pouvaient être affectueux, autoritaires ou quasi absents avec leur parents :

> Mes parents n'étaient pas sévères.
> Non, ils ne me fouettaient pas.
> Non, mes parents ne m'aidaient pas à faire mes devoirs.
> Il n'y avait pas une certaine heure d'aller au lit.
> Non, mes parents ne discutaient pas avec moi.
> Je devais au moins aider à ranger ma chambre.
> Seulement ma mère avait le temps de s'occuper de moi.
> Oui, ils essayaient de me comprendre.

L'activité suivante au « futur » et au « conditionnel » sur « comment envisagez-vous l'éducation de vos propres enfants ? », révèle les schémas familiaux auxquels les élèves s'identifient ou s'opposent. Mais davantage encore, elle leur permet de dépasser les tabous familiaux (exemple, parler de l'éducation sexuelle), de se projetèr dans un autre univers symbolique et axiologique, et de s'imaginer « parents autrement ».

> Je donnerai une éducation sexuelle à mes enfants parce que c'est très important pour leur vie adulte.
> Je ne serai pas sévère avec mes enfants.
> Je ne fouetterai pas mes enfants pour rien.
> Je n'obligerai pas mes enfants à me donner un coup de main à la maison.
> Je punirai mes enfants en les obligeant de rester dans leur chambre un bon moment.
> Je les gâterai de temps en temps.
> Je serai toujours là pour mes enfants.
> Je ferai beaucoup de cadeaux à mes enfants.
> Si mes enfants me demandaient de l'aide à faire leurs devoirs, je les aiderai toujours.
> Je serai sévère avec la parole.
> Je fouetterais mes enfants sur les fesses s'ils faisaient des bêtises.
> Je fouetterais mes enfants, s'ils n'écouteraient pas mes conseils.

Nous avons pu déceler ici la libération de la parole sur des thèmes habituellement contournés ou occultés. Les élèves ont conquis en français leur espace d'expression. Nous percevons dans cette dernière étape l'effet catharsistique du récit de vie.

Redéfinitions du rapport à soi et à l'autre : un espace partagé

Les récits de vie des élèves devant un public leur ont permis de repérer des événements et des expériences qui les rapprochent plus entre eux qu'ils ne les distinguent. Ainsi, les élèves se définissent comme *uniques* et *pareils* à tout le monde. *Uniques* dans leurs appartenances premières: pays, coutumes, valeurs, chansons, traditions etc. *Pareils* dans le parcours de mobilité et ses conséquences : la migration subie pour des raisons de conflits, guerres, pour des raisons économiques ; le déclassement social de la famille, la crise du couple, la famille éclatée ou recomposée, le fait d'être partagé entre ici et là bas, etc.

Des liens forts se sont tissés : les élèves ont négocié leur souffrance, leur solitude ; ils ont fait un travail de découverte de soi, de reconquête de leur propre estime. Ils ont eu le souci de réhabiliter leur pays, de prendre connaissance d'autres coutumes, traditions. En partageant une expérience commune dans le déplacement, l'exil, ils ont élaboré des stratégies de compréhension et de découverte de l'autre: une reconnaissance mutuelle s'est co-construite sur des vécus proches.

> « J'ai appris des choses sur mes camarades et je regrette de ne pas pouvoir discuter plus souvent avec Safah. Nous avons les mêmes problèmes. »
> « C'est bizarre, mais on est plusieurs à vivre dans des familles divorcées, des familles recomposées et de différentes provenances...Il fallait faire cette activité au mois d'octobre...dommage, il ne nous reste pas beaucoup de temps (un mois et demi seulement), à discuter, à échanger et à travailler mieux, ensemble ».

Cette démarche en quatre phases a permis donc aux élèves d'établir des passerelles au-delà des frontières géographiques et symboliques, au-delà des différences sociales, culturelles et religieuses, en déconstruisant les préjugés, les tabous. Les élèves ont découvert que leurs expériences de mobilité qui ont été des expériences de déconstruction identitaire leur permettaient de se reconstruire et par là même de construire du lien social, de la proximité et de l'identification à l'autre.

Synthèse

Ce travail s'est révélé être au premier abord un processus de remédiation linguistique avec la langue seconde – qui est aussi langue d'intégration - que les élèves doivent coûte que coûte apprendre et maîtriser. Les jeunes allaient plus facilement qu'auparavant chercher ou vérifier l'orthographe d'un mot, le temps d'un verbe, un synonyme ou une expression dans un dictionnaire. En outre, ils menaient des recherches documentaires, afin d'apporter des informations précises sur leur pays, leur(s) langue(s), leurs cultures, leurs valeurs dans le souci de réhabiliter leur pays et de convaincre leur lecteur ou auditoire.

Les dossiers nous ont fourni des indices importants sur les rapports entre les élèves et leur famille, en découvrant du même coup leur regard sur la société d'accueil. Ainsi, la plupart d'entre eux étaient très critiques quant aux liens avec les voisins du pays d'accueil. En revanche, quand ils parlaient de leur village, de leur quartier du pays d'origine, c'était avec beaucoup de nostalgie qu'ils évoquaient des moments passés avec les voisins, les proches, les amis.

Nous l'avons vu, les élèves ont très vite dépassé les premières consignes. C'est un peu comme s'ils s'étaient (ré)approprié leur histoire et leur parcours pour aller au-delà d'une simple activité en langue. Les élèves ont ainsi mené une triple activité réflexive sur leur vécu, tour à tour individuellement et collectivement : sur le mode semi-privé à travers des récits de vie écrits, lus par leur enseignante, dont ils ont transmis oralement, sur le mode public, ce qu'ils souhaitaient dire (ou ne pas dire) aux autres enseignants; puis ils ont pris une distance et partagé leur vécu avec le groupe sur le mode semi-public, en créant de nouveaux liens à travers ces phases successives de livraison de soi.

La contribution des narrateurs était précieuse dans la mesure où ils auront fait émerger de leur récit de vie ce qui est pour eux porteur de sens et déclencheur de prise de conscience et de transformations identitaires. Lors de cette démarche, la relation entre les élèves a changé et s'est avérée très particulière, comme si des tensions qui existaient entre eux, avaient disparu. Ils se sentaient complices et collaboraient étroitement dans la constitution de leur dossier. Enfin, ils étaient très attentifs en tant que lecteurs *et* auditeurs.

Raconter sa vie renvoie à ce qui se passe dans toute communication, à savoir une interprétation et une (re)négociation du « qui je suis pour toi », du « qui tu es pour moi ». Or, dans cette petite communauté que forme une classe, la question « qui suis-je pour toi ? qui tu es pour moi ?» se situe au centre du processus de redéfinition, de remédiation des liens avec l'autre et avec soi : apprendre à s'accepter, à travailler ensemble sans refuser de travailler en petits groupes ou avec tel ou tel élève; éviter de porter des jugements hâtifs sur un comportement, une réponse; comprendre les références socioculturelles, éducatives, familiales, de ses camarades, etc. De cette expérience d'échanges autobiographiques, a émergé progressivement une « interculture » entre des élèves aux appartenances nationales, religieuses, culturelles, sociales économiques différentes.

Conclusion

Nous conclurons avec Vincent de Gaulejac (2000) pour qui le récit de vie est un outil d'historicité : il permet au sujet de « 'travailler' sa vie. » Dans ce sens, les jeunes dans cette expérience de quatre semaines ont réinventé leur histoire passée, ont réhabilité leur histoire présente et ont redéfini l'histoire à venir. Les récits oraux ont été un événement et le public a pu décoder dans les témoignages, tout en saisissant le contexte, la part de souffrances, de douleurs, celles-ci pouvant être exhibées, négociées ou tues.

En effet, rappelons-nous : Clara, n'a pas pu transmettre son récit, elle n'a pas pu mettre en scène son passé parce que celui-ci est marqué par la peur et par la honte... mais aussi parce qu'elle est en transit : la suite de son exil ne s'est pas encore réalisée. Ce n'est qu'à cette condition que la reconstruction de son histoire peut s'élaborer à travers des témoignages, des photos, des images, des souvenirs. Son histoire lui échappe... Nous assistons ici à un effacement de la parole accompagnant un gommage de la mémoire. Avons-nous entendu ces blancs, ces omissions qui recouvrent les mots ? Comprendre le témoin, ce serait pouvoir accéder à la parole cachée, à la parole bloquée, ce serait pouvoir construire cet espace de parole en étroite symbiose avec celui du silence. Les blancs auxquels est confronté le public ou le lecteur, les zones de l'indicible, zones interdites, zones taboues, constituent le défi par excellence du travail autobiographique... C'est la leçon de Clara.

Bibliographie

Ouvrages

BERTAUX, D. (1997). *Le récit de vie.* Paris : A. Colin, Paris. (Coll. 128)

BENDANA, K., BOISSEVAIN, K, CAVALLO D. (2005)., Biographie et récits de vie, *Alfa.*

BOURDIEU, P. (1986). L'illusion biographique. *Actes de la recherche en Sciences sociales* n° 62-63.

BRUN, P. (2003). *Les histoires de vie en collectivité.* Paris : L'Harmattan.

PUDAL, B. (2005) *Désinvestir:de la fusion à l'auto-analyse. Le cas de Gérard Belloin: Le désengagement militant.* Paris : Belin.

CHRISTEN-GUEISSAZ (2002). Récit de vie. In FRAGNIÈRE, J.-P, , GIROD, R. *Dictionnaire suisse de politique sociale.* Lausannes : Réalités sociales.

CHRISTEN-GUEISSAZ (1998). Mémoire et récit de vie chez les adultes âgés. In *Gérontologie,* Paris.

FLAHAUT, F. (1978). *La parole intermédiaire*. Paris : Seuil.

DE GAULEJAC, V.(2000). Récit de vie et histoire sociale. *Revue Internationale de psychologie*. Paris : Eksa.

DE GAULEJAC, V. (2000). *La vie entre le roman et l'histoire.* Paris : Eres.
GOHARD-RADENKOVIC, A. 2004). Altérité et identités dans la littérature de langue française. *Français dans le monde. Recherches et Applications,* n° spécial juillet, FIPF / Clé international.
MARTINEZ-MALER O. (2004). Souvenir d'enfance et d'exil de Maria Luisa Broseta. In *Témoignages d'exils entre parole et silence : regards et points de vue, Exil et migrations ibériques au Xxème siècle.* Nanterre : Université Paris X.
RICOEUR, P. (1985). *Temps et récit. Le temps raconté.* Paris : Seuil.

Documents :
Le cadre européen commun de référence (2001). Strasbourg : Conseil de l'Europe,
Un train qui arrive est aussi un train qui part (2003). Documentaire de six cours-métrages réalisés par Juan José Lozano (Colombie), produit par le Centre de Contact Suisse Immigrés (60 mn). Chacun d'entre eux retrace le parcours migratoire d'un-e jeune à Genève. Une palette de regards venus d'ailleurs sur les réalités de l'intégration en Suisse.

Se risquer aux récits de vie, un soutien à la parentalité

Perrine OBONSAWIN

Le cadre d'intervention

Une mission fortement encadrée par la loi

Le service d'Action Educative en Milieu Ouvert (AEMO) de Cergy (Val d'Oise) dépend de l'association départementale de la sauvegarde de l'enfance et de l'adolescence du même département (ADSEA). Il s'agit d'un service d'Action Educative en Milieu Ouvert, dont les missions sont définies par l'article 375 du code civil : « Chaque fois qu'il est possible, le mineur doit être maintenu dans son milieu naturel. Dans ce cas, le juge désigne soit une personne qualifiée, soit un service d'observation, d'éducation ou de rééducation en milieu ouvert, en lui donnant mission d'apporter aide et conseil à la famille, afin de surmonter les difficultés matérielles ou morales qu'elle rencontre. Cette personne ou ce service est chargé de suivre le développement de l'enfant et d'en faire rapport au juge périodiquement ».

Ainsi, la mesure d'assistance éducative en milieu ouvert est un des outils du juge des enfants pour répondre à une situation de mineur en danger. Si le danger est trop important, le juge peut ordonner le placement de l'enfant. La particularité de cette mesure est de faire le choix du maintien du mineur au sein de son milieu naturel, même si celui-ci est à l'origine du danger ou du risque de danger, dans le but de soutenir les parents pour conduire dans un premier temps à une prise de conscience des difficultés de leur enfant et de leurs causes, puis grâce au travail éducatif de soutien à la parentalité de viser à une amélioration des conditions de vie et de développement de ces enfants.

Une aide contrainte comme mode d'intervention

La dialectique aide/contrôle qualifie bien la nature du travail en AEMO. Les outils du travailleur social sont les entretiens individuels, de couple ou familiaux, les visites au domicile, les accompagnements et le travail avec les partenaires (écoles, services sociaux, médico-sociaux, lieux de soins, administrations diverses...).

La mesure d'AEMO est confiée à un service associatif dans notre cas qui en délègue la conduite à un travailleur social (éducateur spécialisé ou assistant social). Le cadre d'intervention est balisé par un projet individualisé et l'organisation institutionnelle du déroulement de la mesure. Le travailleur social est chargé de mettre en place le projet, construit en équipe pluridisciplinaire. Il en rend compte au magistrat à travers notes d'informations et rapport de fin de mesure.

Un projet spécifique dans un contexte interculturel

Il existe deux dimensions particulières au service de Cergy : celle de se donner les moyens d'un soutien direct aux enfants, assurant des prises en charge individuelles ou en tout petits groupes à travers diverses médiations éducatives (artistiques, culturelles ou sportives). Une autre dimension est celle de la démarche interculturelle. En effet, le service est implanté au cœur de ce que nous appelons une Ville Nouvelle. Ces ensembles urbains dont la création avaient été décidée sous le Général De Gaulle, ont la particularité d'offrir des logements sociaux en grand nombre. Différentes communautés d'origines diverses se sont regroupées. A sa création (en 1975), cette ville nouvelle comprenait une forte proportion de familles françaises d'origine rurale, souvent assez marginalisées. Aujourd'hui, nombre de ces familles ont quitté la Ville Nouvelle pour accéder à des logements individuels dans des quartiers plus résidentiels.

Les premiers logements sont occupés principalement par des familles issues des bidonvilles de Nanterre avaient été relogées (familles d'origine essentiellement maghrébine). Aujourd'hui, plusieurs communautés coexistent originaires d'Afrique noire, Asie, Haïti... Nous avons donc fait le choix de travailler avec des intervenants extérieurs, le plus souvent ethnopsychiatres[1] pour nous aider à réfléchir sur les situations où l'appréhension de la dimension interculturelle est nécessaire à la compréhension des problèmes.

La place du récit et des histoires de vie

Le travail sur l'histoire familiale, le parcours migratoire quand c'est le cas, est indispensable. Il permet de dépasser le caractère obligatoire de l'aide apportée en invitant les parents à un échange et non à une enquête. Prendre le temps de raconter et se raconter encourage aussi souvent l'amorce d'un mouvement réflexif, qui seul permettra aux parents de

---

[1] L'ethnopsychiatrie s'intéresse aux désordres psychiques en rapport tant à leur contexte culturel qu'aux systèmes culturels d'interprétation du mal, du malheur et de la maladie.

prendre conscience de la nature exacte de leurs difficultés relationnelles avec leur(s) enfant(s) et ainsi espérer un changement durable de leurs attitudes éducatives.

La particularité du travail auprès de familles, au sujet des enfants est de toujours tenir la double contrainte du soutien à la parentalité et du soutien à l'enfant, alors même que l'essence même de notre intervention se fonde sur un lien entre ces deux instances qui est de nature inadapté, voire maltraitant et/ou conflictuel. Le travailleur social doit se tenir dans une disponibilité intérieure pour chacun, se gardant de prendre parti, si ce n'est le seul parti de l'intérêt de l'enfant. Il doit d'abord comprendre le fonctionnement familial, c'est-à-dire ce qui pousse chacun, enfant et parent, de façon souvent bien inconsciente à agir de telle façon, à se mettre dans telle position. Les systémiciens disent qu'il doit « danser la danse de la famille », pour ainsi s'en distancier et l'analyser. Il est donc traversé par des mouvements intérieurs importants qui, en plus, viennent cohabiter avec ses propres expériences d'enfant, et parfois de parent.

Une approche pluridisciplinaire

Un travail de soutien avec les autres professionnels et des psychologues ou psychiatres lui est indispensable. L'apport de l'ethnopsychiatre, considéré comme un « spécialiste » de la culture en question est souvent sollicité quand le travailleur social est en peine de déterminer dans une attitude parentale inadaptée ce qui peut relever de la culture et de ce qui relève d'un dysfonctionnement du parent. On s'aperçoit d'ailleurs bien souvent qu'il s'agit d'une subtile intrication de plusieurs niveaux!

Le recours au spécialiste peut aussi être un appel à l'aide quand le travailleur social a l'impression de ne pas être en capacité de comprendre un système familial. Ce sentiment d'incompréhension peut être renforcé par le caractère « étranger » d'une famille d'une culture très différente. Il est d'ailleurs intéressant de noter que depuis quinze ans de fonctionnement de ce service, les demandes d'aide interculturelle se situent de plus en plus vers des cultures asiatiques (Pondichéry, Pakistan, Sri Lanka). Il semble que le travail dans les familles d'origine maghrébines ou africaines suscite moins de questionnements liés à la culture d'origine. On peut rapidement donner deux explications : les travailleurs sociaux, comme tous les Français d'ailleurs ont une culture commune avec le Maghreb, en lien très certainement avec les années de colonisation. Ensuite, les parents, issus de ces régions, souvent jeunes (25/35 ans) font maintenant partie de la deuxième ou troisième génération.

La mesure éducative et le travailleur social qui l'incarne est placé en position de tiers dans un système familial qui bien souvent fonctionne en vase clos. La place de tiers institué par le juge est fondamentale car elle permet de « faire entrer » la Loi sociale dans un système familial traversé par une loi souvent inexistante ou destructrice. Dans le cas du travail interculturel, le travailleur social doit aussi travailler avec la loi culturelle, qui parfois se confronte avec la loi coutumière du pays d'accueil.

Un parcours de vie court, mais déjà bien dense...

Je vais essayer de transcrire un travail auprès de cette mère de famille, Mariam Kanté, mariée à Monsieur N'Diaye, afin mettre en lumière la façon dont le soutien à la parentalité peut prendre tout son sens au regard des éléments de l'histoire et du parcours de vie que cette mère aura toujours à cœur de resituer dans un contexte culturel.

Une demande d'aide initiale peu élaborée

Mariam Kanté est née en France de parents sénégalais. Ses parents sont musulmans, d'un Islam « à l'africaine », c'est-à-dire peut-être moins dogmatique que l'Islam arabo-musulman. Les parents de Mariam vivent encore de façon traditionnelle : Madame Kanté est tatouée, habillée à l'africaine, la famille se nourrit de plats simples à base de riz et de légumes africains achetés dans les épiceries du quartier, tenues par des Africains.

Le couple a cinq enfants. Mamadou (un garçon, décédé, nous expliquerons dans quel contexte), Boubakar (un autre garçon, 25 ans), Mariam (23 ans), Hadija (21 ans, mariée et mère de trois enfants) et enfin Sekou (une fillette de 12 ans, autiste). La famille vit dans la Ville Nouvelle de Cergy depuis de nombreuses années puisque tous les enfants y ont fait leur scolarité.

Mariam a bénéficié d'une mesure d'AEMO avec ses deux frères alors qu'elle était adolescente. Elle s'était spontanément rendue au service social scolaire pour dénoncer la maltraitance dont elle et son frère Mamadou étaient victimes de la part de leurs parents. La jeune adolescente était aussi à l'époque enfermée dans une spirale délinquante (vol en réunion, cambriolage...) et destructrice (alcool, relations sexuelles non protégées...). La mesure, à l'époque ne fonctionne pas bien, notamment parce que l'éducateur responsable de la mesure n'arrive pas à entrer en relation authentiquement avec les adolescents qui sont très fuyants et ambivalents par rapport à leur demande d'aide initiale.

Un départ vers l'inconnu dans la douleur

Les manifestations des adolescents sont de plus en plus bruyantes, ils sont repérés sur le quartier et fonctionnent en bande. Les interpellations de police et de justice se succèdent. Mariam et son frère Mamadou sont envoyés par les parents, du jour au lendemain, au Sénégal. Boubakar ne sera pas envoyé (malgré sa participation aux délits) « parce que c'est le préféré de la mère » (dans le récit de Mariam). Les deux enfants sont accueillis dans un pays qu'ils ne connaissent pas, par des adultes de la famille élargie qu'ils n'avaient jamais rencontré auparavant. Mariam rentre au bout de quatorze mois, seule, puisque Mamadou décède en Afrique. Les causes de ce décès ne sont pas très claires. Mariam donne des explications évasives et souvent différentes. Il ne serait pas mort de mort violente mais elle ne peut dire clairement s'il s'agit d'un empoisonnement accidentel ou suite à une maladie contractée faute de vaccin adéquat.

Un mariage et un nouveau départ forcés

Quand Mariam revient d'Afrique, elle ne peut reprendre une vie de collégienne ordinaire, malgré quelques essais. A nouveau signalée aux autorités judiciaires, elle est ensuite suivie par un service pénal. Elle est plus coopérante avec ce service.

A 17 ans, sa mère lui présente l'homme qui deviendra son mari. Il est Ivoirien, titulaire d'un visa allemand. Il rencontre Mme Kanté à la mosquée et elle répond à sa demande en proposant un mariage avec Mariam. La jeune fille ne donne pas son accord. Elle est envoyée de force en Allemagne dans une communauté islamique pour y être mariée. Sa fille aînée, Oumaïma, naît neuf mois plus tard.

Premier signalement et première demande d'aide

Le couple revient en France un an après cette naissance car Mariam veut accoucher en France de son deuxième enfant (Idrissa). La petite famille s'installe au domicile des parents. Les conflits mère/fille sont extrêmement violents, de même que les conflits au sein du jeune couple, et entre Monsieurr N'Diaye et sa belle-famille. C'est à cette période que les deux petits enfants sont signalés. Mariam, de son côté, est toujours suivie par le service de protection judiciaire de la jeunesse en tant que jeune majeure. Elle collabore cette fois complètement avec les propositions d'aide et entame un parcours thérapeutique sérieux avec la psychologue.

Après une période d'errance de la famille N'Diaye (hébergée en hôtel bas de gamme ou chez des amis), le couple s'installe dans un logement social à deux pas de chez la mère de Mariam. C'est à ce moment que notre travail commence avec le couple autour des négligences repérées dans l'éducation des enfants (suivi médical fantaisiste, irrégularité des horaires, scolarisation non suivie de Oumaïma). Le travail dure depuis trois ans. Récemment, après plusieurs mois de disputes, Monsieur N'Diaye a quitté le domicile conjugal, peu de temps après que Mariame ait subi une IVG (intervention volontaire de grossesse) sans l'en avertir. Celle ci a fait une tentative de suicide, très dangereuse, dont elle se remet difficilement.

Toute une famille en souffrance

Quelques mots de la fratrie de Mariam. Boubakar, son frère aîné est encore et toujours dans un parcours délinquant. Il a été incarcéré à plusieurs reprises pour des faits de plus en plus violents. Il développe aussi des conduites addictives (alcool) inquiétantes.

Hadija est mère de trois petits enfants. Elle a été mariée deux fois par sa mère. Elle a accepté les mariages docilement. Elle est très loyale envers sa mère et a une sorte de dette envers elle. En effet, pour son premier mariage, la mère avait garanti sa virginité en échange d'une somme d'argent plus forte. Or il y a eu « tromperie », le premier mari a donc réclamé son dû et a quitté la jeune femme.

La plus jeune fille, Sekou est lourdement handicapée. Elle devrait bénéficier d'une prise en charge spécialisée (type hôpital de jour) que sa mère fait toujours échouer. Il y a de forts soupçons de maltraitance, dénoncée tant par les soignants que par Mariam. Le schéma suivant s'inspire de la pratique systémicienne du génogramme. C'est un outil qui permet de mieux visualiser une famille, de repérer des singularités telles que des répétitions, des décalages relationnels, des ruptures... Les triangles représentent les hommes et les ronds, les femmes. La croix signifie que la personne est décédée.

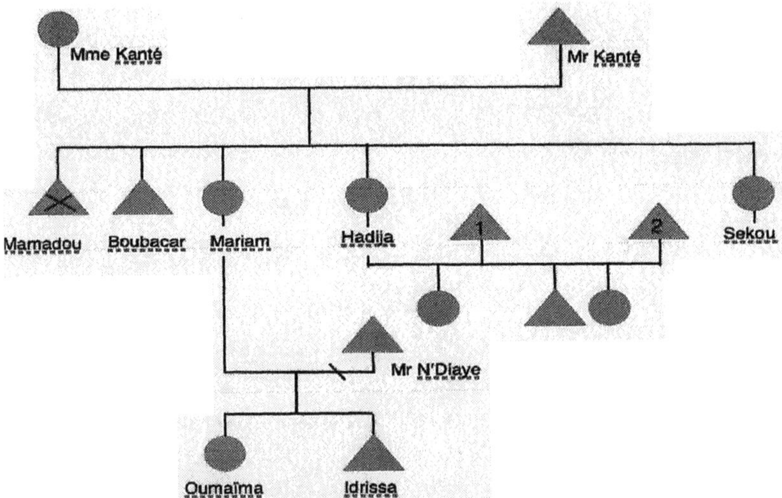

Comprendre et se faire comprendre : l'enjeu d'une rencontre

Au fil du temps s'élabore la rencontre, de façon non linéaire comme nous le verrons. Les récits et les évènements se tissent autour de deux interventions : celle de la psychologue et la mienne. Je propose ici de partager ce que nous comprenons des récits mais aussi des évènements provoqués ou non par cette femme.

Mariam est une femme extrêmement intelligente qui utilise avec brio sa pensée. Elle s'exprime avec aisance et trouve toujours le mot juste pour se faire comprendre. Elle a un abord assez abrupt qui peut dérouter ses interlocuteurs, elle peut être aussi provocatrice. Ces attitudes lui sont d'ailleurs préjudiciables dans sa vie sociale mais elle en a conscience et se laisse en fait assez peu déborder par ses émotions. Quand elle accepte l'échange, elle est souvent redoutablement pertinente. Elle met sa pensée au service de la compréhension de sa réalité, bien souvent insupportable.

L'intervention se construit

Au début de notre intervention, la priorité est donnée au travail sur la parentalité. En effet, les deux enfants sont petits et les premières observations sont alarmantes : les parents se critiquent, se contredisent devant et à propos des enfants. Les enfants paraissent profondément insécurisés par ces attitudes. Les premiers entretiens sont laborieux car Mariam refuse l'échange avec moi : elle coupe court rejetant toute la faute sur son mari. Par contre, elle demande à rencontrer la psychologue du service, qui propose des entretiens de soutien. Étant mineure, elle a beaucoup travaillé avec la psychologue du service pénal. Au cours de ces entretiens, Mariam commence à parler d'elle et s'engage dans un récit de son parcours, son récit est essentiellement centré sur la relation à la mère et sur son rapport à l'Islam. Elle est en recherche d'exploration de ce lien particulier qui la rattache à la mère maltraitante, elle revient aussi souvent sur son séjour au Sénégal.

La mesure dure plusieurs mois ainsi. Mariam se laisse apprivoiser et accepte les rencontres mère/enfants, des sorties éducatives que je lui propose... Cependant, si elle accepte de « faire » certaines choses (consulter un orthophoniste, arriver à l'heure à l'école, organiser les vacances des enfants...), elle refuse encore de réfléchir sur son rôle de mère, sa difficulté à être une mère bienveillante au regard de l'enfant maltraitée qu'elle a été...

Un tournant dans l'intervention

On peut réellement situer un basculement autour de trois moments importants de sa vie, de femme et de mère. En effet, à quelques semaines d'intervalle, elle fait pratiquer une IVG, provoque la séparation et le départ de son mari et fait une tentative de suicide médicamenteuse très sérieuse. Au cours de ces quelques semaines, elle est excessivement seule. Elle ne peut compter ni sur sa famille - sa mère lui reproche son geste -, ni sur les amies, pas en mesure de la soutenir. Elle fait alors appel à moi pour les accompagnements à l'hôpital, dans les services sociaux et judiciaires. Je note alors un tournant dans l'intervention. Mariam espace les rencontres avec la psychologue et provoque les rencontres à mon bureau.

Pendant, quelques longs entretiens, elle s'engage dans un récit, assez construit, de sa vie. Au cours de chaque entretien, elle rattache la compréhension de son histoire à des expériences premières à caractère (inter)culturel : elle ne peut pas parler de sa mère sans se souvenir de ses racines africaines, évoquer son mariage sans faire le lien avec l'islam, réfléchir sur sa position de mère sans parler de son « écartèlement » entre deux représentations du monde (l'éducation « à l'africaine » et celle « à la française »).

L'originalité de cet accompagnement se situe dans le fait que c'est toujours Mariam qui va « prendre la main » sur l'évocation de son rattachement culturel. Elle ne permet pas au travailleur social de l'entraîner sur ce terrain, c'est elle qui choisit de l'évoquer à chaque fois que cela sera pertinent dans son cheminement.

Or le nœud de la problématique de cette femme est très certainement son acharnement à prendre à bras le corps sa problématique identitaire alors même que d'autres s'obstinent à la lui substituer. Elle est dans une quête quasiment vitale dont l'objet serait de savoir qui elle est : la fille de sa mère/la mère de ses enfants, la musulmane éclairée/la victime de magie noire, l'employée/la délinquante, la femme/l'épouse... Ces questions, qui peuvent se poser à finalement beaucoup d'entre nous, s'imposent à cette femme avec violence car elle ne peut finalement se situer dans aucun champ ni culturel ni identitaire.

La fille de sa mère vs la mère de sa fille... un conflit d'identités

Mariam a une histoire très difficile avec sa mère. Elle a été beaucoup maltraitée : privations de nourriture, coups, humiliations répétées... Elle dit que son père était témoin de tout cela, mais qu'il n'a rien fait pour la protéger de sa mère. Elle ne lui en veut pas car elle met son silence sur le compte de la magie noire.

Elle s'est toujours opposée à sa mère avec véhémence, dès son plus jeune âge. Avec Mamadou, le frère aîné, elle a fait bloc contre la maltraitance maternelle, a tenu tête, sans jamais courber le dos. Elle dit que c'est en Afrique qu'elle a mesuré à quel point sa mère dysfonctionnait. Elle a appris au Sénégal l'histoire de sa mère : fille d'un père polygame dont la mère est décédée quand elle était enfant, elle a été élevée par une autre des femmes de son père. Cette organisation n'est pas conforme à la tradition et elle aurait été gravement maltraitée. Mme Kanté n'avait jamais échangé à propos de son histoire avec ses enfants, comme si la migration avait effacé la possibilité de se raconter. Il a fallu que Mariam rencontre les tantes de sa mère pour être récipendiaire de cette histoire.

Mariam nourrit beaucoup de colères à l'encontre de sa mère mais aussi beaucoup de culpabilité. Elle a souvent pensé qu'elle n'avait jamais été assez « aimable » pour sa mère. Elle a fait quelques tentatives pour la séduire (en lui confiant ses enfants par exemple) mais l'absence de changement du comportement maternel l'en dissuade toujours. A travers le suivi éducatif et le soutien psychologique, elle prend conscience que sa mère ne la considère pas comme une personne mais comme un objet dont elle cherche à disposer. Elle demande des vérifications aux travailleurs sociaux de même qu'aux « sages » de sa communauté (les sœurs de sa mère, un oncle à Paris). Elle a besoin de confronter les points de vue, comme si accepter la seule explication des « blancs » était insuffisante, au sens de manquant.

Mariam est devenue mère à l'âge de 17 ans et demi, dans des conditions particulières puisque mariée de force, dans un pays inconnu dont elle ne parlait pas la langue. Cependant, elle ne garde pas un trop mauvais souvenir de cette époque. Tout d'abord, parce qu'elle s'est sentie très entourée et soutenue par le groupe des femmes rassemblées dans cette communauté. C'est très certainement avec ces femmes qu'elle a accepté de devenir mère et qu'elle a appris à l'être. Ces femmes étaient toutes d'origine africaine. Elle a porté son enfant à l'africaine, l'a allaité jusqu'à la naissance de son deuxième enfant, l'a massé, caressé comme on fait au Sénégal...

Ensuite, elle s'est vite aperçue qu'elle avait un statut à part dans la communauté en tant que Française, ressortissante de l'Union Européenne. Elle avait même été visitée par un travailleur social de l'ambassade car les travailleurs sociaux en France avaient donné l'alerte. Elle a visiblement joué de cette « supériorité » pour ne pas se laisser manipuler par son entourage.

Ses relations avec ses enfants sont aujourd'hui très différentes. Avec sa fille, Oumaïma, Mariam projette beaucoup de choses d'elle même. Elle la couvre de cadeaux, joue avec elle... peut-être comme la petite fille qu'elle aurait tellement aimé être. Elle l'habille comme une petite adolescente provocante comme ce qu'elle a été (très peu de temps)... En même temps, elle est très exigeante avec elle et ne supporte pas, parfois, ses colères, ses caprices de petite fille. Elle lui reproche de réclamer mais établit avec elle un lien essentiellement basé sur l'échange.

Oumaïma est aussi très proche de sa grand-mère maternelle. D'ailleurs elle roule les « r » comme elle (ce que ne fait ni Mariam, ni Monsieur N'Diaye). Elle a un accent africain très prononcé. Cela insupporte Mariam qui a voulu la faire suivre par un orthophoniste. L'orthophoniste a bien sûr confirmé qu'il n'y avait pas de pathologie que c'était juste la façon de s'exprimer de cette petite fille. Elle projette aussi beaucoup d'espoir sur elle. Elle peut dire que Oumaïma est intelligente, qu'elle pourra faire ce qu'elle veut parce qu'elle n'aura pas été élevée avec les mêmes contraintes qu'elle-même.

Dans le travail autour de la parentalité, Mariam se met dans une position de recherche, elle accepte l'aide, cherche même parfois à imiter ma façon de faire avec d'ailleurs intelligence et finesse. Elle ne cache pas ses mouvements d'humeur, sa soudaine brusquerie, même si elle s'en veut après terriblement. Dans sa représentation, elle identifie la « mère africaine » comme la mauvaise mère, la mère maltraitante et la « mère française » comme la bonne mère, capable de soutien pour l'enfant. Elle est sans cesse prise dans un mouvement de balancier entre ces deux représentations de la mère. Elle ne peut pas encore de façon apaisée être l'une et l'autre à tour de rôle. Les deux ne peuvent que s'opposer et non se compléter.

C'est très questionnant pour nous autres travailleurs sociaux, surtout en France où le modèle migratoire est un modèle d'insertion dans la culture du pays d'accueil. Mariam vient nous signifier qu'il faudrait qu'elle renonce à une culture pour en accepter une autre !

La musulmane éclairée vs la victime de magie noire... un conflit cognitif

La famille de Mariam est musulmane, peu pratiquante. Elle n'a pas été élevée dans le strict respect de la tradition musulmane. Sa pratique religieuse, enfant et adolescente se réduisait à ne pas consommer de porc et à faire quelques jours de jeûne pour le ramadan. Cependant, c'est à la mosquée que Mme Kanté est mise en lien avec Monsieur N'Diaye qui « cherche une femme ».

Monsieur N'Diaye est un homme jeune (28 ans quand il rencontre Mariam). Il est ivoirien, a grandi en Côte d'Ivoire au sein d'une famille mixte : sa mère est chrétienne, son père est musulman. Certaines de ses sœurs portent des prénoms chrétiens. Il découvre l'Islam quand il émigre en Allemagne. Il est très vite séduit et se rattache au courant salafiste2. Il pratique avec ferveur un Islam très ancré dans la tradition. Il prend des positions qui déroutent les travailleurs sociaux peu habitués à ces pratiques : ne serre pas la main des femmes, mange par terre « car c'est ainsi que faisait le Prophète », interdit à sa fille de jouer à la poupée...

C'est lui qui initie Mariam à l'Islam tel qu'il le pratique. D'ailleurs, elle se convertit en Allemagne et reste reconnaissante à cet homme de lui avoir fait découvrir la religion sous cette forme qu'elle ne connaissait pas. Elle y met du sens et se revendique aujourd'hui croyante et pratiquante. Elle met en opposition sa façon de pratiquer l'Islam et la façon dont sa mère le pratique. Pour elle, sa mère ne respecte pas correctement les traditions et encore moins le sens qu'on peut y mettre. Elle lit beaucoup,

---

[2] Le salafisme est un mouvement religieux, sunnite qui revendique un retour à l'Islam des origines.

se documente sur l'Islam, les différents courants, elle aiguise son esprit critique et développe une vraie réflexion théologique.

Quand elle revient en France avec ses deux enfants, elle est vêtue de noir, porte le niqab. Elle fréquente la mosquée en France. Petit à petit, sa position change, elle évolue vers un Islam beaucoup plus modéré, avec des pratiques davantage compatibles avec la vie dans un pays laïc. Elle garde le foulard sur la tête comme seul signe visible de son appartenance religieuse. On imagine que c'est la fréquentation d'un imam plus modéré qui permet ce changement. C'est très certainement aussi la réflexion qu'elle entame sur sa façon d'être mère. Sa première victoire est d'imposer les poupées dans sa maison, pour Oumaïma. Elle a une représentation assez juste (c'est-à-dire proche de celle des travailleurs sociaux !) de la fonction maternelle et des besoins de ses enfants.

Après le départ de Monsieur N'Diaye et sa tentative de suicide, elle évoque quelque chose de son intimité qu'elle n'avait jamais révélé avant. Alors qu'elle est très déprimée, épuisée physiquement et psychiquement, elle fait part de ses doutes sur un sort que sa mère lui aurait jeté. Elle explique alors que sa mère est reconnue dans sa communauté pour jeter des sorts avec efficacité. Elle serait venue chez elle par effraction, aurait brûlé des papiers magiques avec Hadija, et aurait jeté du poison dans le plat qu'elle préparait. Mariam jette tout; ce qui inquiète et montre la force que cela peut représenter pour elle, car à cette époque, ses ressources matérielles sont au plus bas. Nous avons même des inquiétudes sur sa capacité à nourrir les enfants. Elle vit en fait de dons de ses amies. Elle évoque longuement toutes les pratiques de magie qu'elle connaît. Elle prend des précautions car « je vais passer pour folle si je vous dis cela ». Elle me demande alors si je aussi crois à la magie. Face à la réponse négative, elle répond « C'est normal, vous, les Blancs, on vous em... pas avec tout ça ». Cette phrase caractérise bien la position de Mariam qui croit sincèrement aux pratiques de magie noire, car c'est une composante de la culture africaine transmise par sa mère. En même temps, cette femme a la distance nécessaire, pour imaginer que cette croyance n'est pas universelle et que l'on peut se représenter le monde autrement.

La salariée vs délinquante... un conflit de valeurs

Quand elle revient en France, Mariam est encore suivie par le service pour jeunes majeurs (jusqu'à 21 ans). Elle y entreprend avec sérieux des démarches pour faire une remise à niveau, s'engage dans une recherche d'emploi ou de formation professionnelle. Elle a quitté l'école à 14 ans (départ au Sénégal) et a un très faible bagage scolaire.

Après plusieurs hésitations, elle se décide à accepter un poste dans une école en qualité d'AVS : aide à la vie scolaire. Elle intervient dans la classe, auprès de l'enseignante pour accompagner un enfant handicapé.

Elle n'a aucune formation pour cela mais est sensibilisée au problème du handicap par la situation de sa petite sœur. La première année se passe très bien. Elle accompagne une petite fille trisomique, elle s'entend bien avec les parents et l'enseignante qui reconnaissent ses compétences. La deuxième année, elle change d'école et se trouve dans un quartier très populaire et accompagne un enfant pakistanais. Elle se retrouve alors en très grandes difficultés et met fin prématurément à son contrat. Il y a deux choses qu'elle ne peut supporter. D'abord, elle ne supporte pas la façon dont les parents se comportent avec cet enfant handicapé. Alors que les parents de la petite fille trisomique étaient bienveillants, ceux-ci sont manquants voire maltraitants. Elle ne supporte pas cette position parentale qui la submerge et la renvoie à la petite fille qu'elle a été et à la mère qu'elle est parfois elle se met très vite en porte-à-faux avec ses collègues enseignants.

Enfin, il se trouve que l'école est située en face de la mosquée. Les enseignants font part de leurs craintes par rapport à ce qui se dit et se vit dans la mosquée, par rapport aux jeunes du quartier qui sont violents et destructeurs. Elle ne supporte pas d'entendre ces conversations dans la salle des maîtres; elle leur dit que, elle aussi, est comme ces jeunes, qu'elle comprend leur désespoir et cautionne leur façon de l'exprimer... Elle pense que d'être témoin de ces conversations la met « du côté de l'institution » ce qui lui est insupportable car elle se s'est jamais sentie de ce côté-là de la barrière. Elle imagine qu'elle cautionne un discours qui la met en décalage avec ce qu'elle pense être encore et auquel elle ne peut renoncer, sous peine de se perdre.

En effet, Mariam a vécu une adolescente « bruyante », elle a commis plusieurs actes de délinquance, même si elle n'avait été poursuivie pénalement pour cela. Quand elle revient d'Allemagne, elle retrouve quelques anciens amis, elle se tient très à distance d'eux. Elle dit d'ailleurs que son voile la protège de ses anciens démons et que c'est pour elle un signe de liberté puisque cela la protège d'une aliénation à la délinquance. Quand les relations avec son mari deviennent houleuses, elle se rapproche de ses anciennes amies. Elle change de « look » et leur ressemble de plus en plus. Elle se sent sur la corde raide car son mari ne lui sert plus de garde-fou. Elle sort avec elles, fait les magasins, mais elle est mère de famille (ses amies ne le sont pas encore). Elle se trouve assez vite en décalage avec celles-ci aussi. Leurs conversations, leurs préoccupations ne la concernent plus vraiment. Elle essaie de leur faire partager ce qu'elle vit avec ses enfants, mais elle se rend vite compte que cela ne les intéresse pas.

Mariam est partagée entre plusieurs représentations de la femme : celle de sa mère, mère au foyer, toute puissante chez elle mais inopérante à l'extérieur; celle de son mari, la femme croyante et pratiquante, dévouée à l'entretien de la maison et des enfants, celle de la jeune fille qu'elle a été : déviante et arrogante, libre de toute contrainte, au dessus des lois; celle des travailleurs sociaux : éducatrice, psychologue, auquel elle commence à vouloir ressembler (elle envie notre capacité à être mère et à travailler, à conduire, gagner de l'argent ...).

La femme vs l'épouse... un conflit d'émancipation

Le mariage arrangé et contraint avec Monsieur N'Diaye marque forcément la façon dont Madame vit et raconte sa condition d'épouse. Cependant, encore une fois, cette femme déroute. Dns les premiers récits (ceux qui sont livrés à la psychologue), elle peut dire à quel point elle est sincèrement attachée et même parfois reconnaissante à cet homme. Ce qu'elle lui reconnaît surtout, c'est de lui avoir fait découvrir la religion; en particulier, une façon de vivre sa foi que, ni sa mère, ni son père, pourtant croyants, ne lui avait transmise.

Elle reconnaît aussi que son mari est un bon père pour ses enfants. Il passe du temps à jouer avec eux, il est soucieux et bienveillant. Ce père-là est tellement différent du sien... Même au plus fort de sa colère, elle lui reconnaîtra sa qualité de père. Par la suite, elle est très opposée à sa façon de vivre l'Islam, qu'elle juge inadaptée à la vie en France, rétrograde et sectariste.

Elle bataille avec lui au sujet de l'éduation des enfants : pour qu'ils mangent à table, pour que Oumaïma puisse porter des petites robes, pour qu'Idrissa apprenne aussi à mettre le couvert... Dans son combat, elle oublie que les enfants souffrent de ses excès, de ses colères contre le père. Quand elle en fait le récit, elle ne peut, pas plus que dans l'instant présent, voir l'enfant, sa terreur devant la violence de leur relation de couple. Enfin, sa place d'épouse est particulière parce que Monsieur N'Diaye la considère comme son troisième enfant. Pour lui, son devoir est d'éduquer sa femme. Il la confine dans un statut d'infériorité ce qui est sans doute à l'origine des problèmes d'autorité de Mariam.

Quand elle prend un travail, les relations du couple se délitent. C'est maintenant elle qui ramène l'argent, elle gagne en autonomie, tant sur le plan financier que psychologique. L'annonce d'une troisième grossesse lui est insupportable et elle en décide seule l'interruption sachant que Monsieur ne partagera pas son avis. La femme prend alors le dessus sur l'épouse. D'ailleurs quelques semaines plus tard, elle provoque la séparation suite à des crises violentes sur son mari, ses biens... Elle n'est pas du tout soulagée par cette séparation. Elle est dans un état de grande agitation. Elle se rapproche de sa mère et réciproquement. En effet, Monsieur N'Diaye, après avoir fait alliance avec Madame Kanté, est maintenant en conflit avec elle. Dans ses récits (ceux de la deuxième phase, avec l'éducatrice), elle racontera que Monsieur N'Diaye en veut à

sa mère car elle n'était pas vierge au moment du mariage contre la promesse tenue. C'est suite à cela que Monsieur N'Diaye nourrirait de la rancœur contre la belle-famille même s'il n'a jamais fait part publiquement de la tromperie. C'est aussi à ce moment qu'elle livre sa croyance et sa crainte de la magie, en particulier celle de sa mère.
Elle se rend compte que son mari faisait obstacle à sa mère et surtout au lien destructeur qui les unit. Sans lui, elle se retrouve la petite fille, objet de la toute puissance maternelle. D'ailleurs, Madame Kanté organise quelques semaines après la séparation, le remariage de sa fille avec un cousin éloigné! Dans le récit qui suit la tentative de suicide, elle parle d'elle, avec beaucoup d'émotion : « C'est comme si les six ans passés n'avaient jamais existé, je peux tout oublier ». Aujourd'hui, elle n'est plus l'épouse. Elle cherche sa façon d'être au monde. Quoi qu'elle en dise, elle n'est plus tout à fait celle « d'avant le mariage ». La maternité, l'expérience de la vie l'ont fait évoluée. Elle ne veut plus travailler dans le secteur de l'aide (ni avec des enfants, ni dans le cadre des services aux personnes). Elle se fond dans la société de consommation, dépense beaucoup pour ressembler aux femmes des magazines, mise tout sur son look !

Comment recueillir les récits ?

La façon dont les récits adviennent

Qualifier le danger et gagner la confiance

J'ai exposé le cadre singulier de notre intervention, en particulier son caractère judiciaire, donc imposé aux familles. De ce fait, nombre de parents sont méfiants, voire hostiles, à notre intervention. Le début de l'intervention a donc toujours pour but de qualifier ou requalifier le danger dans lequel vivent les enfants au domicile de leurs parents, mais aussi d'apprivoiser ces parents, pour qu'une relation de confiance puisse s'instaurer. En effet, si la relation avec la famille ne se situe pas dans une reconnaissance mutuelle, le travail éducatif restera superficiel et manquera d'authenticité. Le changement attendu risque alors d'être une simple « mise en conformité » des parents plutôt qu'une remise en question en profondeur des relations éducatives. Le travail de recueil des récits ne peut donc pas se faire trop tôt. Une mesure est ordonnée pour un an, elle est renouvelable autant de fois que nécessaire. Une mesure dure entre deux et trois ans en moyenne. La prise en compte de la durée est très importante pour ne pas précipiter l'évocation du récit. Dans certaines situations, le recueil du récit, en particulier du parcours migratoire est un des objectifs du travail. Dans d'autres (comme dans le cas de la situation N'Diaye), le récit vient presque inopinément parce que c'est l'auteur du récit qui, seul, peut décider de le livrer.

Formaliser les histoires de vie

C'est ainsi qu'il est très rare de travailler avec des grilles d'analyse. Par contre, il m'arrive souvent de faire établir par le(s) parents un arbre généalogique (à la manière d'un génogramme) de leur famille où ils indiquent la nature des relations qui lient les uns et les autres (lien d'affection, de domination, de violence...). Ce support est précieux car il me permet de vérifier comment la personne se repère et se situe dans sa filiation. Il propose aussi à l'auteur du récit une matérialisation parfois utile de son histoire de vie, surtout quand elle est faite de nombre ruptures, deuils, recomposition familiale...

Dans les cas où le travailleur social ne choisit pas d'être à l'initiative du recueil des récits, il est très important que le(s) parent(s), ou encore l'adolescent reste le « maître » de l'évocation du récit.

Prendre en compte la dimension de l'espace et du temps

D'abord, il reste maître du temps. Dans le cas de Mariam, il est intéressant qu'elle ne livre pas les mêmes récits en même temps. On peut imaginer que les évènements qu'elle traverse rythment la narration des récits, imposent qu'une parole soit livrée comme un exutoire ou encore pour comprendre, c'est-à-dire donner du sens à ce qui lui arrive.

Le lieu où est délivré le récit est aussi assez caractéristique. Notre cadre de travail nous permet d'intervenir, soit au sein de notre bureau, soit au domicile, soit au cours d'activités, sorties ou accompagnements divers. Mariam va toujours utiliser le bureau pour livrer ses récits, celui de la psychologue ou le mien. Lors des visites au domicile ou des sorties mère-enfants, elle n'en vient jamais au récit, en tant que narration. Elle reste au niveau d'échanges « organisationnels » autour des enfants. Par contre, chez elle, elle me montre les signes visibles de sa pratique religieuse : tapis, horloge mais aussi livres et documents vidéo. Dans d'autres situations, c'est plutôt le lieu de l'intimité qui va encourager la narration. C'est peut-être le cas de familles plus démunies qui mettent du temps à faire confiance. Par la suite, elles peuvent être parfois excessivement proche du travailleur social qui, s'il n'y prête pas attention, peut presque être considéré comme un membre de la famille. D'autres encore, en particulier les adolescents vont apprécier les situations qui empêchent le face à face (le déplacement en voiture est très utile pour cela !). Les médiations artistiques, sportives ou culturelles sont une opportunité formidable pour « trianguler » la relation et permettre de livrer un récit sans se mettre trop en danger.

Repérer le bon interlocuteur

Enfin, le choix du récipiendaire est primordial. Habituellement, c'est le travailleur social qui est le principal interlocuteur des enfants et des parents. C'est à lui que devraient s'adresser tous les récits. Cependant, la pluridisciplinarité de l'équipe permet justement que l'auteur du récit choisisse son interlocuteur privilégié. On voit bien dans le cas de Mariam, elle confie d'abord un récit à la psychologue puis un autre à moi-même.

La psychologue est une femme d'expérience, elle a une soixantaine d'années. Je suis moi-même une femme, mère de famille, avec des enfants sensiblement du même âge que les siens. Il se joue sans doute un jeu d'identifications subtile et inconscient, tant pour les intervenants que pour cette femme. Je fais l'hypothèse que quand cette femme choisit de me rendre destinataire de son récit, (suite à la séparation avec N'Diaye), elle se situe dans une démarche d'identification à la « femme française » que je représente pour elle.

Dans d'autres situations, l'adolescent par exemple va choisir l'intervenant qui ne sera pas en relation avec ses parents (l'éducateur scolaire par exemple). Dans quelques exemples tragiques, on observe de façon récurrente que le récit de la maltraitance sexuelle ne se fait pas au travailleur social, malgré une relation nourrie. C'est souvent, dès que la mesure s'arrête que l'enfant peut livrer un récit à un enseignant, un animateur de quartier...

Le lien entre récit et évènements de la vie

On a vu que la mesure d'AEMO s'inscrit dans le temps. Les familles suivies continuent donc de vivre (!) pendant que la mesure se déroule. Or, il semble que le recueil du récit soit intimement lié à ce qu'il se vit dans la famille. Un décès, une séparation, une expulsion, une naissance, une relation extraconjugale... participent soit à empêcher ou interrompre le récit ou encore à l'encourager ou à le rendre plus authentique. Je n'ai pas fait le travail systématique qui permettrait d'établir de façon plus fine le lien entre le type d'évènements et la narration du récit. Ce pourrait être l'objet d'une étude à venir! Néanmoins, on remarque que le décès d'un ancien est presque toujours prétexte à venir raconter le récit de son histoire familiale. Les rites de deuil sont souvent sujets à l'évocation du récit à dimension interculturelle.

Une séparation ou une tromperie peuvent inviter à livrer un récit sur l'éducation reçue en matière de conjugalité, les idéaux et la manière de composer avec la réalité...

Quand les mesures sont terminées et que l'on revoit des familles dans le cadre d'échange fortuit ou informel, les parents peuvent souvent relier les évènements marquants qu'ils ont subis et la façon dont ils sont venus livrer leur récit, l'écoute qu'ils ont trouvée. Bien souvent, dans le cadre de familles isolées (c'est particulièrement le cas en Ville Nouvelle, où la famille élargie est peu présente) les travailleurs sociaux sont les premiers ou les seuls interlocuteurs.

A quoi servent les récits ?

Du point de vue de l'auteur du récit, on peut voir plusieurs intérêts. Le récit permet tout d'abord une sorte de réappropriation du parcours de vie. Cette dimension est très importante et fait partie d'un parcours de restructuration après des passages difficiles. J'ai en mémoire cette femme qui avait pu faire le récit de la naissance de sa fille mort-née à l'occasion d'un entretien à mon bureau. Elle avait raconté le caractère imprévu de cette grossesse, son acceptation, son désarroi devant la mort de l'enfant et le désespoir de son mari. Elle avait fait aussi le récit des funérailles : le choix du petit cercueil, le temps qu'il faisait, l'inconvenance des employés des pompes funèbres... Ce récit, elle le faisait pour la première fois. Ses aînés l'avaient déjà sollicitée pour raconter cette période de leur vie, mais cela lui avait été impossible. Venir le livrer à l'AEMO lui avait permis de se rendre compte qu'elle était capable de faire de ce décès un récit qui ne l'effrayait pas trop et ainsi entamer peut-être un véritable travail de deuil.

Le récit permet aussi parfois de « mettre de l'ordre » à un moment de sa vie où justement on attend du parent qu'il mette de l'ordre dans sa famille. C'est particulièrement vrai quand il y a des confusions intergénérationnelles : quand les enfants se parentifient et que les parents ne posent pas leur autorité légitimement. Pouvoir se resituer dans sa filiation à travers le récit peut aider le parent à se réapproprier son statut.

Enfin, le recueil du récit permet de valoriser au sens de donner de l'importance à des personnes dont le discours n'intéresse personne, ni à l'intérieur ni à l'extérieur de la famille. Quand le travailleur social dit aux gens : votre histoire m'intéresse, j'aimerais savoir comment c'était quand vous étiez petit en Afrique, (ou ailleurs)... il signifie à la personne que son récit est digne d'être écouté et parfois retransmis à d'autres. Bien sûr, il peut y avoir des réticences à livrer un récit. Certains vont craindre d'ouvrir la boîte de Pandore... Rares sont ceux qui restent complètement fermés à la proposition, surtout si l'intérêt est sincère et non plaqué sur une procédure systématique ou formelle du travailleur social.

Du point de vue de ceux que nous appellerons les témoins silencieux, c'est un moment fort de partage. Ce sont souvent les enfants (à partir de sept/huit ans). Nous leur proposons d'écouter le récit de leur(s) parent(s). Ce travail est très intéressant autour des récits sur le parcours migratoire. Nombre de parents n'évoquent jamais leur vie « d'avant ». En effet, ils peuvent avoir honte des raisons qui les ont poussées à migrer : extrême pauvreté, exil contraint par la communauté (faute, grave manquement aux obligations traditionnelles...). Certains parents n'aiment pas évoquer les raisons de l'exil car elles sont cruellement douloureuses (guerres, pertes d'êtres chers...). D'autres encore considèrent cette histoire comme un passé ennuyeux qui ne mérite pas d'être raconté. Les enfants sont ainsi dépossédés d'une histoire qui est aussi la leur et celle de leur descendance.

D'en écouter le récit leur permet de réintégrer cette histoire, de mieux comprendre les exigences, les craintes de leurs parents, à cause de l'écart qu'ils sont constamment obligés de faire entre culture d'origine et culture du pays d'accueil.

Le travail autour du récit, en famille, est parfois le seul levier fédérateur pour enclencher un travail familial. C'est par exemple le cas de situations de maltraitance physiques graves. Parler de la maltraitance est insupportable, car c'est ce qui divise... Évoquer la culture ou la tradition familiale encourage à échanger autour de ce qui rassemble.

En guise de conclusion

Le travail de recueil de récit n'est jamais, pour moi, un moment ennuyeux. Au contraire, ce sont toujours des moments intenses, toujours très différents. Si on retrouve des trames, des répétitions dans les histoires de vie, le récit est toujours tellement incarné par son auteur qu'il est à chaque fois unique.

Les récits sont souvent émouvants. Parfois, ils nous bouleversent, dans ce cas, nous avons tous nos petits trucs : certains arrêtent de prendre des notes et d'autres se jettent sur le papier! Ils nous touchent différemment, que l'on soit homme ou femme, jeune ou moins jeune, expérimenté ou pas. C'est pourquoi, il peut être intéressant de travailler à deux intervenants autour du recueil de récit. Cela permet, pendant l'entretien de relancer différemment l'évocation du récit et de croiser les interprétations et les analyses du récit.

L'expérience nous apprend que ces temps de récits ne sont jamais inutiles même s'ils ne font pas, par exemple à chaque fois l'objet d'un compte-rendu au magistrat. S'ils ont toujours une fonction tant pour les auteurs, que pour les témoins silencieux, ils ont aussi une fonction pour la professionnelle que je suis. Les récits, la façon qu'ils ont d'être structurés ou confus, spontanés ou encouragés, authentiques ou standardisés me donnent des indications sur différents niveaux. Par exemple, je peux évaluer les capacités d'élaboration d'un parent, sa capacité (et son désir) à s'engager dans une démarche réflexive autour de sa façon d'être parent, d'avoir renoncé à son statut d'enfant (c'est le cas chez Mariam). Je peux aussi évaluer le niveau de la confiance que l'auteur est prêt à m'accorder et la confiance qu'il se témoigne à lui-même. Je peux aussi situer son niveau d'engagement dans le travail éducatif. Enfin, les récits me permettent d'évaluer le danger dans lequel vit l'enfant. C'est une dimension fondamentale de mon travail. Je fais ainsi l'hypothèse que l'enfant dont le parent peut être dans une démarche de narration, donc de prise de distance par rapport à l'enfant qu'il a été, est un enfant moins en danger qu'un autre.

Par contre, le corollaire n'est pas vrai. C'est-à-dire qu'il faut toujours rester vigilant, ne pas avoir comme seul indicatif le récit de vie, mais aussi d'autres indicateurs (capacité de l'enfant à se projeter, à faire confiance à l'adulte, appétence pour les apprentissages, pour aller vers l'extérieur…). En effet, il m'est arrivé d'être leurrée par un parcours de vie particulièrement touchant ou par une personnalité « trop capable de récit »…

C'est aussi pour cela, que je ne recherche pas forcément à recueillir un récit « véridique ». Je ne suis pas dans une démarche d'enquête, mais bien dans une action éducative à mettre en œuvre. Par contre, il m'importe toujours de recueillir l'adhésion à la démarche de récit et une certaine authenticité dans cette adhésion. Ainsi, un récit sincèrement faux ou incomplet remplit très bien ses fonctions !

Quatrième partie
Le récit de vie comme espace de fiction de soi

La place du monde occidental dans l'imaginaire roumain de la mobilité : récits-témoignages de voyage

Monica SALVAN

Prenant ses racines dans l'univers cloisonné du totalitarisme communiste, la mobilité roumaine telle qu'elle se manifeste aujourd'hui encore, presque vingt ans après l'effondrement du système, ne peut pas faire table rase de cette référence originaire. En 2001 est paru sous le titre *L'expérience étrangère* un ouvrage rassemblant seize témoignages d'universitaires, chercheurs, écrivains, journalistes qui évoquent leurs premiers périples en Europe de l'Ouest, aux Etats-Unis et au Japon pendant la décennie qui a suivi la chute du communisme. Le sujet abordé reflète l'importance croissante de cette mobilité toute nouvelle dans les milieux universitaires roumains. Il s'agit cependant bien plus que de récits ponctuels de voyage : la rencontre avec un Occident longtemps inaccessible est perçue comme une étape importante, voire comme une véritable rupture dans des parcours de vie qui s'organisent en un « avant » et un « après », en fonction de ce voyage à l'étranger vécu parfois comme une renaissance. Le recueil auquel nous nous intéressons tente de mettre à distance, à travers la réflexion et l'analyse, des expériences d'une grande intensité. L'unité thématique du volume permet d'identifier quelques lignes de force qui traversent le regard porté par les Roumains sur l'Occident et d'appréhender la façon dont l'imaginaire roumain de la mobilité, ainsi que l'imaginaire social en général[1], se sont structurés autour de la fascination suscitée par ce monde si lointain pendant les années de la dictature communiste.

A partir de ces récits, nous allons esquisser dans ces pages une sorte de « carte »[2] de l'imaginaire roumain de la mobilité, en évoquant le rôle

1 Ce recueil et l'analyse qu'il nous inspire mettent en lumière un imaginaire pro occidental qui représente le courant dominant de pensée en Roumanie. Les témoignages viennent corroborer un désir d'ouverture culturelle et économique largement partagé dans la société roumaine, qui donne par ailleurs lieu à une migration de travail en constante augmentation.

2 « ... l'imaginaire est la carte avec laquelle nous lisons le cosmos » ; « nous savons maintenant que le "réel" est une notion insaisissable, et que nous n'en connaissons que

qu'elle joue dans les évolutions individuelles et collectives après 1989[3]

Les conditions d'apparition d'un imaginaire sur l'Occident.

Arrêtons-nous tout d'abord sur les conditions qui ont fait émerger en Roumanie un imaginaire très actif sur cet « au-delà » qu'a été l'Occident pendant presque cinquante ans.

Dans son ouvrage intitulé *Europe : l'Utopie et le chaos*, Catherine Durandin évoque la croyance des intellectuels roumains en l'irréversibilité du communisme (Durandin 2005 : 14). Le mémorialiste Ion Vianu, qui a dû quitter la Roumanie en 1977 après s'être impliqué dans un mouvement dissident, décrit ainsi le manque d'espoir qui dominait la configuration politique de l'époque :

> « En ce qui concerne l'exil roumain, je pense que la plupart d'entre nous vivaient (tout du moins jusqu'en 1988) avec la conviction que nous ne pourrions jamais retourner au pays. Celui-ci se transformait en un fantasme, en une entité définitivement perdue. Nous nous comparions à d'autres réfugiés, les Latino-américains par exemple. Ils vivaient dans une sorte de camping, les bagages bouclés, prêts à rentrer chez eux. Nous, en revanche, nous étions installés à tout jamais. (...) La croyance en l'éternité du communisme, le manque de confiance dans l'imagination de l'Histoire a été le péché originel qui a poussé certains à collaborer, d'autres à quitter le combat ou à le transférer à l'étranger » (Petreu 2006 : 82)[4]

On comprend qu'une telle absence de perspectives ait conditionné les parcours de vie. Un écrivain hanté par sa condition d'exilé, Vintila Horia note avec insistance dans son *Journal d'un paysan du Danube* son errance et son déracinement : « Je pense aux miens qui sont loin, qu'il m'est interdit de revoir, après vingt ans d'absence. Cet empêchement voulu, devenu le style d'un Etat, est un crime, un des plus typiques de ce siècle civilisé » (Horia 1966). La violence de cette fracture politique qui détruit jusqu'aux liens avec les proches est aussi le thème du roman *Tout espoir sera puni*, œuvre autobiographique de Ben Corlaciu, écrivain roumain qui a demandé l'asile politique en France en 1975. Publication posthume (en 1984, alors que l'auteur meurt en 1981), le roman raconte l'enfer du combat mené par l'écrivain en 1976 pour que sa femme et ses enfants soient autorisés à le rejoindre. Les autorités roumaines finiront par céder devant la démarche de Corlaciu, relayée amplement par la presse

---

des représentations, à travers des systèmes qui sont toujours symboliques. » (Thomas 1998 :16)

3 Cette analyse est le point de départ de la réflexion que nous développons dans notre thèse de doctorat intitulée « La mobilité des Roumains en Europe après 1989 : pour une approche didactique des interactions identitaires ».

4 La traduction des extraits d'ouvrages parus en roumain nous appartient (M. S.).

française. Voici un commentaire éclairant signé Eugène Ionesco, paru à l'époque dans *Le Quotidien de Paris* sous le titre « A propos d'une grève de la faim » :

> Maintenant, on refuse la sortie de la famille de Bénédict Corlaciu en arguant que celui-ci aurait des dettes vis-à-vis de l'Etat roumain. Cela voudrait-il dire que l'on garde en otage une épouse et deux enfants, contre quelques sous? Même cela est faux car, selon des informations de bonne source, Bénédict Corlaciu aurait reçu un à-valoir pour un roman. Ce n'est pas la faute de Bénédict Corlaciu si l'Etat roumain ne veut pas publier les œuvres des écrivains qui veulent s'installer à l'étranger. En outre, le prétexte de la rançon est, évidemment pour nous autres, odieux libéraux, inadmissible. (Manolescu 2003 : 195).

Il est facile d'envisager que l'interdiction qui pesait sur la mobilité avait fait naître un intérêt inassouvi pour ce monde difficilement accessible. On peut prendre la mesure de l'attraction que l'Occident exerce sur les esprits dans une blague où Bula, personnage récurrent de l'humour politique, doit envisager ce qu'il ferait si la Roumanie ouvrait ses frontières à l'Ouest. Bula répond : « Je m'accrocherais à un arbre pour ne pas être emporté par le flot humain. »

L'expérience à l'étranger ou le retour réflexif sur soi.

L'ouvrage *L'expérience étrangère* est une occasion pour les auteurs d'affirmer la subjectivité et l'unicité de leur expérience. Les articles s'intitulent « Mon voyage », « Moi et l'Espagne », « Ma robinsonnade »; « Le Japon : kaléidoscope introspectif », « Journal suisse », « Ma France » (titre en français), « L'Amérique sans professeur » etc., autant de façons d'insister sur une mise en relation des représentations individuelles avec la terre rêvée, autrefois interdite[5]. Ioana Bot[6], l'un des auteurs de ce recueil, précise dans le texte qui précède les extraits de son *Journal suisse* qu'il s'agira d'une « confrontation d'images », dont certaines puisent leur source dans l'imaginaire nourri par l'isolement de l'époque communiste. Le caractère inaccessible de l'étranger, écrit-elle, « ne m'avait pas empêché d'imaginer ce que l'on pouvait trouver "de l'autre côté" ». Empruntant de façon récurrente le regard d'une *Alice au pays des merveilles,* la narratrice met son *Journal* sous le signe du décalage et du jeu avec le réel : « Je vis d'un bout à l'autre de mon visa, je regarde avec des yeux d'Alice le

---

5 Stefan Borbely mentionne le refus de certaines personnes contactées à témoigner de leur expérience dans des villes du camp ex-communistes, dont Moscou: la croyance qu'un tel stage intellectuel « déclasserait » de nos jours (préface, p. 8) montre un fonctionnement dichotomique de l'imaginaire roumain de l'étranger encore fortement conditionné par l'époque communiste.

6 Née en 1964, Ioana Bot est maître de conférences à la Faculté des Lettres de l'Université de Cluj.

spectacle du monde » (Borbely 2001 : 183 et 199). Dans un texte intitulé « L'Amérique sans professeur », Liviu Bleoca[7] met en garde le lecteur contre l'illusion du réel :

> « Et d'ailleurs qui pourrait garantir que ces pages sur l'Amérique parlent réellement de l'Amérique et non pas de leur auteur? (...) Ce serait plus honnête de dire que le lecteur découvrira les deux au cours du même voyage. » (*ibid.* : 252)

A moins que « l'intellectuel errant qui quitte les limites étroites d'une patrie opprimée » ne parte « à la recherche d'une réalité qui n'existe pas[8]. » Cependant, malgré cette subjectivité assumée ou revendiquée, le projet d'ensemble de l'ouvrage relève d'une volonté d'agir sur le réel. Dans son introduction, Stefan Borbely, le coordonnateur du livre, parle d'un défi particulier : faire en sorte que les témoignages concrets prennent le pas sur un savoir tout fait sur l'Occident.

> « Ce livre est né d'un sourire. Après chaque visite à l'étranger, lorsqu'on me posait la question : *Comment était-ce?,* je découvrais amusé que mes interlocuteurs n'étaient pas réellement intéressés par la réalité, mais plutôt par la confirmation ou l'infirmation de leurs propres stéréotypes ». (*ibid.* : 7)

Invités à parler non seulement du choc culturel provoqué par l'étranger, mais aussi du choc culturel du retour, les auteurs s'installent tout naturellement dans un va-et-vient intellectuel et affectif entre le pays d'origine et le pays d'accueil. Le second se présente souvent comme un détour réflexif à partir duquel on s'évertue à faire évoluer les mentalités et les pratiques du premier. Les lecteurs roumains sont invités donc à « vivre » l'expérience de l'étranger de manière active, l'ambition de ce livre étant d' « inciter au dialogue ».

Pistes d'analyse du rôle de l'Occident dans l'imaginaire roumain.

Pour déchiffrer la vision du monde qui sous-tend ces témoignages nous avons eu recours au modèle d'analyse proposé par l'historien roumain Lucian Boia dans son ouvrage *Pour une histoire de l'imaginaire*. Selon cet auteur, l'imaginaire se manifeste à travers un nombre limité de cadres dont le contenu en perpétuelle évolution s'ajuste et se synchronise avec le monde[9]. Huit structures archétypales organiseraient l'imaginaire historique

---

7 Liviu Bleoca est né en 1958. Il a abandonné une carrière dans la diplomatie et exerce le métier de traducteur.

8 Né en 1966, Silviu Lupascu est écrivain et traducteur. Son texte s'intitule « Néo-bonjourisme et gauchozaures... » (*ibid.* : 204).

9 En proposant des structures à contenu évolutif, Boia entend dépasser la confrontation entre la vision statique de l'imaginaire selon Gilbert Durand et la vision dynamique de

« la conscience d'une réalité transcendante »; la conviction que le corps matériel de l'être humain est doublé par un élément indépendant et immatériel (« Le "double", la mort et l'au-delà »); l'altérité allant de la différence minime à l'altérité radicale; le principe de l'Unité; l'actualisation des origines; le déchiffrement de l'avenir; l'évasion comme « conséquence du refus de la condition humaine et de l'histoire »; la lutte (et complémentarité) des contraires (Boia 1998 : 30-35)

Chacun de ces cadres peut trouver une assez riche illustration dans le recueil *L'Expérience étrangère*. Quelques ensembles s'imposent cependant car ils amènent au premier plan un système d'oppositions signifiantes pour le discours que la société roumaine tient sur elle-même.

Ainsi, l'Occident est le monde compensatoire qui rend possible l'évasion, imaginaire ou réelle, d'un univers pesant. Dans le langage riche en euphémismes forgé sous le communisme, l'étranger est désigné tout simplement par le mot « dincolo », ce qui veut dire « au-delà », « de l'autre côté ». Ce monde occidental parfait, voire paradisiaque s'oppose en tout point à « l'enfer » (hérité) de la société totalitaire. Son altérité se prolonge de façon plus pragmatique dans la croyance en une société à fonctionnement exemplaire (aux plans social, politique, technologique...), tandis que le lot quotidien des Roumains seraient les dysfonctionnements. Enfin, le monde occidental se présente comme le lieu qui met à distance les apprentissages de la socialisation d'origine (mort symbolique) et rend ainsi possible la renaissance dans le nouveau monde.

L'imaginaire de l'Occident en oppositions

On retrouve donc le désir d'évasion, la conscience d'une réalité « transcendante » (avec sa version de perfection matérielle) et le symbolisme de la mort derrière une série d'oppositions dynamiques : liberté/enfermement, paradis/enfer, mécanisme parfait/mécanisme déréglé, renaissance/mort. Même si les représentations constituées avant la chute du régime communiste s'avèrent durables, certaines d'entre elles perdent ou gagnent en force selon qu'on se situe avant ou après 1989 - une autre opposition fondamentale dans l'imaginaire roumain.

Liberté/enfermement

Revenons donc aux témoignages de *L'Expérience étrangère* et à cette société qui s'ouvre vers le reste du monde. Les déplacements à l'étranger sont « un rêve accompli, le poumon qui me donne un bol d'air », dans la vision d'Ovidiu Pecican[10]. Nombreux sont les auteurs qui n'oublient pas de rappeler leur caractère exceptionnel, tout en ironisant parfois sur cet

---

Jacques Le Goff.

10 « Mon voyage » (Borbely 2001 : 53). Né en 1959, Ovidiu Pecican est maître de conférences à la Faculté d'Etudes Européennes de l'Université Babes-Bolyai de Cluj.

héritage de la société totalitaire :

« Une des leçons bien apprises sous le communisme (et que malheureusement j'ai peu de chances d'oublier) – écrit Mariana Net[11] et son « savoir » semble efficace car il peut être délivré sous forme de maxime - est que, pour ce qui est des voyages à l'étranger (...) toute occasion sera vraisemblablement aussi la dernière. » (« Le Purgatoire perdu », in Borbely 2001 : 217 – 218).

Ayant donc la possibilité de choisir le moment de son départ pour un stage de recherche à Mannheim en Allemagne, la boursière agit dans la précipitation; car « la mentalité communiste est chose étonnante et, même en empruntant les meilleurs chevaux du monde, on ne la devance pas facilement. », explique-t-elle sur le même ton sentencieux qui donne à son texte des allures de conte. Voici un autre témoignage qui inscrit le voyage en Occident sous le double signe de l'urgence et de l'extraordinaire : « La bourse fédérale suisse représentait ma première sortie à l'étranger, accomplie non seulement avec le sentiment qu'il pourrait être "trop tard" mais aussi avec l'étonnement infini qu'une telle chose m'arrive, tout de même, à moi » (Ioana Bot, *ibid.* : 183).

Les anciens conditionnements surgissent également sous des formes inquiétantes. Doctorante à l'Université de Zurich en 1994 – 1995, Ioana Bot note dans son journal[12] une crise d'angoisse survenue suite à un coup de fil inattendu et un peu trop protocolaire: « Je ne sais pas exactement de quoi j'ai peur, c'est peut-être juste le sentiment indéfini qu'"ils sont là", qu'être à l'étranger est une illégalité répréhensible, tôt ou tard » (Bot 2004 : 151). Les réflexes inculqués pendant la période communiste continuent à agir lorsque les temps changent.

Le changement de paradigme dont parle la sociologue Dana Diminescu (2006) - « hier, émigrer et couper les racines; aujourd'hui, circuler et garder le contact » - n'a pas encore de visibilité dans la première décennie après la chute des communistes. La réalité devance les schémas de pensée hérités d'un monde cloisonné; le rapport au pays d'origine est conçu à travers des options douloureuses: rester ou partir. La circulation migratoire est encore perçue comme une démarche exceptionnelle.

« A une époque où beaucoup de gens actifs de ma génération – tout comme ceux des générations précédentes ou suivantes – dépensent leurs énergies à bâtir des plans d'évasion définitive dans les pays plus prospères et plus stables politiquement de l'Occident, je me découvre, moi, la vocation du retour » (Ovidiu Pecican, in Borbely 2001: 53).

---

11 Née en 1956. Chercheur à L'institut de linguistique de Bucarest.

12 Le recueil *L'Expérience étrangère* contient un court extrait de ce *Journal*, correspondant au dernier mois du séjour à Zurich (juin 2005).

Le paradis et l'enfer

Comment l'Occident a-t-il fini par prendre dans l'imaginaire roumain les allures d'un paradis terrestre? Nous avons déjà évoqué son rôle de contre-mythe, s'opposant, voire se substituant à celui que véhiculait le régime totalitaire bâti sur l'idée de l'avènement de « l'homme nouveau » dans un « avenir radieux ». Le bonheur était possible, il était d'ailleurs déjà sur terre – c'est ce que laissait entendre également la propagande occidentale via les postes de radio comme Free Europe – et seul le démembrement du monde en deux camps ennemis le rendait inaccessible.

La coupure spatiale s'avérait cependant aussi forte qu'une coupure temporelle. Non seulement le scénario d'un voyage à l'étranger était proche de la fiction pendant la période communiste – ce qui nous ramène au rêve d'évasion précédemment évoqué - mais a fortiori l'accès libre à ce monde tant désiré, une sorte d' « avènement » de l'Occident, relève de la prophétie. L'écrivain Silviu Lupascu ironise sur le décalage entre la vie pénible d'un étudiant sous le communisme et les mirages de l'Europe.

> « Si un vrai prophète ou un simple devin avait prédit pendant les années de grâce 1986 – 1988 à un étudiant qui grelottait les nuits d'hiver sous des couvertures usées dans une misérable chambre de cité universitaire et qui maigrissait de dix kilos par semestre en mastiquant l'irrationnel quotidien[13] (...) si on lui avait donc prédit que dans seulement quatre ou sept ou dix ans apocalyptiques il marcherait, en sensuel pèlerinage, sur le pavé de l'Université d'Oxford, de Yale, de Paris-Sorbonne, l'étudiant en question *salvator salvatus* en aurait voulu, assurément, à l'importun messager d'un espoir perturbateur » (*Ibid.* : 203).

Même s'ils subissent des distorsions par un travail de contextualisation ironique, des mots comme « paradis », « enfer », « purgatoire », gardent en eux toute la puissance de l'imaginaire collectif qui les a investis de leur signification initiale. On parle d'un séjour aux Etats-Unis comme de « neuf mois de paradis et de liberté ». Cette vision est tellement forte que le terme surgit ironiquement comme une consolation possible lorsqu'il s'agit d'évoquer une situation dramatique. L'avion qui traverse l'Atlantique descend en zigzaguant pour un atterrissage « technique » en Irlande: « J'avais vu le paradis, j'y avais habité pendant neuf mois – valait-il peut-être mieux mourir avant de retourner en enfer? » (Stefan Borbely[14], « Bref excursus de mélancolie contrastive », *ibid.* : 267 et 269). Pour un autre auteur, Mariana Net, le temps passé en Allemagne aurait pu être « une

---

13 Allusion au discours pseudo scientifique du régime totalitaire sur le bien fondé de la « ration quotidienne » de nourriture

14 Stefan Borbely, le coordinateur de ce volume, est né en 1953. Il est aujourd'hui maître de conférences à la Faculté de Lettres de l'Université de Cluj.

sorte de paradis », mais, faute d'avoir pu voyager selon ses envies, elle préfère parler de « purgatoire » (*ibid.* : 228). Ces termes issus de l'imaginaire chrétien coexistent avec le mythe du progrès, qui nous amène à une autre fonction de l'Occident dans l'imaginaire roumain.

Mécanisme parfait/mécanisme déréglé

La société occidentale se doit d'être une société parfaite, dans laquelle les hommes ont trouvé un modèle d'organisation à la fois efficace et respectueux de chacun de ses membres. En ce sens, l'Occident des Roumains est proche de l'utopie: « Comme dans le rêve déiste de l'horloger divin, l'Occident semblait permettre à chaque rouage dont il était composé de fonctionner de manière efficace, digne et indispensable à l'ensemble » (H.-R. Patapievici[15], « Deux allers et un retour », *ibid.* : 30). Et probablement la foi en la raison qui gouverne le monde occidental fait que même l'utopie du panoptique universel, solution envisagée par le philosophe utilitariste Bentham pour surveiller ceux qui désobéissent au système – utopie presque réalisée par les régimes totalitaires communistes – s'acclimate et prend des airs inoffensifs si on la place en Amérique, dans une « posthistoire » qui garantit « le bonheur sans suspens », où « l'être humain est à la fois dieu et rien » car « il n'existe que dans l'immense réseau auquel chacun participe » (Mircea Boari[16], « Trans-historiques », *ibid.* : 165 – 166).

La croyance en un monde parfaitement réglé a un rôle compensatoire face à une société roumaine aux rythmes aléatoires, pas toujours adaptés à la modernité, et à laquelle on voudrait offrir des modèles. D'où un certain étonnement devant d'éventuels dysfonctionnements. Ainsi, lorsqu'un des voyageurs rate sa correspondance à la gare de Stuttgart, il se sent tout d'abord le protagoniste d'une situation exceptionnelle, « secrètement satisfait » de voir qu'« il arrive que les trains express soient en retard même en Allemagne ». Dans un deuxième temps, apprenant qu'il s'agit de sa propre erreur (« dans mon imagination de Roumain qui n'avait jamais quitté son pays il n'y avait pas eu de place pour l'idée que les gares peuvent avoir des quais des deux côtés du bâtiment principal »), l'auteur du récit, Oviciu Pecican, ne semble pas mécontent de pouvoir garder sa confiance dans la perfection du modèle occidental, repère et leçon pour le monde d'origine: « Par bonheur, les trains se succédaient (...) à des intervalles d'une heure - encore une chose inimaginable chez nous » (*ibid.* : p. 47).

On réagit avec contrariété et humour lorsque la réalité ne se plie pas

---

15 Né en 1957, H.-R. Patapievici est essayiste, physicien, philosophe. Depuis 2005 il est le directeur de l'Institut Culturel Roumain de Bucarest.

16 Né en 1963. Mircea Boari est docteur en philosophie et sciences politiques et traducteur.

aux représentations: « Je découvre affolée des poubelles déposées n'importe où. C'est incroyable. Cela ne colle pas avec mes attentes », écrit Cristina Dobrota[17], et elle ajoute: « Je ressens une certaine frustration parce que les choses ne sont pas comme je les avais imaginées. Puis je m'en veux pour ce défaut d'imagination » (« Le Japon – kaléidoscope introspectif », *ibid.* : 104 – 105). Il nous semble cependant que le réel est la plupart du temps « coopérant ». Nous formulons l'hypothèse qu'il est convoqué (tout du moins dans un premier temps) pour confirmer les attentes des premiers voyageurs sur l'Occident, pour répondre à la configuration de la carte imaginaire à travers laquelle ils interrogent le monde.

Mort/Renaissance

L'interdiction de voyager avant 1989 apparaît comme un manque majeur dans la construction psychique de l'individu qu'on a empêché de se réaliser pleinement et d'explorer ses potentialités. Un auteur pointe cette mutilation : « Une expédition à l'étranger est une occasion de vivre. De vivre pour de bon, je veux dire. Nous avons attendu, nous avons vécu par procuration, en remettant cela au compte de l'avenir. (...) La question n'était pas de savoir si la vie est plus facile là-bas. Il s'agissait tout simplement de vivre ou de ne pas vivre » (Ovidiu Pecican, *ibid.* : 46-47) [18]

Après 1989 l'altérité fondamentale de l'Occident semble apparaître comme une solution de purification et de renouveau au plan individuel et collectif. Se rendre dans un pays occidental équivaut au refus de s'enliser dans les mentalités du passé pour amorcer une si nécessaire ouverture vers les autres. Dans sa préface à *L'Expérience étrangère*, Stefan Borbely formule le vœu que cette ouverture ait lieu dans les milieux universitaires roumains – sans oublier de mentionner avec admiration l'engouement des plus jeunes pour ce genre de formation :

> « Le présent livre ne fétichise pas *les départs*, mais affirme avec force une chose évidente : à l'exception des travaux qui concernent exclusivement la culture roumaine, on ne peut pas faire une carrière académique sérieuse sans – disons – *une sortie* d'un mois ou deux par an » (*ibid.* : 10).

Dans le témoignage qui ouvre le recueil, la poète Magda Cârneci[19]

---

17 Née en 1961, Cristina Dobrota est chercheur en biologie. Elle évoque son stage à l'Institut de recherches spatiales de Tokyo.

18 L'auteur ajoute : « Et pour beaucoup de Roumains la question continue à se poser de cette manière. » Cela motiverait donc les nombreux candidats au départ. Parmi d'autres témoignages, ce recueil vient répondre à un besoin des Roumains de découvrir le monde contemporain, de pouvoir confronter leurs représentations au réel.

19 Magda Cârneci est née en 1956. Poète. Doctorat en Histoire de l'art à l'EHESS, Paris. Elle est actuellement directrice de l'Institut culturel roumain de Paris.

propose une vision radicale du séjour à l'étranger comme « épreuve initiatique » indispensable au devenir de l'être humain, lequel fait ainsi l'expérience de sa « mort intérieure » avant de renaître. « Si vous n'avez vécu de près aucun vrai drame – maladie, mort, échec – qui vous projettent violemment hors des trajets de votre vie confortable, familière, qui vous bousculent des automatismes de votre vie (...) alors cherchez à tout prix à passer un temps en "enfer", dans "l'enfer" de l'étranger. » Même « la civilisation et l'aisance matérielles » sont sources de violence symbolique, de « commotion », d' « humiliation » (« Le voyage d'études comme expérience d'un certain exil », *ibid.* : 23, 22, 12, 13).

Dans une acception moins radicale - le voyage vous porte « loin de vous-même » (Mircea Boari, *ibid.* : 157), il permet de « redéfinir sa propre personne » (Cristina Dobrota, *ibid.* : 131); il est un « choc électrique », « L'Amérique a changé (...) radicalement ma façon d'être et de penser » (Andreea Deciu[20], « Ma robinsonnade », *ibid.* : 74, 76) - cette possibilité de métamorphose garde tout de même sa part de violence symbolique. « L'Amérique est l'endroit où des millions d'immigrés sont arrivés pour se réinventer eux-mêmes », écrit Andrei Codrescu[21], qui place son récit d'exilé sous le signe de la mort: la première phrase en anglais, concoctée avec un ami en attente du visa à l'ambassade des USA à Rome, aurait été: « Pourquoi ne te suicides-tu pas? » (« Addenda », *ibid.* : 178).

On peut supposer que la transformation intérieure ainsi évoquée va dans le sens d'une mise à mort du passé totalitaire en chacun grâce au voyage à l'étranger. Un épisode raconté dans ce volume montre que l'obsession du changement peut s'exprimer sous des formes d'un «pessimisme macabre». Ayant assisté à un séminaire de l'Ecole Normale Supérieure consacré aux « Europes » de l'Est, Cristian Preda[22] vit avec l'auditoire « le choc » du « verdict » donné par Hélène Carrière d'Encausse lors de son intervention sur la Russie : « La Russie n'allait changer qu'après la mort des générations qui avaient actuellement plus de quarante ans; la solution de la crise n'était pas économique ou philosophique, mais biologique! Les protestations des Russes ont transformé la salle en une sorte de stade » (« Ma France », titre original en français, *ibid.* : 247). La reconstruction individuelle à travers l'expérience du voyage à l'étranger a

---

20 Née en 1970, Andrea Deciu est docteur en philosophie, assistante à la Faculté de Lettres de l'Université de Bucarest.

21 Né en 1946, exilé en 1966 aux Etats-Unis, Andrei Codrescu est universitaire et journaliste. Son texte a un statut particulier dans ce volume car il s'inscrit comme un prolongement de la réflexion proposée par Mircea Boari.

22 Né en 1966. Docteur en sciences politiques à l'EHESS, Paris. Il a été conseiller du président de la Roumanie, Emil Constantinescu. Le coordonnateur du recueil *L'Expérience étrangère* précise dans la préface que cet auteur était, au moment de la parution de l'ouvrage, le seul qui avait exercé une fonction à responsabilité publique.

le mérite d'accorder à l'être humain une place d'acteur de sa propre vie, avec les retombées bénéfiques que cela peut avoir sur l'ensemble du groupe.

Quel principe unificateur?

En fonction des auteurs, les solutions pour le dépassement du jeu de l'altérité prennent le détour de la philosophie, voire de la science fiction. La lassitude des différences peut donner naissance à la vision d'un individu postmoderne, post historique, « sans altérité ». Son avènement serait déjà à l'œuvre dans la société américaine. D'où l'idée que « tout homme est en quelque sorte un Américain » et qu' « il faut probablement être Roumain, c'est-à-dire avoir une identité fragile et récente, avoir été enfermé dans l'obscurité et le froid de la dictature la plus primitive de l'histoire européenne moderne (...) pour comprendre cela » (Mircea Boari, *ibid.* : 170, 167).

Dans une vision humaniste, la vie à l'étranger donnerait lieu à la transfiguration intérieure de l'être humain suite au travail que celui-ci a accompli sur lui-même. L'individu qui a eu la possibilité d'édifier « harmonieusement et librement son édifice intérieur », de « se libérer des limites et fanatismes locaux » pourra dire, comme Mircea Eliade : « Je ne suis plus Roumain, car je suis avant tout un être humain... »[23] La mission de ces « apatrides planétaires » serait de trouver la solution pour que le monde moderne, actuellement « sans limites mais également sans cohérence, multiculturel, mais sans l'expérience intérieure de l'assimilation organique de sa propre richesse », puisse « être conscient de ses chances et de ses périls pour se survivre » (Magda Cârneci, *ibid.* : 26). Les propositions philosophiques sont néanmoins plutôt rares : l'urgence concerne dans un premier temps le pragmatisme quotidien, la restructuration de la vision du monde, nécessaires pour la survie dans le monde moderne.

Le mythe de l'Occident et la force corrosive du quotidien

Dans la série d'oppositions qui font de l'Occident tout ce que la société roumaine n'est pas et qu'elle souhaiterait être, on constate assez aisément que l'altérité est mise au service d'un discours critique. L'Occident a la légitimité du Centre au nom duquel on peut se remettre en cause. « L'Autre réel n'est qu'un prétexte ou un alibi qui cache le jeu de l'imagination. Des deux acteurs impliqués dans la dialectique de l'autre, celui qui commande, contrairement aux apparences, n'est pas celui de qui l'on parle (et qui très souvent se reconnaîtrait à peine, affublé sous des

---

[23] Un tel parcours humaniste devient encore plus significatif lorsqu'on pense aux tentations nationalistes auxquelles a pu succomber Mircea Eliade – voir Alexandra Laignel-Lavastine, *Cioran, Eliade, Ionesco, L'oubli du fascisme*, P.U.F., 2002.

habits qui ne sont pas les siens) mais celui qui tient le discours et qui trouve dans l'autre un moyen de nourrir ses fantasmes et ses projets » (Boia 1998 : 114).

L'altérité comme tribune

L'Occident est souvent un moyen d'alerter sur le retard pris par la société roumaine sur le chemin de la modernité. Cela donne une sorte de vertige temporel: les voyageurs roumains « se découvrent des instincts de primitif déplacé sans crier gare dans une époque future » (Magda Cârneci, *ibid.* : 13). Le voyage entre la Roumanie et l'Amérique « équivaut au passage de l'histoire vers la posthistoire – une sorte de saut temporel, un glissement vertigineux dans la longue durée... » (Mircea Boari, *ibid.* 171).

On « butte » sur l'Occident pour se retourner sur sa propre culture, pour pointer ses insuffisances : « Périodiquement, le contact des intellectuels roumains avec l'Occident a donné naissance à des réactions de négation violente de la culture pratiquée en Roumanie. », écrit Corin Braga[24], sans souhaiter perpétuer cette tradition : « Je ne vais pas écrire une diatribe (de plus) à l'adresse de la vie culturelle roumaine » (« Moi et l'Espagne », *ibid.* : 56). La démarche choisie dans son texte – présenter et analyser des pratiques universitaires espagnoles - est censée cependant susciter une réflexion sur les standards culturels autochtones.

L'Occident est invoqué régulièrement comme argument d'autorité dans les discours optimistes et civilisateurs à l'usage du pays d'origine. A Paris, on peut se sentir plus vite chez soi que dans la capitale roumaine; « Les rues occidentales ressemblaient à un musée, ou à Disneyland et je me retrouvais parfaitement dans le paysage citadin » (Pecican, *ibid.* : 48, 50)[25]Les toilettes publiques – placées au rang des « premières surprises occidentales » (il suffit de penser au statut du corps et à la place de celui-ci dans la modernité) – deviennent une unité de mesure de notre altérité. Elles sont un critère objectif pour juger le degré d'évolution d'une société et de ses membres, la possibilité même de prouver l'existence d'un esprit citoyen. « Je me doutais que les WC publiques devaient avoir un meilleur aspect qu'en Roumanie, mais je ne m'imaginais pas qu'ils pouvaient être aussi propres que chez soi. » L'opposition privé/public amène à réfléchir sur les responsabilités individuelles : « Je pense qu'un être réellement civilisé n'agit pas de façon radicalement différente selon qu'il se sait hors surveillance ou bien au contraire livré au regard des autres. » Cette réflexion sur l'intériorisation d'une culture finit par une charge contre le nationalisme emphatique et inefficace: « si le "discours susurré" des WC

---

[24] Né en 1961. Maître de conférences à la chaire de littérature comparée de l'Université de Cluj et directeur de la revue *Echinox*.

[25] Selon le même auteur, l'effort civilisateur rend en revanche méconnaissable la nature

nationaux envahit par son ridicule le discours nationaliste, alors ce dernier doit être considéré d'office comme non avenu » (H.-R. Patapievici, *ibid.* : 28-29).

Dans les exemples choisis, le monde occidental continue à tenir son rôle de modèle. Cependant, l'ensemble parfait finit par se décomposer en une multitude d'aspects, dont certains vont donner prise aux discours critiques.

Le nouvel Occident : le quotidien et la désagrégation du mythe

A l'épreuve du quotidien, d'autres préoccupations se font jour. L'altérité cesse de délivrer immédiatement une leçon; elle est bruit et redondance quand elle renvoie dans un premier temps à la « simple » dissemblance. Elle aiguise le regard et sollicite sans cesse l'attention et l'interprétation : « j'étais dans un monde différent, où chaque détail était présent avec une fatigante prégnance, chaque bribe de réalité me sommait d'être attentive, épuisant mon regard »; la vie à l'étranger est d'ailleurs elle-même un « flux d'altérité » (Andreea Deciu, *ibid.* : 75).

Le face à face devient éprouvant lorsque l'Occident se refuse à entendre et à accueillir l'expérience du voyageur. Il arrive que celui-ci, voulant témoigner dans le monde libre de son vécu sous la dictature communiste, voie son récit marginalisé :

> « Quelle triste impression de manque de communication et de distance lorsque, dans une société comme la société française, encore fortement imprégnée par le monopole de la pensée de gauche, votre expérience dans une société dévastée par le communisme est accueillie souvent avec suspicion, quand elle n'est pas minimisée avec une sorte de légèreté (...) » (Magda Cârneci, *ibid.* : 20).

Les interlocuteurs occidentaux peuvent afficher des certitudes inébranlables sur le voyageur et sur le pays dont celui-ci provient. Ce dernier endosse alors avec dépit le rôle d'un prêcheur dans le désert :

> « Mais, mon Dieu, je n'en peux plus d'être "celle qui vient du pays où les minorités sont assassinées dans la rue" !(...) Mon Dieu, je n'en peux plus de proclamer que "mon pays" est autre chose que "*hic sunt leones*" !(...) Jusqu'à quand ce sera *moi* qu'on montrera du doigt? » (Bot 2004 : 188-189).

Même lorsque les conditions semblent neutres, voire favorables à une rencontre sans préjugés entre universitaires (un universitaire roumain et des universitaires espagnols en l'occurrence), l'arrière-pensée d'un cadre prédéfini apporte une fausse note :

> « Je n'ai ressenti aucune déférence face à mon origine est-européenne, mais, comme il s'agissait de mon premier contact personnel de ce genre, j'étais

accompagné par l'ombre d'un complexe d'infériorité, plus précisément par la crainte qu'on ne m'attribue ce complexe d'infériorité. C'est une crainte qui vous pousse à présenter avec une certaine précipitation vos titres académiques, vos publications et vos domaines d'étude[26]» (Corin Braga, in Borbely 2001 : 63).

La rencontre avec l'Occident met en place d'autres critères de lecture du monde, dont certains feront leur chemin avant de disparaître ou de devenir des stéréotypes à leur tour[27].

En guise de conclusion : expériences du passé et lecteurs futurs

Lorsqu'on veut analyser aujourd'hui la fracture Est/Ouest en tant que barrière symbolique constitutive d'une vision du monde, la question de l'intelligibilité du passé commence à se poser. Certains témoignages du recueil *L'Expérience étrangère* font part de la conscience du décalage qui risque de les séparer de leurs lecteurs. Ce décalage n'est pas uniquement générationnel, mais aussi culturel: il s'agit d'avoir vécu dans un certain contexte, avec une certaine vision du monde. « Je me demande à quel point le lecteur d'aujourd'hui comprendra que j'étais (je suis?) l'un de ceux qui avaient grandi - étudié – s'étaient formés *avec la certitude* qu'ils ne pourraient jamais franchir les frontières nationales », s'interroge Ioana Bot, en introduisant de cette manière l'extrait de son *Journal suisse* dans le recueil *L'expérience étrangère*.

L'existence d'un tel ouvrage est donc d'autant plus importante qu'elle accompagne le difficile passage d'une époque à une autre, l'apparition de nouvelles valeurs culturelles et de nouvelles représentations identitaires. *L'Expérience étrangère* met en scène des voyages initiatiques à un moment charnière de l'histoire d'un pays. L'accès individuel à la mobilité, quasi-synonyme d'une volonté de se confronter au mythe occidental, est au centre d'un processus de transformation qui concerne l'ensemble de la société roumaine.

---

26 Dans une logique compensatoire, (l'indifférence est rarement de mise dans le rapport à cet Autre idéalisé) on peut également sentir que l'Occident « a peur de nous », « les loups affamés de lumière, les barbares de l'est », qui ont «de plus en plus faim d'Europe". (Pecican, *ibid.* : 54, 55) La revanche symbolique se double d'espoirs: sur « le vieux continent », « L'imaginaire est-européen offrira des suggestions inattendues. » (Pecican, *ibid.* : 55).

27 Stefan Borbely met d'ailleurs en avant dans sa préface ces « nouvelles » préoccupations qui font partie d'une nouvelle grille de lecture de la réalité. Il énumère, parmi les stéréotypes, le fait que la Roumanie est « mal vue à l'étranger » (*ibid.* : 7).

Bibliographie

BOIA, L. (1998). *Pour une histoire de l'imaginaire*. Paris : Les Belles Lettres.

BORBELY, S. (2001). *Experienta externa* (*L'Expérience étrangère*). Iasi : Institutul European,

BOT, I. (2004). *Jurnal elvetian (Journal suisse)*. Cluj-Napoca : Casa Cartii de Stiinta,.

CORLACIU, B. (1984). *Tout espoir sera puni*. Paris : éd. S.O.S.

DIMINESCU, D. (janvier 2006). *Les nouveaux visages du migrant* conférence à l'Université de tous les savoirs.

DURANDIN, C. (2005). *Europe : l'Utopie et le chaos*. Paris : A. Colin.

HORIA, V. (1966). *Journal d'un Paysan du Danube*. Paris : la Table Ronde.

MANOLESCU, F. (2003). *Enciclopedia exilului literar romanesc 1945 – 1989 (Encyclopédie de l'exil littéraire roumain 1945 – 1989)*. Bucarest : Compania.

PETREU, M. (2006). *Conversatii cu... (Conversations avec...) Norman Manea, Andrei Marga, Andrei Serban, Ioan Vianu, Dan Vladutiu*. Cluj : Biblioteca Apostrof.

THOMAS, J. (1998). *Introduction aux méthodologies de l'imaginaire*. Paris: Ellippes.

L'entretien biographique, la lecture de romans et le retour réflexif. À la rencontre de soi et des autres

Colette BOUCHER

Mobilité, migration, altérité et intertextualité

Mobilité et migration s'articulent autour d'une notion-clé qui est celle de l'altérité. Nous constatons une double dynamique : d'une part, l'altérité vécue face à l'autre, face à celui qui est perçu comme différent de soi, qu'on désignera par « dualité externe », d'autre part, l'altérité vécue face à soi-même, en soi-même, qu'on appellera « dualité interne ». Les expériences de vie, et parmi celles-là, l'expérience migratoire, placent la personne dans des situations multiples qui contribuent à enrichir son identité. Au fur et à mesure qu'il évolue, chaque humain intègre de nouvelles facettes à son identité qu'il pourra déployer selon les circonstances. La dualité, qu'elle soit interne ou externe, peut être voulue, maintenue, confortable, tout comme, dans certains cas, elle peut générer un malaise, un sentiment de menace face à l'autre ou un sentiment de flou face à soi-même. Parler de soi, réfléchir sur la façon dont on le fait, lire en se reconnaissant à travers les personnages des romans, partager avec d'autres sa perception des personnages et de leur histoire, tout cela peut aider à mettre au jour cette dynamique identitaire et cette dualité, à les comprendre mieux, à apprendre à les accepter et à s'en servir adéquatement. Partant de là, il apparaît pertinent de croiser entre eux les textes résultant d'entretiens biographiques, de romans et de commentaires réflexifs portant sur les actes de lire et de se raconter.

La communication interculturelle, la transmission culturelle intergénérationnelle, l'identité et le récit

La communication interculturelle, la transmission culturelle intergénérationnelle et l'identité sont des notions qui renvoient les unes aux autres et, particulièrement en situation de migration, il peut devenir important de comprendre le lien qui les unit. Le récit de soi peut alors faire ressortir ce lien, le rendre plus clair.

Les mouvements migratoires constants à travers le monde amènent l'être humain à vivre de nouveaux types de rapports avec son entourage et avec lui-même. Qu'il s'agisse des personnes migrantes ou de celles qui voient leur environnement modifié par la présence d'immigrants, toutes peuvent sentir leur vision du monde et leur perception d'elles-mêmes menacées, confrontées à d'autres interprétations de l'environnement. Une adaptation mutuelle est nécessaire et la communication interculturelle est la clé de cette adaptation. Tout acte de communication tourne autour d'une négociation dont l'enjeu est la perception que l'on a de soi et de l'autre. Ceci est peut-être encore plus vrai lorsqu'il s'agit d'une situation de communication interculturelle. Chacun tente d'imposer à son interlocuteur sa propre interprétation de la situation et sa perception de chaque acteur de la scène en cours.

La transmission intergénérationnelle est aussi un enjeu important dans cette dynamique puisque c'est sur elle que reposent l'adoption de valeurs et le cadre de référence culturel à partir desquels se forment, se déforment et se reforment constamment les perceptions et les reconstructions symboliques de la réalité.

L'humain construit son identité et se perçoit lui-même à travers la mémoire qu'il a fabriquée ou qu'on lui a transmise, mémoire de lui-même, de ses proches et de sa communauté ou sa société. Sa construction identitaire repose aussi sur la culture au sein de laquelle il évolue et dans laquelle il a grandi. Il lui faut donc connaître son histoire personnelle et celle de sa famille pour arriver à se définir lui-même. La transmission de l'histoire familiale permet aux plus jeunes de mieux se percevoir en même temps qu'elle offre aux aînés la possibilité de survivre à travers les récits qu'ils livrent et qui les mettent en scène.

En plus, le fait de se raconter a un pouvoir de résilience important pour celui qui se raconte en lui permettant de sortir de lui et de réorganiser mentalement les moments difficiles de son passé. Se raconter aux autres permet d'objectiver et de relativiser les sentiments douloureux et destructeurs. Cela aide aussi à s'identifier pour soi et pour les autres. On peut aussi donner un sens à sa propre histoire en racontant ces événements, en témoignant d'eux. En les mettant en récit, en les transmettant sous forme de narration, on ne les répare pas, mais au moins on reconnaît qu'ils ont eu lieu, on leur permet d'exister. La narration redonne une cohérence au monde. Elle permet de décomposer les souvenirs et de les reconstruire selon des enchaînements qui leur donnent un sens tout en arrangeant l'image de soi pour soi-même et telle qu'elle est projetée aux autres puisque « le choix des mots, l'agencement des souvenirs, la recherche esthétique entraînent la maîtrise des émotions et le remaniement de l'image qu'on se fait de ce qui nous est arrivé. » (Cyrulnik, 2003 : 61)

Pour les enfants d'immigrants, la transmission de la mémoire au sein de la famille devient particulièrement importante afin d'éviter qu'il y ait une rupture entre la mémoire transmise par les ancêtres et celle qu'eux-mêmes acquièrent constamment au cours de leur vie dans le pays d'immigration des parents. Dans ce cas, la transmission de la mémoire familiale devient essentielle à l'équilibre de vie des descendants, ainsi que l'explique le psychanalyste Jacques Hassoun dans *Les contrebandiers de la mémoire* (Hassoun, 2002). Cette transmission est nécessaire, même si les parents peuvent parfois avoir l'impression de n'avoir qu'un manque à transmettre. Après tout, il est impossible qu'il n'y ait aucune transmission d'une génération à la suivante. La transmission d'un trou, d'un manque, d'une absence demeure une transmission.

Enfin, l'aspect dynamique et mouvant de l'identité (Abou, 1981 et Vinsonneau, 2002) joue dans la façon dont l'auditeur ou le lecteur reçoit et interprète les récits qu'on lui livre. L'individu en situation de parler, de lire ou d'écouter se déplace continuellement entre les différentes facettes de son identité. Ainsi, continuellement, il construit, déconstruit et reconstruit symboliquement les récits livrés ou reçus. Il les réinterprète selon la posture identitaire adoptée au moment du récit, puis le récit, à son tour, l'amène, le guide à travers différentes positions identitaires.

L'entretien biographique et le commentaire réflexif

L'entretien biographique constitue un récit de soi permettant de reconstituer sa propre histoire en faisant ressortir ce qui semble particulièrement significatif, ou ce dont on est fier, ou ce qui définit le mieux le sujet, ce dans quoi il aime se reconnaître. Ce récit peut donc comporter des lacunes importantes. Il peut aussi différer de l'histoire réelle, selon l'impression que le sujet veut laisser à la personne à qui il s'adresse. Dans le contexte de la recherche universitaire, les personnes risquent d'orienter leur récit de façon à « mieux servir » le chercheur. Il peut aussi arriver que les personnes qui se racontent veuillent éviter certains passages de leur vie qui les replongent dans un état émotif difficile, ou alors qu'elles nient certaines réalités trop dures ou dont elles ont honte.

Pour le chercheur qui utilise l'entretien biographique, il peut alors devenir pertinent d'utiliser des procédés permettant aux participantes ou aux participants de prendre des distances par rapport à leur propre récit et d'y poser un nouveau regard. Tout en mettant à jour, pour le chercheur, les stratégies utilisées par les participants, le retour réflexif aide les personnes qui se racontent à prendre elles-mêmes conscience de ces stratégies et à revoir la véracité ou la vraisemblance de l'histoire transmise. La réflexivité demande une distance par rapport au vécu, notamment à travers le langage ou l'écriture. Jean-Charles Chabanne et

Dominique Bucheton définissent la réflexivité comme « la prise de distance à l'égard de l'expérience immédiate que permet le langage... » (Chabanne et Bucheton, 2005, [2002] : 5). Elle aide l'individu à « ... se détacher de son vécu, décoller le langage de soi et de son monde, mettre à distance ce qui est dit et ce qui est vécu, laisser place dans son discours au discours de l'autre. » (Chabanne et Bucheton, 2005, [2002] : 5) Ainsi, la réflexivité appelle l'intertextualité, l'interrelation entre le discours de soi et celui de l'autre, qu'il s'agisse de parole ou d'écriture.

Enfin, la lecture du roman peut constituer une démarche supplémentaire de médiation avant un retour réflexif sur un entretien biographique. Cet exercice contribuera à augmenter, pour la personne participante, la distance face à son récit. En se reconnaissant à travers les personnages de roman, en prenant conscience des émotions ressenties lors de la lecture, elle réussira à prendre conscience de certains aspects de son histoire ou de son identité qu'elle a déjoués ainsi que de la façon dont elle les a déjoués. Puis, le retour réflexif finira par porter aussi sur l'exercice même de lecture des romans. Le participant ou la participante pourra parfois identifier ses stratégies de lecture et de reconstruction des textes lus.

La littérature issue de la migration

À la lumière de ce qui précède, il a paru normal d'utiliser une œuvre de littérature issue de la migration comme objet de médiation pour amener des lectrices à parler de leur expérience migratoire et de leur intégration en pays d'accueil. À cette fin, les romans de Marie-Célie Agnant apparaissent comme un choix judicieux puisque cette écrivaine québécoise d'origine haïtienne met en scène des femmes en situation de reconstruction identitaire. De plus, l'auteure semble projeter sa propre expérience dans son œuvre, en faisant ainsi, dans une certaine mesure, une forme de récit biographique.

La littérature se transforme à l'image de la société qui la produit. Elle contribue à l'évolution de la mémoire sociale, de l'imaginaire et de la culture du lecteur et de la société. Au sein de cette littérature, il existe la littérature issue de la migration, c'est-à-dire, écrite par des auteurs qui vivent et écrivent dans un pays autre que celui où ils sont nés. Ces auteurs écrivent à partir de différents cadres de référence culturels fournis par les lieux où ils ont vécu, où ils vivent présentement ou, encore, ceux où ils pensent aller vivre un jour. Ils ne sont pas forcément arrivés à une destination finale au moment où ils écrivent. Ils errent. Ils se déplacent, comme leurs personnages. À la fin d'un roman, souvent, le lecteur sent que le voyage continuera sans lui. Cette forme de littérature met souvent en scène des histoires de migration et expose, du même coup, les quêtes identitaires de ses personnages. Tout en reflétant les quêtes de ses auteurs, la littérature issue de la migration permet aux lecteurs de s'y reconnaître et de percevoir leurs propres quêtes identitaires, ainsi que les stratégies qui s'y rattachent.

En lisant des œuvres littéraires issues de la migration, le lecteur, lui aussi, se déplace au fil des lieux de l'histoire qu'il lit. Puis, en recréant symboliquement le récit, il en devient à son tour le créateur. Comme l'auteur, il évolue entre plusieurs identités, devenant parfois un personnage, parfois l'auteur ou alors revenant à la situation de lecteur. La perception qu'il a de l'œuvre s'appuie successivement sur différentes facettes de son identité. Parfois, c'est le professionnel qui lit. Ça peut être en tant que femme ou homme, fille, mère, fils, père et ainsi de suite. Il se déplace en lui-même et au travers du monde offert par le livre.

La figure qui suit place la littérature issue de la migration, le récit de soi et la réflexivité au cœur de la dynamique qui lie entre elles la construction identitaire, la communication interculturelle et la transmission culturelle intergénérationnelle.

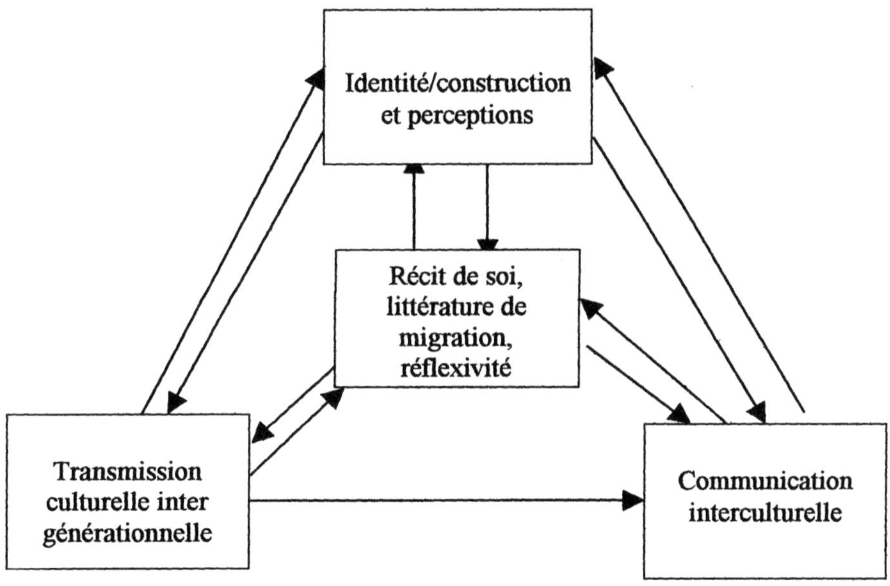

L'œuvre de Marie-Célie Agnant : récits et romans en miroirs

Marie-Célie Agnant est une écrivaine québécoise originaire de Port-au-Prince en Haïti. Elle est mère de trois enfants nés au Québec et elle vit à Montréal depuis l'adolescence alors que la situation socio-politique d'Haïti l'a forcée à quitter sa famille. À travers ses romans, comme dans sa vie, l'écrivaine dénonce le silence qu'on impose aux femmes, notamment aux femmes haïtiennes, de même que le difficile accès, pour elles, à la parole publique et à l'écriture. Marie-Célie Agnant appartient à une génération de l'entre-deux, tout comme certains de ses personnages dans lesquels elle se reconnaît. Elle fait partie de celles qui ont choisi d'émigrer et qui ont vécu entre le refus d'intégration des aînés et l'appartenance d'emblée des plus jeunes à la nouvelle société. Elle a dû se battre pour accéder à une reconnaissance certaine en tant que femme écrivaine.

Le roman *La dot de Sara* a été écrit à partir de récits de vie de femmes québécoises d'origine haïtienne. Ces récits de grand-mères haïtiennes avaient d'abord été recueillis au cours d'un projet de recherche sociologique sur les personnes âgées. Ils ont ensuite été repris par l'écrivaine et sont ainsi venus se mêler à sa mémoire et à son expérience, ainsi qu'à ses connaissances intellectuelles, pour construire ce roman.

Le roman *Le livre d'Emma* est fait de l'enchevêtrement d'un récit migratoire, celui d'Emma et d'un récit mythique, fondateur, qui relate l'histoire de l'esclavage des femmes haïtiennes. Ce récit mythique a précédé la venue au monde d'Emma et il se poursuit à travers elle. Emma tente vainement d'échapper à la malédiction que lui ont léguée ses ancêtres, femmes opprimées, esclaves, *femmes à la peau bleue*.

On constate que tous les romans de Marie-Célie Agnant traitent de l'urgence de se raconter. La première mission de ses personnages principaux est de parler d'eux, de leur expérience de vie, de la vie de leurs ancêtres ou d'écrire cette histoire. Marianna, la grand-mère d'origine haïtienne qu'on rencontre dans *La dot de Sara*, livre l'histoire des femmes qui l'ont précédée à sa petite-fille, Sara, née à Montréal. Giselle, fille de Marianna et mère de Sara, a pris des distances par rapport à son pays d'origine. Elle en parle très peu à sa fille. Marianna a le sentiment qu'elle doit assurer cette transmission. L'histoire, tue par Giselle, appartient aussi à Sara. Elle ne retournera vers son pays d'origine que lorsqu'elle aura le sentiment que le legs aura été complété.

À travers sa thèse de doctorat, Emma, du roman *Le livre d'Emma*, tente de transmettre l'histoire de ses ancêtres esclaves, qu'elle a elle-même reçue verbalement d'une cousine plus âgée. Ce faisant, elle a le sentiment de s'exorciser de la malédiction transmise par la misère de ses aïeules. Après qu'un comité ait refusé sa thèse, elle se réfugie dans la schizophrénie et poursuit son histoire pour elle-même, verbalement, sans témoins, puisque le personnel hospitalier qui la soigne ne comprend pas la langue dans laquelle elle s'exprime. Ce n'est qu'après avoir livré ce récit à une interprète qui l'écoute vraiment qu'elle trouvera la libération dans la mort. Flore, l'interprète établit des ponts entre l'univers d'Emma et celui du personnel hospitalier montréalais. Elle agit comme un « passeur ». Mais ce faisant, elle est mise en contact étroit avec des parties intimes d'elle-même qu'elle a fait taire durant de nombreuses années. La parole d'Emma reprise par Flore permet à cette dernière d'exister réellement.

Ces romans de Marie-Célie Agnant sont faits du tissage entre des récits de vie parlés ou écrits. Ils mettent aussi en scène des récits migratoires faits d'espoirs, de départs, de deuils et de reconstruction. Cela fait de ces œuvres littéraires d'efficaces objets de médiation, notamment en intervention interculturelle; des incitatifs à mieux se raconter pour des lectrices qui, entre autres choses, peuvent s'y reconnaître ou y revoir une partie de leur propre récit.

Se raconter à travers la lecture des romans de Marie-Célie Agnant

Une mère et sa fille ont accepté de se raconter lors d'une première rencontre individuelle au cours de laquelle nous avons procédé à un entretien biographique. Puis, après avoir lu *La dot de Sara* et *Le livre d'Emma* de Marie-Célie Agnant, elles ont été rencontrées en présence l'une de l'autre afin de faire un retour réflexif sur les premiers entretiens et sur leur expérience de lecture. La mère, Jasmine Fortier[1] est née en Haïti et y a vécu jusqu'à l'âge adulte. La fille, Nancy Damien, est née en Haïti et est arrivée au Québec à l'âge de neuf ans. Elle a donc été éduquée et socialisée au Québec.

L'attitude de Jasmine et Nancy a changé entre les premiers entretiens menés individuellement, et la deuxième entrevue, menée conjointement. Au début de la deuxième entrevue, elles semblaient avoir perdu de leur enthousiasme démontré lors de la première rencontre et se livraient peu elles-mêmes. Elles parlaient de façon beaucoup plus rationnelle et avec moins d'émotion. C'est peut-être dû partiellement à la présence de l'autre qui les incitait à adapter leurs propos. Elles semblaient avoir parlé des romans entre elles et, peut-être inconsciemment, avoir structuré un discours s'approchant de la critique littéraire. Toutefois, au fur et à mesure que l'entrevue se déroulait, elles semblaient sortir de ce cadre et parler plus librement d'elles-mêmes.

Les première rencontres. Les entretiens biographiques

Jasmine

Jasmine est née en Haïti. Sa grand-mère, du côté maternel, était française et son grand-père, du côté paternel, était espagnol. Elle a passé son enfance et sa jeunesse au sein de la bourgeoisie haïtienne. Après un départ forcé d'Haïti, elle a séjourné en France puis est arrivée à Montréal en 1967. Elle était alors déjà adulte, mère de trois filles et accompagnée de son deuxième époux. En Haïti, le couple était engagé au niveau social et culturel et s'est rapidement senti à l'aise dans la société québécoise en pleine période de reconstruction socio-culturelle. C'était aussi une époque

---

1 Les noms des participantes ont été modifiés afin de protéger leur anonymat.

au cours de laquelle les immigrants d'origine haïtienne appartenaient à une élite intellectuelle et étaient très bienvenus au Québec. Lors de l'entretien biographique, Jasmine parle beaucoup de sa vie professionnelle au Québec, de ses réalisations sociales et artistiques. Elle se dit Québécoise d'abord et prétend avoir coupé les ponts avec Haïti, même si on constate que son engagement artistique et social se vit pour une grande part avec la communauté d'origine haïtienne. Elle compare l'évolution du Québec avec celle d'Haïti. Elle considère que la situation culturelle et sociale s'est beaucoup améliorée au Québec depuis trente à quarante ans, alors qu'elle s'est dégradée en Haïti. Elle raconte son départ d'Haïti sous Duvalier puis son arrivée au Québec. Jasmine a tenu à étudier, à avoir une profession et à devenir indépendante financièrement, coupant ainsi avec la tradition familiale. Plus tard, elle a beaucoup encouragé cette autonomie et cette indépendance chez ses filles. Ce sont des valeurs qu'elle a reçues de sa mère et qu'elle a transmises volontairement à ses filles. Dans son entourage, lorsqu'elle était enfant, le vaudou était considéré comme une chose malsaine. Aujourd'hui, Jasmine l'aborde plutôt comme une curiosité.

Son intégration au Québec semble être passée beaucoup par le travail. Elle tient à en parler. La reconnaissance professionnelle semble particulièrement importante pour elle.

Elle parle peu de la situation sociale en Haïti, devient très émotive lorsqu'elle le fait et préfère faire une diversion et mettre fin à cette partie de l'entretien.

> « J. F. : Je suis retournée une fois… après quinze ans (Émotion dans la voix). Je suis arrivée à Port-au-Prince. J'ai fait une dépression pendant une semaine. (Rire) On m'a dit : « Va-t-en chez vous. » (Rire) « Va-t-en chez vous. », hein. C'était déjà, c'était déjà une catastrophe. C'était déjà une… J'ai dit : « C'est pas possible, c'est pas mon pays qui est rendu là. » Après quinze ans, c'était déjà une catastrophe. Maintenant, tu peux me donner une fortune, je ne vais pas en Haïti. Ah non!
> C. B. : Non.
> J. F. : Non. Je ne peux pas. (Émotion dans la voix)
> C. B. : Le pays a… Haïti a changé.
> J. F. : (Rire étouffé) Haïti n'a pas seulement changé. Haïti est fini. »

Au cours de l'entrevue, Jasmine souligne le fait qu'il y a peu d'écrivaines femmes originaires d'Haïti comparativement au nombre d'écrivains hommes. Elle dit connaître Marie-Célie Agnant et se montre enthousiaste à l'idée de lire ses romans.

Nancy

Nancy parle beaucoup plus volontiers d'Haïti que sa mère. Elle et sa sœur aînée y sont nées du premier mariage de leur mère Jasmine. De son enfance en Haïti, elle se souvient d'avoir vécu dans la grande maison familiale après que sa mère se soit séparée de son mari. Après ce divorce, elle a vécu avec la famille élargie du côté maternel. Il lui reste quelques souvenirs de ses grands-parents, en Haïti. Ces souvenirs semblent faits de petites scènes, de tableaux, plutôt que d'un fil continue. Elle se souvient de petits faits, de petits incidents.

> « N. D. : Eh... j'me souviens d'mémère... [...]Je sais qu'pépère est mort d'une chute de cheval. On était ici quand mon... quand mes grands-parents sont morts. [...] Pas vraiment, non. Pas beaucoup, non. Des images. J'me souviens d'pépère, mon grand-père, le midi, après sa sieste, j'allais lui gratter la tête. J'prenais un petit peigne fin pour qu'il s'endorme. [...] Ça, j'me rappelle très bien de mon grand-père, là-dessus. Tu vois? Et, c'était quelqu'un qui était pas à la maison souvent parce qu'il avait des plantations d'café. Donc, quand il venait, c'était toujours une fête. C'était toujours un... quèqu'chose d'extraordinaire. »

Nancy est arrivée au Québec à l'âge de neuf ans. Elle a complété ses études à Montréal. Son intégration à Montréal s'est déroulée harmonieusement à travers des amitiés d'école. Elle se remémore tout de même le premier regard qu'elle a senti poser sur elle et sur les membres de sa famille à leur arrivée au Québec. On les a pris pour des personnes dans le besoin, probablement des réfugiés, alors qu'ils avaient choisi de vivre au Québec, après avoir vécu en France, et arrivaient avec tout un bagage professionnel et culturel à partager avec leur nouvelle société.

Nancy et sa famille ont toujours été près des associations culturelles haïtiennes de Montréal. Elle précise que ses parents ont voulu qu'elle ne perde pas la langue créole. Adolescente, elle a mené des projets avec le *Black Community Center.*

Comme jeune adulte, elle est allée vivre en Jamaïque avec son époux originaire de ce pays et leur fils. Plus tard, elle est retournée vivre en Haïti, près de son père, en compagnie de son fils qui était encore enfant. Sa famille a alors vécu des événements dramatiques et violents et elle a dû à nouveau quitter ce pays car on ne pouvait plus y assurer sa sécurité. Elle est revenue à Montréal où elle mène un combat pour faire la lumière sur les événements subis, les faire connaître et réclamer justice. Elle a donc vécu, enfant, un premier départ suivi d'une intégration relativement facile. Puis, elle a subi son deuxième départ comme un exil et cherche à obtenir réparation de ce qu'elle a subi. Elle s'intéresse à l'histoire de l'esclavage, à l'insurrection des esclaves haïtiens, ainsi qu'à la langue créole qu'elle considère comme langue de la révolution

« N. D. : Parce que, tu sais, Haï... d'après moi, on prend Haïti pour faire un exemple à travers le monde. Enfin, ça c'est dans mes (Inaudible). Haïti est comme un laboratoire pour les, pour les pays colonialistes. Y sont en train d'essayer de montrer au reste de la Caraïbe et au reste des pays en voie de développement ce qui peut leur arriver s'ils veulent leur indépendance. D'après moi. Tu sais, Haïti a été le tout premier pays à se battre contre l'esclavagisme. Le premier pays à renverser la plus grande armée du monde, l'armée d'Napoléon. C'était l'armée la plus puissante au monde à cette époque-là. Et jusqu'à présent, on paye ce soufflet. Et ils ont décidé de faire de nous un exemple pour que tous les autres peuples qui sont dans notre situation n'essayent pas de sortir de, de leur colonialisme. [...] On a inventé la première langue révolutionnaire. Parce que c'est le créole qui a permis qu'on sorte... Donc, c'est vraiment la première et unique langue révolutionnaire. Y en a pas d'autre. Y en a pas d'autre. »

Nancy s'inclut dans ce peuple audacieux et révolutionnaire. Elle est fascinée par le vaudou et, même si elle a vécu la majeure partie de sa vie au Québec, elle dit y trouver un mode de vie qui correspond à ce qu'elle est ou aspire à être. Elle considère que cela est inscrit en elle et qu'elle en a besoin pour garder son équilibre.

« N. D. : Mais pieds nus devant un tambour, y a rien de tel. T'as un contact avec la terre que tu peux pas avoir sur l'béton. [...] Marcher sur le béton, pour un être humain, ça fait secouer notre cerveau. (Rire) Et ça nous déséquilibre. Tu sais? Et cet équilibre-là, j'l'avais en Haïti. Je n'me sentais jamais seule. J'me sentais jamais eh... en désharmonie [sic], tu sais, parce que j'pouvais être pieds nus devant l'tambour. »

Nancy prétend s'identifier à Haïti plus que sa mère. Elle se dit obsédée par ce pays et se sent exilée. En fait, elle semble réagir par la surenchère au silence de Jasmine. Cela rappelle la rupture dans transmission intergénérationnelle dont parle Jacques Hassoun. Devant le silence de Jasmine sur la vie et les événements en Haïti, Nancy devient plus haïtienne que les Haïtiens restés au pays, et encore plus passionnément engagée dans leur combat.

La deuxième rencontre. Le retour réflexif

Au début de la deuxième rencontre, Jasmine et Nancy se montrent plus distantes, elles sont moins émotives que lors de la première rencontre. Elles analysent les romans d'abord assez froidement. Alors qu'au cours de la première entrevue elles avaient parlé avec beaucoup d'émotion de la situation en Haïti, elles ne semblent pas, au début de la deuxième entrevue, vouloir s'engager de la même façon. Toutefois, au fil du déroulement de cette deuxième rencontre, elles revisitent les romans avec de moins en moins de rigidité.

Jasmine. Le regard professionnel

D'entrée de jeu, Jasmine porte un regard critique, sévère, sur le roman *La dot de Sara.* Ses propos, en début d'entrevue sont d'ordre professionnel. C'est comme professionnelle qu'elle s'identifie. Elle ne s'identifie à aucun personnage du roman, mais bien à l'écrivaine elle-même. Elle refuse de s'identifier à la grand-mère pour qui sa petite-fille est la seule préoccupation ou à Giselle qui souffre de solitude et de l'abandon du père de son enfant. Elle parle aussi des amies de Marianna comme « une série de bonnes femmes, très vieilles, qui sont à Montréal, qui souffrent de solitude, qui souffrent d'isolement, qui se ramassent souvent dans un... un sous-sol d'église... » Elle semble très loin des personnages de mères ou de grands-mères, mais pourtant, au cours de l'entrevue, elle s'anime et devient très vivante lorsqu'elle parle de ses filles et de ses petits-fils. Elle précise que toutes les femmes des romans de Marie-Célie Agnant sont abandonnées par leur mari. Elle reconnaît que le phénomène des mères célibataires est présent chez les familles d'origine haïtienne, mais elle ne voit pas l'intérêt d'en parler dans un roman.

> « J. F. : On en parle, on en parle, on en parle... Les hommes haïtiens, les femmes haïtiennes, etc. De toute façon, ça se passe un peu partout. On peut dire que pour l'homme haïtien, c'est plus marquant. Parce que c'est une affaire de culture, hein? Il est "courailleur". Il va d'une femme à une autre. Il abandonne. Il fait des enfants. Il les laisse aux soins de la mère seulement. Et puis, c'est ça. Moi-même, je n'ai rien trouvé de nouveau face aux migrants. »

Les commentaires de Jasmine sur *Le livre d'Emma* sont du même ordre. Elle relève ce qu'elle considère comme des incohérences. Là encore, le propos, l'histoire de l'esclavage, lui semble usé. « L'esclavage, bon, c'est une chose qu'on connaît. On en parle, On en ressasse. Mais je trouve que à un moment donné... ça devient lassant. » Elle ne s'identifie pas au personnage de Flore, l'interprète, qu'elle décrit comme « une mulâtresse, avec ses yeux de chat, avec ses cheveux jaunes... ». Elle considère le personnage d'Emma comme irréel et ne croit pas que cette histoire soit vraisemblable. C'est aussi à travers un œil professionnel, celui de scénariste, qu'elle apprécie certains aspects du roman *Le livre d'Emma.*

> « J. F. : Tu sais... Cette partie-là, par exemple, m'a beaucoup, m'a beaucoup intéressée. Au niveau de l'image. Je dois te dire que, avant tout, je suis scénariste, moi. Donc, ce sont les images, qui m'intéressent. J'ai beaucoup aimé cette partie-là. Toutes ces femmes-là, qu'elle a, qu'elle a mentionnées, à

un moment donné. C'était des femmes d'autrefois. […] Moi, j'ai trouvé ça très bien. Elle a, elle a des belles choses au fond (Rire). Au fond, elle a des belles choses. »

En fait, Jasmine tient à s'identifier elle-même comme professionnelle dès le début de l'entrevue. Faisant cela, elle refuse tant à l'écrivaine qu'à la chercheure, le droit de lui imposer une identité. Jasmine décide de parler en tant que femme professionnelle et non en tant que migrante, Haïtienne ou Québécoise.

Jasmine a perdu son pays d'origine qui ne reviendra jamais puisque, à ses yeux, il est détruit. Sa famille a vécu des événements tragiques, des crimes qui sont demeurés impunis. Elle a dû quitter Haïti sous une dictature sanglante. Il semble logique que, pour elle, la réparation passe par l'intégration en terre d'accueil, la participation au monde du travail et à la culture et par la reconnaissance. Elle ne trouve pas ce type de réparation dans les romans. Il est possible qu'elle ne puisse s'identifier à ces récits puisque l'image de sa propre réparation n'y paraît pas.

Nancy et Jasmine. L'analyse rationnelle

Lorsqu'il est question du rejet de la thèse d'Emma par le jury universitaire, Jasmine et Nancy semblent oublier qu'il est question d'un roman. Elles analysent assez froidement les raisons historiques et sociales de ce rejet.

« J. F. : Ça s'est passé en France. Ils ont rejeté la thèse, parce que, d'abord, ils n'y croyaient pas. Je pense qu'ils n'y croyaient pas. Ou bien alors, eh… Ils avaient peur. En général, le colon, dans un certain sens, a peur de son… de son esclave, hein? […] Dans un certain sens.
N. D. : Pas, pas seulement dans un certain sens. Moi, je crois que ils ont rejeté la thèse d'Emma parce que s'ils ne la rej'taient pas ils… Ils ne cautionneraient pas c'qui s'est passé. C'est-à-dire que l'esclavage est le premier génocide. Hein? Alors si un colon, maintenant, dit que l'esclavage était un génocide, il se renie. […] Ils se mettraient en accusation. Ils ont commis un génocide. Et maintenant, faut qu'ils soient jugés, donc. Ça n'arrivera pas, ça. »

Nancy. Le passage du « eux » à « nous »

En début de rencontre, Nancy s'exprime en tant qu'immigrante tout en gardant des distances par rapport aux personnages des romans. Son expérience migratoire à elle est différente de la leur. Elle ne peut pas s'identifier à ces personnages. Nancy ne comprend pas que Marianna dans *La Dot de Sara* retourne en Haïti à la fin du roman. Pour elle, il semble incohérent que Marianna retourne dans son « petit bled ». Puis, elle laisse entendre qu'elle ne connaissait pas l'isolement dans lequel vivent certaines femmes immigrantes ici. Puis, graduellement, lorsqu'elle parle *Du livre d'Emma,* le ton de Nancy change. Elle s'approche des personnages. Elle se reconnaît de plus en plus en eux. Elle explique que la schizophrénie d'Emma vient du fait qu'elle n'a pas réussi à guérir de ses blessures. Elle devient émotive en racontant comment les victimes non guéries deviennent des bourreaux à leur tour. Selon elle, il faut que les Haïtiens guérissent de leurs blessures d'esclaves pour ne pas devenir des maîtres d'esclaves.

> « N. D. : Tu sais, eh... quand une victime ne guérit pas ses blessures, soit, elle tombe dans la schizophrénie d'Emma, ou elle devient bourreau. Si elle ne fait pas... Si ses, si ses blessures ne sont pas guéries. Et j'ai l'impression qu'Emma n'a jamais réussi à guérir ses blessures, ancestrales, disons, qui sont dans ses gènes, etc. Et à travers ses études, qu'elle a découvert, dans la... sur l'histoire de l'esclavage. Mais il faut qu'on le fasse, ça. Il faut qu'on guérisse [sic] des blessures-là. Pour ne pas devenir maître d'esclaves. Ou encore, tomber dans une schizophrénie. Et j'ai l'impression que... Les Haïtiens... Particulièrement les Haïtiennes... [...] Les Haïtiens, c'est une race qui a réussi à surmonter ça. C'est-à-dire qu'on a une identité haïtienne. Qui est très, très forte. Parce qu'on a fini par vaincre les, le maître d'esclaves. [...] On a écrit une langue. On a fait une langue, dans la révolution, qui est le créole. Donc, on a une... une identité propre à nous. [...] Donc, pour moi, la race haïtienne, c'est une race à part. Et je n'ai pas admis qu'Emma traîne ce fardeau de l'esclavage sans se retrouver, retrouver son identité haïtienne. Tu vois? Parce qu'on a une identité propre. On est Haïtiens. »

Au début de cet extrait, Nancy parle des Haïtiens comme des autres, puis, à la fin, elle s'inclut dans ce groupe. L'autre est maintenant en elle. Elle est placée devant sa propre altérité. Puis, elle exprime son mécontentement devant l'attitude d'Emma face à l'esclavage. Pour Nancy, Emma devrait considérer cela comme une partie de son identité d'Haïtienne et non le voir comme un fardeau à traîner. Elle devrait donc accueillir cette part d'elle-même.

La confrontation entre la mère et la fille. La quête de sens et la quête identitaire

En début d'entrevue, Jasmine et Nancy s'entendent pour dire que *Le livre d'Emma* est un récit invraisemblable et qu'il met en scène des situations qui n'existent pas en Haïti. Pourtant, en en parlant, Nancy finit par se souvenir qu'elle a vu, en Haïti, des scènes telles que celles décrites dans les romans de Marie-Célie Agnant. Elle le dit doucement, mais fermement à Jasmine.

> « N. D. : Mais tu sais, maman, eh... Quand j'y repense... Beaucoup de nos enfants, en Haïti, hein, sont... sont délaissés, hein? Beaucoup, beaucoup,

beaucoup des enfants, hein!
[...]
J. F. : Bien sûr, qu'y a des enfants délaissés.
N. D. : Et je crois que, eh... Ce qui fait que ces enfants-là n'tombent pas dans la schizophrénie d'Emma, là, c'est qu'ils développent des moyens de défense.
J. F. : D'une part. Et d'autre part, Nancy, en Haïti, les enfants sont délaissés parfois par la mère, par le père... Y a toujours les cousines, y a toujours la tante, y a toujours un oncle. Y a toujours quelqu'un autour. Tu sais. [...] C'est pourquoi un enfant n'est jamais tout à fait seul (ton insistant).
N. D. : Oui, mais, maman, dans le milieu populaire ou dans la paysannerie, quand les parents envoient leurs enfants à la ville et que ces enfants deviennent des *restavek*[2]...
J. F. : Ah! Ça c'est autre chose.
N. D. : Oui. C'est une grande partie de la population. Ça fait partie de la population qui forme la majorité, maintenant. Oui.
J. F. : Ça, c'était une partie de la population. Ça, c'est dépassé, Nancy.
N. D. : Non, maman.
J. F. : On n'envoie plus les enfants en ville, Nancy.
N. D. : On le fait, maman.
J. F. : On le fait encore?
N. D. : On le fait encore, maman (ton insistant). Tous ces enfants que tu vois dans les rues d'Port-au-Prince, c'est ça (ton insistant). Ce sont des enfants dont les parents n'avaient pas la possibilité de les nourrir ou de s'occuper d'eux qui les envoient à la ville. On a une population énorme dans Port-au-Prince même de ces enfants-là. Et ces enfants deviennent quoi? Des bourreaux? Parce qu'ils ont été victimes toute leur vie. Donc, c'est eux qui forment les gangs de rues. C'est eux qui forment, eh... Tu sais, toutes sortes de, de groupes de malfaiteurs. Parce qu'ils ne sont pas pris en charge. C'est un gros, gros, gros problème, en Haïti . »

Jasmine devient de plus en plus émotive au fur et à mesure que cet échange se déroule. Reconnaître l'existence des enfants *restavek* équivaut à admettre que la situation sociale en Haïti ne s'améliore pas et qu'elle se détériore même vraisemblablement. Dans ce cas, quel sens peut-elle donner aux renoncements et aux deuils vécus par elle et sa famille? Pourquoi certains de ses proches seraient-ils morts pour la cause d'Haïti pendant qu'elle vivait à l'abri, à Montréal? À la fin de cette partie d'entrevue, Jasmine se distancie de la situation sociale qui prévaut en Haïti en rappelant que cela fait trente ans qu'elle n'y vit plus. Nancy, pour sa part, accepte d'admettre cette situation et même, insiste sur le fait qu'elle existe. Elle semble vouloir intégrer cette réalité à son identité et se sentir partie prenante du combat qui l'accompagne.

---

2 Les enfants *restavek* sont les enfants domestiques en Haïti. Ceux-ci vivent souvent dans des conditions difficiles et n'ont parfois accès à aucune forme de scolarisation.

En conclusion

On constate donc que le retour réflexif et la confrontation entre la mère et la fille ont mis à jour, pour la première, une quête de sens liée à un itinéraire de vie faite de nombreux obstacles, de renoncements et de deuils. Pour Nancy, cette confrontation a révélé une quête identitaire au terme de laquelle elle pourrait sortir de son ambivalence.

Le rejet de Jasmine peut lui servir à préserver le sens de l'itinéraire de sa famille. En effet, si son pays est devenu tel qu'on le décrit dans *Le livre d'Emma*, cela veut dire que les épreuves subies par elle et sa famille n'ont servi à rien. Il vaut mieux, alors, revenir à la situation présente, à sa vie de maintenant se déroulant à Montréal, à son intégration réussie et à sa reconnaissance professionnelle. De plus, Jasmine n'apprécie pas qu'on insiste, dans la littérature haïtienne, sur les questions de l'esclavage et de la discrimination basée sur la couleur de la peau. Rappelons que Jasmine est issue de la bourgeoisie haïtienne. Sa grand-mère, du côté maternel, était française et son grand-père, du côté paternel, était espagnol. Elle et Nancy ont la peau plutôt claire. Jasmine ne s'identifie pas à ce qui est décrit à ces sujets dans la littérature haïtienne. Peut-être se sent-elle exclue par ces propos?

Nancy, pour sa part, se situe plus dans l'ambivalence. Elle se sent tantôt québécoise, tantôt haïtienne, tantôt nomade, errante. Sa quête se poursuit pour trouver le cœur même de son identité. La deuxième rencontre l'a confrontée à la dualité qu'elle porte en elle, plus encore que la première rencontre puisque, cette fois, c'est bien malgré elle qu'elle a parlé de ses contradictions. Avec Jasmine, elle semblait avoir décidé de présenter un discours structuré et rationnel, préparé à l'avance. Puis, en parlant d'Emma, ce sentiment d'ambivalence identitaire s'est imposé et est venu défaire la stratégie que les participantes avaient prévu déployer.

La confrontation entre la mère et la fille sur la réalité des enfants *restavek* en Haïti et sur la situation sociale qui prévaut dans ce pays est aussi venue ébranler Jasmine. Représentation symbolique d'un pays dévasté et soumis aux pires injustices, la réalité des enfants *restavek* est sortie du roman et s'est interposée entre les deux femmes. Il n'était plus possible de taire cette réalité. Ce n'est pas tant sur l'existence même de cette déréliction que la rencontre a fait la lumière, mais sur le refus d'en parler. Jasmine et Nancy sont maintenant conscientes de ce silence qui traduit, non pas l'ignorance d'une situation, mais la douleur de l'évoquer.

Pour la chercheure, le croisement entre trois approches, l'entretien biographique, la lecture de romans imprégnés de l'expérience de la migration et le retour réflexif, a révélé clairement des stratégies et des jeux identitaires. L'exercice a donc illustré comment ces approches se complètent et se nourrissent les unes les autres et permettent d'affiner l'analyse.

Bibliographie

ABOU, Sélim. (1981). *L'identité culturelle. Relations interethniques et problèmes d'acculturation.* Paris : Anthropos.

AGNANT, Marie-Célie. (2002), *Le livre d'Emma.* Montréa : Éditions du Remue-Ménage, Port-au-Prince : Éditions Mémoires.

AGNANT, Marie-Célie. (1995). *La dot de Sara.* Montréal : Éditions du Remue-Ménage,.

CHABANNE, Jean-Charles, BUCHETON, Dominique, (2005). [2002], *Parler et écrire pour penser, apprendre et se construire. L'écrit et l'oral réflexifs.* Paris : Presses universitaire de France.

CYRULNIK, Boris (2003). *Le murmure des fantômes.* Paris : O. Jacob.

HASSOUN, Jacques. (2002), (1994). *Les contrebandiers de la mémoire.* Paris : La Découverte, Syros.

VINSONNEAU, Geneviève. (2002). *L'identité culturelle.* Paris : A. Colin.

Le raconter et l'écrire dans la migration : lorsque récit de fiction et récit de soi conditionnent le passage vers d'autres territoires

Lilyane RACHÉDI

Effets réciproques de la trajectoire migratoire et de l'écriture

Dans le cadre de notre thèse, nous avons donné la parole à des écrivains immigrants pour connaître leur trajectoire migratoire et mettre en évidence comment cette trajectoire et leurs écrits interagissent dans leur construction identitaire. Les objectifs se situaient à trois niveaux :

- Identifier le processus de construction identitaire à travers la trajectoire migratoire d'immigrants auteurs.

- Identifier les articulations entre la trajectoire migratoire et le sens des œuvres pour ces auteurs immigrants.

- Identifier quelles fonctions identitaires les œuvres et leur publication peuvent remplir pour ces immigrants.

Pour ce faire, nous avons montré que le récit oral et le récit comme œuvre s'inscrivent tous deux dans un processus de narration qui témoigne en même temps qu'il accentue la subjectivité du narrateur. Ainsi, le récit confié à un intervieweur comme le récit publié pour un lectorat participent tous deux à une (re) définition identitaire de soi. Ceci est d'autant plus marquant que ces récits ont un sens dans la trajectoire migratoire de ces immigrants. Nous avons donc rencontré six écrivains maghrébins qui ont publié au moins une œuvre en français au Québec. Notre échantillon était diversifié (genre, statut d'immigration, sexe, durée d'installation au Québec, etc.). Suite à l'analyse du matériel recueilli nous avons mis en évidence trois stratégies identitaires types qui oscillent entre assignation et créativité. Ces stratégies visent l'insertion et mettent en évidence des rapports originaux au temps et à l'espace. Ces rapports s'ancrent dans un récit de soi où l'histoire, la mémoire et les expériences sont multiples pour le sujet immigrant.

Dans ces mêmes stratégies, et toujours au cœur du récit de l'immigrant-auteur, les écrits des œuvres publiées dévoilent, en même temps qu'ils surlignent, des fonctions spécifiques attribuées à l'écriture.

Ces fonctions sont intimement en lien avec des rapports à l'écriture qui tiennent compte de soi et des autres (l'autre en soi-même, les autres au pays d'accueil et au pays d'origine). Enfin, les stratégies, loin de réifier l'identité, l'incarnent dans des dynamiques identitaires spécifiques à l'acteur social immigrant. Ces stratégies identitaires ont comme objectif l'insertion. Ainsi, les auteurs qui développent la *stratégie identitaire d'altérité* privilégient un rapport initiatique à l'écriture. Cette dernière permet d'intégrer les paradoxes de l'être humain. La dynamique identitaire se dévoile entre la rupture avec de multiples éléments (sa famille, des traditions, son pays, etc.) et un élan vers une quête d'authenticité. L'objectif est de s'affirmer en s'inventant autre. Les auteurs qui développent la *stratégie identitaire d'insertion par les compétences* considèrent l'écriture comme une activité ludique et professionnelle. Elle est un instrument de création. Pour ces auteurs, la dynamique identitaire montre que la reconnaissance des compétences des immigrants est primordiale et passe par une ouverture réelle au partage des savoirs pluriels. L'objectif de cette stratégie est d'avoir une place dans le pays d'accueil. Enfin, la *stratégie identitaire d'émancipation* est surtout développée par des auteurs qui ont un rapport thérapeutique à l'écriture. Elle permet l'expression des émotions et des pensées « vraies ». Pour ces auteurs, la dynamique identitaire présente un mouvement entre la rupture, d'une part, et la réconciliation, d'autre part. La rupture géographique avec le pays d'origine n'est pas totalement intégrée. En ce sens, il y a encore un travail de réconciliation à faire. Le but de cette stratégie est de laisser sa trace en favorisant la transmission des savoirs.

« Faire raconter » des auteurs immigrants : choix d'une méthodologie qui fait sens

Pour opérationnaliser notre sujet de recherche, nous avons choisi une méthodologie qualitative, véritable « méthodologie du sens » selon Vatz-Laaroussi (2007, p. 4), qui n'a d'ambition que de recueillir les réalités au plus proche des acteurs et du sens qu'ils leur donnent. La posture est phénoménologique et comme le mentionne Meyor (2007), elle est une :

> « véritable conversion du regard du chercheur et suppose un véritable investissement du chercheur moyennant sa propre subjectivité. Le phénoménologue n'est plus cet observateur neutre du phénomène, mais le pôle subjectif lui-même à partir de qui et de quoi tout prend sens. L'immersion du phénoménologue dans l'expérience et la reprise à son propre compte des données de cette expérience sont des éléments d'importance de cette méthode, et sur la base d'un retournement, son accomplissement même : plus la description de l'expérience est fine et approfondie, plus on rejoint l'objectivité dans la méthode. » (p.113)

On constatera que la méthode veut favoriser le développement des « connais-SENS » (Vatz-Laaroussi, 2007, p.11), en donnant essentiellement la parole, en s'intéressant aux histoires et en valorisant le savoir de chacun.

Dans cette optique, nous avons privilégié la méthode des études de cas auprès des écrivains maghrébins. Ce sont d'abord des récits de vie qui ont permis d'élaborer des études de cas pour chacun des auteurs rencontrés. Les récits de vie correspondent à une approche phénoménologique qui veut développer et expliciter les expériences vécues par les acteurs et le sens de ces expériences. Par conséquent, nous donnons préséance aux sujets et à leur spécificité. Bertaux (1980) insiste sur l'expérience humaine et concrète recueillie à travers les récits. Il la désigne comme étant l'« expérience des contradictions, des incertitudes de la lutte, de la praxis, de l'Histoire, la prendre au sérieux c'est se mettre en position de saisir non seulement les rapports sociaux (sociostructurels et sociosymboliques) mais également leur dynamique, ou mieux leur dialectique » (p.221). Desmarais et Grell (1986) nous donnent la définition suivante du récit :

> « Je définis le récit de vie, comme le récit, de type autobiographique, d'un acteur social, dans le cadre d'une interaction précise. Il s'agit d'un discours au sens « d'exposé » mais aussi dans le sens ancien d' « entretien ». J'ajoute ainsi à la définition de Ferrarotti (1979) l'idée que c'est le discours d'un acteur social, c'est-à-dire d'un individu qui appartient à un groupe social précis, à un moment donné de son histoire. Le récit de vie donne accès aux intrications des rapports individu/société, entre la psychologie individuelle et l'étude des grands ensembles. » (p. 11)

Pour chacun des auteurs, deux entrevues semi-directives ont été réalisées. La première entrevue consistait à appréhender la trajectoire migratoire et d'écriture des écrivains rencontrés. La deuxième reposait sur la lecture et l'analyse d'une œuvre significative de l'auteur qu'il avait lui-même identifiée. C'est lors de la première entrevue que les auteurs étaient invités à identifier l'œuvre la plus significative pour eux. Lors de cette deuxième entrevue, après avoir pris connaissance de l'œuvre, loin de faire une critique littéraire, nous leur présentions uniquement les thématiques suivantes en leur demandant d'élaborer sur : les choix des périodes du récit, des lieux, des personnages et les langues d'écriture. Nous leur demandions de réexpliciter la raison du choix de l'œuvre sélectionnée. Ils étaient aussi invités à les resituer dans leur trajectoire migratoire. En plus de l'apport de ces deux entrevues, la construction des études de cas a été complétée par des sources secondaires (autres écrits biographiques sur les écrivains, documentations Internet, etc.). Les portraits des écrivains ont été décrits avec un souci de prise en compte de la complexité des trajectoires de chacun et de leur singularité.

Le récit moteur, support et « fabrique » de l'identité

Les résultats de cette recherche démontrent de manière éloquente que le récit utilisé comme méthode de collecte de données, mais aussi comme production littéraire est producteur de sens et participe à une (re)définition identitaire. Le récit ordonne des événements qui, a priori, était dispersés, ils les transforment en histoire. Ricœur a bien démontré la pertinence et l'aboutissement de ce processus de narration avec son concept d'identité narrative. Le lecteur du récit comme le nomme Ricœur, ou encore le destinataire, « l'autrui imaginaire », comme le disent si bien Desmarais *et al.* (2007) conditionne l'actualisation de l'identité narrative. C'est particulièrement avec le concept d'identité narrative de Ricœur (1990) que nous exploitons le récit comme mise en forme de l'histoire et comme producteur de sens (Desmarais, 1990). Le récit est à la fois un processus de subjectivation (Kauffman, 2004) et un témoin révélateur de la part de créativité des sujets, acteurs de leur vie. Le récit écrit, quant à lui, agit à deux niveaux dans le processus identitaire : d'abord, par la pratique d'écriture narrative et ensuite par l'acte de publication qui confère une dimension supplémentaire à l'identité dans la mesure où il transforme l'auto-perception de l'immigrant et le regard des autres sur soi (Heinich, 1999, 2000).

Dans le cadre de cet article nous présenterons uniquement l'étude de cas de Wahmed Ben Younes. Nous avons choisi cet auteur d'abord parce qu'il nous semble emblématique de l'impact de la migration sur la naissance d'une pratique d'écriture. En effet, cet auteur n'a écrit que parce qu'il avait quitté son pays d'origine. Cette pratique d'écriture se soucie de transmettre l'essentiel de sa culture d'origine. Ensuite, Wahmed représente par excellence l'incarnation des paradoxes et contradictions résultants de l'acte d'immigration (Sayad, 1991). L'immigré devient alors indissociable de l'émigré. Nous retraçons sa trajectoire migratoire et de publication. L'analyse de contenu des entrevues et l'analyse thématique de son œuvre, Yemma, ont permis de mettre en évidence la richesse des articulations possibles entre la trajectoire migratoire, le sens et les fonctions de ses œuvres pour cet auteur issu de l'immigration.

Wahmed Ben Younes : être dedans et/ou dehors, ou les paradoxes de l'immigration…

Un récit de soi marqué par une profonde attache à la Kabylie

Wahmed Ben Younes est originaire d'Algérie. Il est né en 1956, à Aït Yahia, dans les montagnes de Djurdjura alors que la guerre d'Algérie vient d'éclater. Son père, âgé de 41 ans, est enrôlé dans le combat pour l'indépendance de l'Algérie et meurt au front. Wahmed a alors deux ans. Wahmed grandit en l'absence d'un père et dans un univers de culture et de tradition orales. Il développe un grand attachement à sa mère et à sa grand-mère. Il fait des études primaires et se rend jusqu'au collège. Comme beaucoup de Kabyles, il est très conscient du sort de la langue berbère, langue minoritaire, dans une société majoritaire arabe. À l'école, avec ses amis kabyles, ils désertent les cours d'arabe et « refusent d'aller faire la prière ». Wahmed n'aime pas l'école et décide de travailler.

À 19 ans, Wahmed est le dernier à rester au pays avec sa mère. Toute la fratrie est « sortie » du pays. En effet, jusqu'à la fin des années 1970, l'Algérie fait partie des pôles de départ massif d'hommes venus travailler, particulièrement en France. Fasciné, comme beaucoup d'Algériens, par la France, Wahmed émigrera finalement en 1980 alors âgé de 23 ans. Ensuite, il décide d'aller vers l'Italie. L'italien lui semble finalement trop compliqué à apprendre, il se dirige vers la Sicile où il demeure plusieurs mois. Après plusieurs années, le Québec jouit alors d'une réputation de tranquillité et de sécurité et Wahmed entend dire qu'« il y aurait moins de racisme qu'en France, c'était donc plus facile de réussir ». Il connaît aussi très bien la situation francophone et la réalité politique (aux niveaux fédéral et provincial). Il arrive pour la première fois au Québec en 1987. Il vient aider l'un de ses frères qui tient un restaurant dans la ville de Québec, *Le Refuge Berbère*, où c'était finalement « plus (un lieu de discussion) politique que (de) restauration ». Même s'il en a profité pour visiter la région et qu'il a beaucoup apprécié la nature et les paysages, le climat et les relations sociales ne lui conviennent pas. Habitué au soleil et à être entouré par des jeunes, il qualifie le Québec de « désert social ». Il revient à plusieurs reprises mais ses visites ne l'ont pas convaincu de s'établir dans cette province. Pourtant, en 1995, alors que le Québec se lance dans le Référendum pour la souveraineté, Wahmed décide de s'y installer définitivement. Il commence à travailler dans des garderies où il fait des remplacements car « le métier d'animateur n'existait pas ici ». Ensuite, il obtient un poste permanent dans une garderie.

Tout au long de ses multiples migrations, Wahmed a toujours maintenu des liens étroits avec la Kabylie (visites régulières, correspondances, téléphones, etc.). Même s'il critique le « mythe de l'immigration » qui consiste à faire croire que l'Eldorado existe, comme les autres, il accomplit « son devoir d'immigrant » puisqu'il a fait construire une maison « là-bas » comme ses frères et sœurs. Cette « tradition » est très forte et très ancienne. Ainsi, il se rappelle certaines images marquantes de son enfance où « quand tu es petit, tu es sur la place du village, t'as pas d'argent, t'as pas de voiture, tu utilises juste ton ombre pour voyager. Puis tout d'un coup arrive l'été, des Mercedes, des BMW, des gens qui se changent trois, quatre fois par jour, des belles filles, etc. Tu te dis, mais ils arrivent d'où ces gens-là ? Le Chemin de l'exil, il est dans chaque Kabyle, parce que, plus on regarde la vie qui nous arrive d'ailleurs, plus on est mal ».

Des pratiques d'écriture qui émergent avec l'exil

C'est en Sicile qu'il a « commencé à écrire de la poésie (...) par nostalgie ou par pensée au village. C'était vraiment la culture qui revenait ». C'est comme s'il avait « envie de cracher ce que (il avait) à l'intérieur, pas d'oublier mais presque (...), il fallait le sortir sinon (il retournait) en Algérie ». Même s'il retourne régulièrement en Kabylie, ses écrits sont nostalgiques. Ils portent « sur [sa] vie au village, sur [sa] mère et ils racontent la situation d'immigrant en Italie, en France et par la suite au Québec ».

Le confort de la Sicile lui fait craindre une installation définitive. Il décide de retourner quelques années en France. De 1978 à 1991, il fait des visites régulières en Algérie. Wahmed travaille alors comme animateur socioculturel pendant dix ans à Grenoble et à Bordeaux. Il continue d'écrire ce qu'il avait commencé en Sicile. En 1984, il finit un premier manuscrit qu'il fait parvenir aux Éditions du Seuil. La maison d'édition l'accepte à condition de changer le temps de narration. Elle lui propose de mettre le récit au présent. Face à la charge de travail que cela exige, Wahmed refuse. En 1985, il essaie de faire publier un recueil de poésies engagé (dont le contenu rapporte la situation de l'Algérie et la France) auprès de la maison d'Édition du Cherche-Midi. Mais, dès qu'il apprend qu'il doit payer les frais d'impression, il renonce.

Au Québec, il continue à avoir des pratiques d'écriture dont il fait profiter les enfants dans sa garderie familiale. Ainsi, il leur conte les histoires qu'il a lui-même écrites. À de nombreuses reprises, il tente de faire éditer ses contes dans des maisons d'édition d'ici et comme « ça ne marchait pas », il a « abandonné parce que c'est pas le premier but » de sa vie non plus.

Un modèle d'écrivain engagé

Son modèle d'écrivain est Mouloud Ferraoun parce qu'il raconte « la vie des paysans. Il raconte la vie du village, c'est un gars qui est porté à critiquer la société kabyle, qui n'a pas peur, qui se laisse aller dans l'écrit et qui va prendre le petit détail auquel personne ne va penser. En même temps qu'il était enseignant à Alger, il était à la fois dégagé de cette société-là et en même temps elle lui appartenait ». Mouloud Ferraoun est l'auteur qui l'« inspire » encore. D'ailleurs Wahmed pense que « c'est toute la poésie quotidienne, c'est toute la façon de voir les choses, la façon d'interpréter, de décrire, même [son écriture] » qui dévoilent ses origines.

Un livre significatif qui évoque « sa Kabylie »

Un des livres significatifs identifié par l'auteur est *Yemma* (qui signifie « maman ») : il correspond à sa première publication et qui a été édité en France en 1999. Il a alors 43 ans et vit au Québec depuis quatre ans. Il a une compagne avec laquelle il a un premier enfant, Yuva. Ce livre est significatif, d'abord parce que c'est le premier et ensuite il correspond à une étape où il ressentait le besoin de raconter sa culture, son histoire et ses origines. Au départ, ces sentiments lui inspirent l'écriture de poèmes et de retour en France, ses écrits prendront la tournure d'un récit. Il propose son manuscrit à l'Harmattan. L'éditrice l'accepte mais lui propose de modifier le titre parce qu'elle considère que ce livre est un hommage aux femmes. Elle pense que le titre *Yemma* serait plus approprié. Wahmed l'avait intitulé *Une enfance berbère*.

Ce roman est dédicacé à son fils Yuva et s'ouvre avec la célébration de la fin de la guerre d'Algérie dans un village kabyle. Le récit développe l'histoire d'un enfant, de son enfance au village et le milieu dans lequel il évolue. L'histoire est structurée à partir de l'enfance qui, correspond au premier chapitre « Poupée » jusqu'au dernier chapitre intitulé « Chemin de l'exil » qui, correspond à l'âge adulte du personnage principal. Le récit est truffé d'expressions et de proverbes kabyles. Les concepts en langue d'origine introduits dans le corps même du texte évoquent la mémoire affective de l'enfant. Aussi, la littérature orale est présente, un conte nous est restitué intégralement (Le Subtil et l'Innocent, de Taos Amrouche dans le « Grain magique »). Les chants, les poèmes, les proverbes prononcés par les villageois sont cités comme exemples illustrant la sagesse. Un glossaire de mots kabyles est disponible à la fin du livre (p. 155).

Enfin, la culture de l'immigration est évoquée à plusieurs reprises. Elle est racontée à partir des yeux d'un enfant envieux et admiratif. Un chapitre entier est consacré aux immigrants provenant de France et surnommés les Parigots. Ce chapitre porte le titre Retour des Parigots :

> « Ils viennent passer un mois de vacances. Avec toutes leurs économies, ils pourront vivre comme des sultans durant trente jours. » (p. 138)

> « (...) les jeans délavés et les *Levi's* feront leur apparition pour accrocher le regard des jeunes rêvant d'aventures. Beaucoup de ces travailleurs rentrent avec des voitures pour marquer un peu plus leur réussite, qui est en quelque sorte leur seule chance de revalorisation sociale puisque plusieurs d'entre eux ne sont que des ouvriers. » (p. 140)

Après la publication de *Yemma*, alors qu'il vit au Québec, Wahmed est invité en France à *Beur-TV* pour présenter son livre. Le livre est quand même passé « inaperçu et c'est dommage parce qu'il critique la société kabyle ». Wahmed pense alors que les gens qui l'ont interviewé comme Bernard Pivot ou d'autres journalistes, « ne voulaient pas en parler » parce qu'il aborde, par exemple, « le mariage comme un viol et c'est tabou, on peut pas parler de ça ».

Au Québec, Wahmed évolue dans un monde d'artistes, de peintres, de poètes, il n'y a pas d'écrivains établis dans son réseau et ils ne se prennent

« pas trop au sérieux ». Il pense que s'il n'accorde pas beaucoup d'importance à la publication, c'est aussi dû au fait qu'il travaille avec des enfants, « tout est plus léger ». Ceci étant dit, publier au Québec lui « donne une reconnaissance par la société québécoise ». Par ce biais là, cela lui permet de rentrer dans les associations « pour aller chercher le dialogue, c'est une stratégie pour parler, pour faire tomber les tabous, pour que les gens puissent avoir accès à quelqu'un qui est capable de parler sans peur ».

Le schéma reprend les éléments importants du récit de soi et de la trajectoire d'écriture et de publication de Wahmed Ben Younes.

Récit de soi

Vie du village Militantisme Travail après de jeunes univers artistes
Univers Père dcd guerre Algérie 1984 et 86 2002
19 -------------------------------- ------------I---------------------- - ------ -----I-------2006
Diaspora Immigration Naissance du 2ième enfant
France, Italie, Sicile Canada visites régulières en Algérie

Trajectoire d'écriture/ publication
Culture orale, poète de la place du village
Mouloud Ferraoun, Yemma. Le petit Amazigth, Ziri et ses....
Livre sur éducation, souveraineté
I...I..
1940 Enfance Adolescence Adulte 1999 2006
Kabylie
Publications pays d'accueil et France. Langue d'écriture français et Tamazit

Analyse : sens de l'œuvre et fonctions de l'écriture

Quel sens cette œuvre occupe-t-elle dans la trajectoire migratoire de l'auteur ? Et quelles sont les fonctions de l'écriture ? Dans cette partie nous présenterons d'abord le point de vue de l'auteur et ensuite nous proposerons notre analyse.

Sens de Yemma pour Wahmed Ben Younes

Rappelons que *Yemma* a été écrit alors que l'auteur vivait en France et était de passage en Italie. Essentiellement, cette œuvre lui permet de se libérer d'une histoire pour s'ouvrir au présent et aux autres : histoire de la Kabylie et de sa vie là-bas. Selon l'auteur, écrire cette œuvre lui permettra de se défaire de cette histoire. En ce sens, cette œuvre lui permet d'accepter l'émigration et d'être en paix avec ce choix.

Yemma ou comment se libérer du passé

Wahmed Ben Younes explique clairement l'urgence d'écrire « sa Kabylie » pour pouvoir tourner la page et s'ouvrir à autre chose. Cette urgence naît d'un malaise qui irrite l'auteur :

« Quand on regrette on arrive dans un milieu, on n'est pas bien et c'est pour ça on pense des fois à l'ancien milieu. Alors le décrire c'est comme si je me dis ce lieu là il a existé maintenant bon je peux passer à un autre milieu. »

Il vivait alors en Sicile, à Vulcano, cette île, ce volcan éteint qui lui rappelle la Kabylie. Il se sent tiraillé entre la volonté d'avoir à choisir entre « l'Europe et la Kabylie ». L'œuvre agit alors comme moyen pour se « délester » du passé :

« Ça fait longtemps que je voulais écrire mais je pense que c'est le fait d'être arrivé en France qui a déclenché plus. Parce que j'étais en Italie et le fait de me retrouver là-bas, j'étais à Vulcano, comme c'est juste une île, c'est juste un volcan, je sais pas c'est comme si la nostalgie m'envahissait. C'est comme si j'avais envie d'avoir la Kabylie et j'avais envie d'avoir l'Europe. C'est un peu les deux mais il fallait que je m'en débarrasse. Pas débarrasse de la manière de jeter-là, mais de la manière de comprendre. C'était vraiment la même chose. Écrire la Kabylie parce qu'elle était à l'intérieur de moi... Elle était dans ma tête donc c'était impossible d'aller ailleurs. Il fallait vraiment sortir cette Kabylie-là pour faire rentrer d'autre chose c'est vraiment ça. »

Yemma ou l'ouverture aux autres

Tourner la page de l'histoire ne s'actualise que grâce à cette œuvre qui permet ainsi d'avoir un autre rapport avec la culture et le pays d'origine. Rapport qui serait plus généreux et altruiste, semble-t-il nous confie :

« Avec le recul, ils ont beaucoup de sens (...) parce qu'à un moment donné tu découvres quelque chose de beau et c'est comme si tu fais une croix sur le passé. Mais avec le recul tu te dis mais non le passé est très important il est là. Je pense que ça a beaucoup d'effet parce que maintenant je reviens sur la culture mais d'une autre manière. Une manière plus pour l'expliquer que pour se l'approprier. »

Wahmed Ben Younes a conscience que jusqu'à maintenant il s'est replié sur sa culture et son passé. Aussi déclare-t-il : « Comme Yemma je me suis enfermé un peu dans la Kabylie, plus l'expérience avance, moins on a envie de s'enfermer. On a beaucoup plus d'ouverture, on a envie d'appartenir à tout le monde pas juste aux Kabyles-là ». *Yemma* fait donc figure de « délivrance » pour cet auteur.

Yemma a également été sélectionné par les bibliothèques françaises comme « le livre africain de l'année ». Wahmed insiste sur le fait que cet écrit lui a permis de faire autre chose car c'était « très dur de partir et de laisser des gens derrière qui ne cessent de vous suivre. Déjà en partant ils vous suivent pareil ».

On constate que l'œuvre matérialise une prise de position (historique, géographique, relationnelle) par rapport à la migration. L'œuvre exerce une force de rappel par rapport à la transformation due au temps qui passe et à l'absence des siens restés au pays d'origine. Ici, l'enjeu de disparition aux yeux des autres, de ne plus exister, est prégnant. L'œuvre vient alors matérialiser une existence qui fait le lien entre le passé et le présent pour empêcher « la métamorphose » trop brusque de l'émigré en immigré. Le sens de l'œuvre manifeste soit un écart, soit, au contraire, un prolongement et une accentuation par rapport au vécu avant la migration. L'œuvre est censée relier des histoires mais elle permet aussi de continuer le déplacement, le mouvement ou encore l'enracinement. Elle devient alors un moyen de réconciliation ou d'affranchissement.

L'œuvre permet alors la traversée des pays et fait figure de passage qui amène l'immigrant sur les voies de l'acceptation de soi. Sur cet axe, l'œuvre porte un sens éthique, c'est-à-dire qu'elle prend la forme d'une action responsable, une réflexion sur l'acte de migration et le choix de valeurs individuelles, conscientes et critiques. Elle est éminemment éthique puisqu'elle autorise l'individu à assumer sa conduite ailleurs tout en reconnaissant les attaches au pays d'origine. Face à la communauté d'origine et à la mémoire collective (moeurs, traditions, langue, etc.) elle réinscrit l'individualité dans l'espace étranger. Ainsi, dans le pays d'accueil, pays étranger, ce qui différencie cet individu immigrant par rapport aux autres se retrouve essentiellement dans l'environnement et la culture d'origine avec ses bagages multiples et complexes.

Fonction thérapeutique de l'écriture

Pour cet auteur, la pratique de l'écriture est décrite comme une activité qui permet de prendre soin de soi et d'être à l'écoute de ses états d'âme. Elle est quotidienne. Elle peut aussi être liée à un événement-clé de la trajectoire. Ce moment-clé pour Ben Younes est la migration avec le manque, la nostalgie créée par le départ du pays d'origine. Il peut être aussi lié à une transformation, un changement de la vision du monde, des rapports entretenus avec les autres. Dans tous les cas, ces moments l'ont exhorté à une introspection et l'écriture permet l'extériorisation. Elle est associée à quelque chose de vital, tellement vital qu'elle est comparée à la fonction de respiration. L'écriture fait partie de l'existence, elle est au cœur de l'existence. L'écriture fait partie intrinsèque de la vie et de son mouvement naturel. C'est un besoin de base. Elle est « dans la tête » déclare Wahmed Ben Younes. L'écriture fait partie de soi. C'est comme une pulsion. Pulsion presqu'obsessionnelle qui ne s'apaise qu'en s'actualisant dans l'écriture. La pratique est associée à la spontanéité, quelque chose qui jaillit, hors du contrôle de l'auteur.

Ce récit s'impose à lui parce qu'il fallait qu'il « sorte la Kabylie » qui était à « l'intérieur » sinon c'était « impossible d'aller vers ailleurs, il fallait vraiment sortir cette Kabylie-là pour faire rentrer d'autre chose ».

Une fois franchie, cette étape d'écriture lui a permis de s'ouvrir à d'autres horizons, d'autres pays et d'autres cultures. Cette pratique thérapeutique est à l'œuvre, comme nous l'avons déjà dit, avec le manque lorsque les relations, les liens avec les êtres chers font défaut. La rupture avec l'environnement culturel du pays d'origine expose à un vide, à l'absence, à la solitude, au manque. L'immigrant se met alors à écrire. L'écriture n'est pas qu'ontologique, elle devient alors ce trait d'union entre soi et ses autres, êtres chers, qui composent leur vie. Elle met en lien et s'inscrit dans le rapport aux autres. Elle œuvre dans le sens de la socialisation. L'écriture est donc relationnelle, elle relie les continents et les êtres. L'écriture rétablit la continuité entre le monde en soi en l'extériorisant et les rapports aux autres en reliant. L'écriture symbolise alors l'apprivoisement de son histoire personnelle avec ses étapes marquantes. L'écriture, selon lui, s'inscrit dans ses activités quotidiennes, c'est comme réfléchir de manière continue. Avec *Yemma*, il s'est « enfermé dans sa Kabylie ». Après l'expérience de ce récit, il a moins envie de s'enfermer, il a « beaucoup plus d'ouverture » et il a « envie d'appartenir à tout le monde, pas juste aux Kabyles ». La Kabylie, il l'a « comprise », maintenant il peut « l'offrir », « la partager », « être universel ». Maintenant, il revient « sur la culture mais d'une autre manière, plus pour l'expliquer que pour se l'approprier. C'est plus la faire connaître et démontrer, en fait, que la culture est la même partout ».

Fonction de témoignage

Pour cet auteur, l'écriture occupe une fonction instrumentale dans la trajectoire. Elle permet de « faire réfléchir », de témoigner des problématiques contemporaines et de susciter le débat. Dans ce sens, elle est éducative, elle fait passer un message. La pratique d'écriture revêt alors un aspect sociocritique. L'écriture a pour mission de refléter la société contemporaine. Dans cet écrit, Wahmed déclare qu'il a également voulu faire une critique de la société kabyle qui pousse ses enfants à l'exil, non pas parce qu'ils « veulent gagner de l'argent ou parce que les autres sont partis », ils partent parce qu'ils ne sont « pas bien point à la ligne ». Avec le recul, Wahmed déclare que ses écrits « ont beaucoup de sens, parce qu'à un moment donné tu découvres quelque chose de beau et c'est comme si tu fais une croix sur le passé mais avec le recul tu te dis mais non le passé est très important il est là. »

Il ajoute que le besoin de transmission devient fondamental pour n'importe quelle culture. « Mais pourquoi l'Algérie ? Parce que (il) a encore de la famille là-bas ». Il a envie que ses enfants « connaissent là où (il) a grandi, qu'ils voient un peu le village, la montagne, la mer ». Selon Wahmed, informer est fondamental parce que « le Québécois doit s'intégrer face à l'immigrant aussi ». C'est « l'ignorance des Québécois » qui le marque et « à un moment donné, ils vont être dépassés et ça va être dur pour tout le monde. L'intégration il faut qu'elle soit réciproque ». Il n'a jamais vraiment arrêté d'écrire. Il écrit « spontanément, c'est pour ça (qu'il) ne se considère pas comme écrivain ». Il se voit « comme Kabyle, comme quelqu'un qui vit ailleurs, comme Québécois aussi ». Il est « universel », il n'aime pas « l'étiquette ». De la même façon qu'il ne nie pas le fait qu'il est algérien, il ne nie pas qu'il soit aussi québécois et français. Actuellement, il écrit beaucoup de livres sur l'immigration, il en a une quinzaine qui ne sont pas encore publiés.

L'écriture mobilise les causes et acquiert un statut d'*advocacy*, de dénonciation des inégalités. La condition de l'immigrant est souvent évoquée dans les écrits de ces auteurs qui veulent régler des comptes avec la société d'origine et d'accueil. Dès lors, le témoignage veut rendre compte de la réalité des pays d'origine et du pays d'accueil. Ces auteurs ont une vision critique de la situation des immigrants au pays d'accueil. L'écriture, virtuellement, met en lien et en rapport avec les autres. C'est la cause qui relie les êtres. Elle permet alors la participation, l'implication sociale et la reconnaissance. C'est probablement pour ces auteurs que la publication est la plus fondamentale. La tribune publique qu'elle permet d'occuper est la condition *sine qua non* de la transmission de leur message. Ainsi, la publication permet l'insertion dans le milieu associatif et scolaire pour Wahmed Ben Younes qui, grâce à la sortie de ses livres, peut pénétrer « les associations berbères » et les écoles qui l'invitent à dialoguer et à échanger sur les cultures.

Tableau synthèse : sens de Yemma et fonctions de l'écriture pour W. Ben Younes

Sens de l'œuvre	Place de l'œuvre dans la migration	Processus	Fonction écriture
Éthique *Individualité*	Passage	Transformation/ Acceptation	Thérapeutique Témoignage

En guise de conclusion

Nous avons présenté l'histoire de l'écrivain Wahmed Ben Younes sous forme d'études de cas. Nous avons montré comment le récit de soi met en évidence les articulations entre la trajectoire migratoire et le sens de son œuvre. Ainsi, pour cet auteur non seulement l'œuvre libère du passé mais elle autorise cette ouverture aux autres ici et maintenant. Elle conditionne le passage du pays d'origine vers le pays d'immigration. Ainsi, elle permet à l'immigrant d'assumer le choix de l'exil en maintenant et honorant ses attaches originelles. Les fonctions de l'écriture, quant à elles, sont plurielles, elles peuvent être thérapeutiques et de témoignage. Elles ne sont jamais extérieures aux parcours migratoires et à la vie dans le pays d'accueil.

Enfin, si on veut aller plus loin dans la fonction du récit, le récit de soi de Ben Younes permet d'élaborer une figure identitaire. Il ne s'agit pas de cloisonner l'auteur dans une figure, mais plutôt de reconnaître qu'on peut dessiner des modèles qui traduisent des représentations de l'immigrant et la place de l'écriture dans leur parcours. Cette figure identitaire est construite à partir des dimensions suivantes : les rapports spatiotemporels, les rapports à l'écriture et la place de l'œuvre. Compte tenu du parcours de Wahmed Ben Younes et à la lumière du sens accordé à son œuvre ainsi que des fonctions de l'écriture, cet immigrant fait figure d'arpenteur. Il est comme un visiteur qui a certes quitté son pays d'origine mais toujours pour revenir à l'espace fondamental des origines. Tel est le « style » de Wahmed Ben Younes. L'arpenteur reste un aventurier un peu craintif qui prend la peine et le temps de baliser ses excursions pour s'assurer un minimum de sécurité. Wahmed décrit très bien cette dualité sécurité/aventure lorsqu'il va travailler à la capitale, Alger, et qu'il s'y sent étranger car « la Kabylie a beaucoup d'importance » pour lui, « au niveau d'être à l'aise, d'être en sécurité, et tout le monde se connaît ». C'est toute « cette sécurité là » qu'il perd en allant dans « un autre milieu ».

Pour cet immigrant-écrivain le rapport à l'écriture est éducatif et relationnel. L'écriture se veut toujours heuristique. Elle permet aussi le lien, maintient d'où l'on vient et permet de jeter des ponts par delà les frontières. L'ailleurs est prétexte à l'acquisition de nouvelles connaissances. C'est d'abord et avant tout les situations du quotidien qui fascinent l'arpenteur, celles qui se déroulent dans des cadres familiers, voire intimes. C'est une forme de voyeurisme. L'œuvre est source de connaissance de soi et des autres. Elle est objet de partage, espace de socialisation et de transmission.

Ces résultats, portant sur le récit de soi, le récit écrit et le sens et les fonctions de l'écriture, sont transposables aux immigrants en général et à d'autres populations. De ce fait, le travail social gagnerait à valoriser la place du récit dans les pratiques d'intervention et dans la formation. Il gagnerait également à reconsidérer la créativité en général et les œuvres comme médium dans le rapprochement avec l'autre surtout quand ces dernières mettent en scène l'ailleurs.

Bibliographie

BEN YOUNES, W. (1999). *Yemma*. Paris : L'Harmattan.

BERTAUX, D. (1980). L'approche biographique : sa validité méthodologique, ses potentialités. *Cahiers internationaux de sociologie,* LXIX, 197-225.

BERTAUX, D. (1986). Fonctions diverses des récits de vie dans le processus de recherche. Dans D. Desmarais et P. Grell (dir.), *Les récits de vie*. Montréal : Éditions Saint-Martin.

BERTAUX, D. (1997). *Les récits de vie*. Paris : Nathan.

CAMILLERI, C. (1990). *Stratégies identitaires*. Paris : PUF.

DESMARAIS, D. (1990). *Trajectoire professionnelle et expérience du chômage ouvrier*. Thèse de doctorat. Université de Montréal, Département d'anthropologie.

DESMARAIS, D. et GRELL, P. (dir.) (1986). *Les récits de vie*. Montréal : Éditions Saint-Martin.

DESMARAIS, D. (2007). L'alphabétisation. Un défi pour l'intervention sociale du XXIe siècle. Dans H. Dorvil (dir.), *Problèmes sociaux,* Tome IV - Théories et méthodologies de l'intervention sociale (p. 319-340). Québec : PUQ.

HEINICH, N. (1999). *L'épreuve de la grandeur*. Paris : La Découverte.

HEINICH, N. (2000). *Être écrivain. Création et identité*. Paris : La Découverte.

KAUFMANN, J.C. (2004). *L'invention de soi. Une théorie de l'identité*. Paris : Armand Colin.

MEYOR, C. (2007). Le sens et la valeur de l'approche phénoménologique. *Recherches qualitatives*, hors série, 4, 103-118. Source : http://www.recherche-qualitative.qc.ca/hors_serie.html.

RACHEDI, L. (2004). Les littératures maghrébines issues de l'immigration en France : espace d'expression, de combat et de force identitaire » *Le français dans le monde –Recherches et Applications-*, numéro spécial *Altérité et identités dans les littératures de langue française*. (s/s la Direction D'Aline Gohard-Radenkovic)FIPF/clé international, Paris.

RACHÉDI, L. (2005). Les pratiques d'écriture narrative des immigrés d'origine algérienne et marocaine installés au Québec : des écrivains exilés de leur histoire. Dans S. Bancherio et D. Issa-Sayed (dir.), *Actes du Colloque Cross-cultural Relations and Exile*. Toronto : Université de Toronto.

RACHÉDI, L. et PIERRE, A. (2007). « Historioriser » l'immigration ou comment accompagner les familles immigrantes en partageant leur histoire. *Revue des psychothérapeutes familiaux*

RICŒUR, P. (1983). *Temps et récit. 1, L'intrigue et le récit historique*. Paris : Seuil.

RICŒUR, P. (1984). *Temps et récit. 2, La configuration dans le récit de fiction*. Paris : Seuil.
RICŒUR, P. (1985). *Temps et récit. 3, Le temps raconté*. Paris : Seuil.
RICŒUR, P. (1990). *Soi-même comme un autre*. Paris : Seuil.
SAYAD, A. (1991). *L'immigration ou le paradoxe de l'altérité*. Bruxelles : De Boëck.
VATZ-LAAROUSSI, M. (2007). La recherche qualitative interculturelle : une recherche engagée ? *Recherches qualitatives*, hors-série, 4. Source : http://www. recherche-qualitative.qc.ca/hors_serie.html

Le récit de vie, un récit initiatique *révélateur* d'un double processus de médiation

Le cas d'étudiants africains dans le contexte fribourgeois[1]

Alessandra GERBER

A travers l'étude des récits de vie de trois jeunes Africains, étudiants à l'Université de Fribourg, nous avons tenté de cerner la manière dont ils se perçoivent et perçoivent leur expérience dans leur nouvel environnement. L'analyse de ces récits nous a permis d'observer l'évolution de leurs raisons et « capitaux de départ » (Bourdieu, 1980) et d'identifier les stratégies d'adaptation élaborées progressivement dans leur vie sociale, dans le monde universitaire et sur le marché de l'emploi.

Nos narrateurs ont un statut objectivement ambigu, entre la position valorisante d'étudiant, dont le séjour est à durée limitée, et celle de migrant dont la présence est à durée illimitée, cette dernière socialement dénigrée. Or, le départ est l'unique moyen d'obtenir la reconnaissance qu'ils souhaitent acquérir dans leur pays d'origine, après un certain nombre d'années d'études. Sont-ils de passage ? Vont-ils s'installer durablement? Comment perçoivent-ils leur propre statut et comment vont-ils le légitimer ?

Une clarification terminologique s'impose à ce stade. Travaillant sur des récits – non objectifs par nature – nous préférons le terme « stratégie d'adaptation » à celui de « stratégie d'intégration ». Les stratégies que nous avons identifiées répondent à des tensions perçues par nos interlocuteurs - dont ils ont eux-mêmes fait l'expérience ou, plus généralement, vécues par le groupe social de « l'étranger visible » auquel ils s'identifient (ou non). Le récit, véhicule de représentations individuelles, ne nous permet pas de juger du degré *effectif* d'intégration de nos informateurs, mais nous renseigne sur leur perception des stratégies qu'ils ont eux-mêmes mises en oeuvre pour négocier leur place dans la société d'accueil.

Notre fil directeur sera le suivant: comment nos narrateurs vont-ils négocier cette tension entre leur maintien dans l'extériorité « exotique »

---

[1] Cette recherche a fait l'objet d'un mémoire de master, présenté en octobre 2008 à l'Université de Fribourg, Suisse, au Département des Sciences du Plurilinguisme et des langues étrangères, sous la direction de A. Gohard-Radenkovic.

par la société d'accueil et leurs « démonstrations d'intégration » dans cette même société à travers leurs récits de vie ?

Cadre et contexte

Récit de vie et mobilité

Le récit de vie nous semblait la méthode la plus apte à sonder les perceptions subjectives de nos interlocuteurs sur leur parcours de vie (Bertaux, 2005). Notre objectif était de savoir comment chacun s'était construit et reconstruit durant son expérience de mobilité, de cerner – en d'autres termes – les transformations identitaires dans ce contact quotidien avec une autre réalité, dans le but de se l'approprier.

L'arrivée dans un pays étranger convoque des représentations de l'acteur « venu d'ailleurs » sur son nouvel environnement, mais provoque également celles des autres – les locaux – sur soi, en position « d'étranger ». L'expérience de la mobilité permet de découvrir ses propres implicites culturels et sociaux par un processus dynamique de confrontations et de réaménagements.

Mais notre objectif était également de voir comment nos narrateurs percevaient leurs stratégies d'adaptation et expliquaient leurs réussites et leurs échecs. Quels rôles leurs interlocuteurs de la société fribourgeoise ou « co-acteurs de la mobilité » (Gohard-Radenkovic et Murphy-Lejeune, 2008) endossaient-ils, à la fois dans leur parcours et dans leur narration ?

Qu'un lien existe entre récit et mobilité paraît alors évident puisque c'est au fil des décentrements et donc de *déplacements de soi* que l'on en vient à se raconter – pour justifier indirectement sa présence. Le récit est un élément actif dans le processus d'adaptation même car il permet de conscientiser les stratégies mises en œuvre, dans les différentes phases du séjour.

Pour mener notre analyse, deux références ont été capitales dans la mesure où elles nous ont permis d'organiser notre travail selon deux axes principaux : Adam et son schéma narratif type (2005), Greimas et son carré sémiotique (1993).

D'après ces deux auteurs, le schéma narratif du récit initiatique montre qu'il est difficile, pour chacun de se définir en s'écartant du prototype initiatique. Ce dernier fonctionne comme une matrice génératrice d'histoires, comme suit :

- le héros part d'un lieu où on lui aura attribué des biens ou des savoirs qu'il devra développer au fil de l'aventure : c'est la Table ronde dans le roman arthurien;

- durant sa quête, il devra affronter des obstacles par des actions et des stratégies;

- tout au long de son parcours, des figures-clés viendront en aide au héros (des adjuvants), des relais du groupe d'appartenance dans son rôle de protecteur;
- le héros fera des expériences amoureuses (des fées maléfiques ou bénéfiques) et finira par trouver l'âme sœur;
- le héros retournera au pays mais transformé car grandi et mûri par les épreuves.

Nos trois récits ont une structure commune due au partage de leur expérience de mobilité. Nous postulons que les similitudes – mais aussi les différences – nous renseigneront à la fois sur les perceptions de nos narrateurs sur leur expérience, mais révèleront également les stratégies de remédiation identitaire à travers l'expression d'un « capital narratif » acquis au fur et à mesure de leur vécu en contexte étranger.

Corpus, méthode d'enquête et d'analyse

Nos trois informateurs sont des étudiants africains venus à Fribourg, ville universitaire de Suisse occidentale bilingue (français/allemand) et catholique, pour conclure ou reprendre des études. Nous les avons rencontrés durant un cours de danse latino-américaine.

Johannes, Ethiopien, a vécu à Berlin et à Addis-Abeba jusqu'à l'âge de 16 ans. Il a obtenu une bourse pour venir conclure sa formation secondaire dans un institut des Grisons en 2001. Après avoir obtenu un diplôme en droit suisse à l'université de Fribourg, il a commencé une thèse de doctorat. Il s'est naturalisé Suisse en 2005.

Tariq est Marocain. Il est venu en Suisse pour terminer ses études en pharmacie et a dévié sur l'informatique. Au moment de l'entretien, il terminait son Bachelor.

Robert est parti du Togo car il ne trouvait pas de travail en tant que psychologue dans son pays. En Suisse, il a repris des études en sociologie et en journalisme.

Les entretiens se sont tenus dans des lieux de leur choix. Johannes nous a invitées dans un petit snack turc ; Tariq nous a reçu dans la cuisine de son internat ; Robert nous a consacré une pause dans ses révisions d'examen à la cafétéria de son université.

Après l'enregistrement des trois récits de vie – dont la durée moyenne a été de 60 minutes – la question de l'analyse du matériau s'est posée. Alors que, pour le recueil des récits, Bertaux (op. cit.) a été notre principale référence, nous avons préféré élaborer une méthode d'analyse plus personnelle. Bénéficiant d'une première formation en linguistique, nous avons décidé d'appliquer des outils d'analyse textuelle à nos récits de vies. Cette perspective, d'ailleurs, nous permettait de rejoindre Ricoeur et son concept « d'identité narrative » : si nos informateurs faisaient usage de figures de style ou organisaient leur discours selon des schémas narratifs préétablis, cela signifiait qu'ils en avaient connaissance et que ceux-ci les guidaient dans leur « construction identitaire ».

Quelles ont été les ressources morales, affectives, intellectuelles, culturelles, sociales ou financières de nos interlocuteurs ? Quelle importance prenaient, d'après eux, leurs expériences antérieures, soit l'éducation reçue, l'histoire familiale, les langues apprises, les déplacements vécus, l'exposition à l'étranger, etc. que nous avons dénommés plus haut « capitaux de départ » ?

Très vite, nous nous sommes rendu compte que notre influence en tant que destinataire des récits était plus importante que nous ne l'avions prévu : nous étions un membre de la société d'accueil et cela avait un impact sur le développement de leur discours. Par leur structure, les trois narrations se profilaient comme des « démonstrations d'intégration » qui nous étaient en grande partie destinées. En quête de l'identification de stratégies, nous réalisions que l'exercice que nous sollicitions – la construction d'un récit de vie et du même coup le *dévoilement* de leur espace privé – devenait, par un procédé de mise en abîme, en lui-même un outil stratégique.

Nous avons mené l'analyse en repérant les thèmes communs aux trois récits, apparaissant à des moments-clés. Cette organisation s'est révélée tributaire de modèles (mythiques ou romanesques, tels les récits initiatiques) et valide la thèse de Ricoeur selon laquelle il serait impossible à l'homme de s'expliquer son expérience du monde en dehors de trames narratives préalablement connues (Ricoeur, 2005). Par leur remodelage constant, nos récits dépassent ces préceptes. Leur structure s'est affinée – lissée – les évènements ont été réorganisés, reformulés et parfois idéalisés au fil des récits, en d'autres termes, *imaginés, réinventés,* dans une version écourtée ou dans le détail d'un épisode. Des co-acteurs – adjuvants, opposants, témoins – y ont pris place, des rôles principaux ont été attribués et même parfois échangés.

Les récits de vie : conquête d'un espace social et quête identitaire de soi

Dès le début de leur entretien, nos interlocuteurs se présentent comme faisant partie d'une « élite migrante » et se distancient volontairement des autres étrangers, les « immigrés ». Cette représentation de soi est liée également à des compétences d'organisation du discours, le plus souvent inconscientes au narrateur. Des stratégies d'adaptation apparaissent en lien direct avec des procédés propres à la mise en récit, révélateur d'une attitude réflexive sur son histoire et d'une quête identitaire de soi.

Situations initiales et capitaux de départ

Alors que la question de départ posée aux informateurs portait sur leurs expériences de mobilité, ces derniers s'attardent sur l'exposition de leur enfance. La mise en valeur constante des capitaux initiaux est un choix stratégique dans la présentation de soi à l'étranger. Nos étudiants s'appuient sur leurs conditions privilégiées avant le départ pour se démarquer des « autres immigrés ».

Bien que tous restent discrets sur le potentiel économique des parents, nos narrateurs s'appliquent à décrire leur cadre familial comme un lieu de tranquillité et de valorisation, propice aux études : « J'étais un enfant protégé » (Johannes), « Je viens d'un milieu privilégié aussi bien matériellement que pour les stimulations intellectuelles » (Robert). Tous mentionnent les études des frères, Robert insiste sur la formation de ses sœurs ayant toutes obtenu leur bac : « Tous les garçons sont universitaires et les filles ont toutes été jusqu'au lycée ». La poursuite des études a, dans chaque cas, été une affaire de famille, Robert : « Ils vivaient les examens avec nous », Johannes : « Quand mon père s'est retrouvé au chômage, on a tout vendu, tout, tout, tout : la voiture, la machine à laver [pour nous payer l'écolage] on est devenus pauvres ».

L'ouverture de la famille à l'étranger est également prise en compte. Johannes a grandi à Berlin alors que son père était diplomate à l'ambassade d'Ethiopie en Allemagne. Robert et Tariq parlent de leurs frères partis pour l'Europe avant eux. On expose son capital linguistique : Johannes attribue le mérite de son départ à sa scolarisation en langue allemande. Tariq tergiverse sur son « horreur du français [qu'on lui] imposait à l'école marocaine », mais qu'il enseigne maintenant à sa petite amie polonaise. Cette langue, aujourd'hui, n'est plus une langue « étrangère » imposée, mais une « langue vivante ». C'est un « capital incorporé » qui « s'objectivise » (Zarate, 1997).

Clôturant l'incipit : la préparation du voyage. Alors que l'enfance avait été une « gloire de clan », la sélection d'un unique co-acteur de la mobilité augmente la symbolique du départ. Ce rôle d'adjuvant est donné à la mère de Robert qui, ayant vu comment « en tant que maîtrisard » il était devenu « vendeur de tapis », l'a encouragé à quitter le pays; à la jeune sœur de Tariq de qui le jeune homme obtient une aide financière ; au père de Johannes optimisant son réseau germanophone à Addis-Abeba afin d'obtenir une bourse d'études dans un internat des Grisons en Suisse.

La description de l'enfance et de la jeunesse vise à souligner les étapes du détachement. Chaque départ a longuement été préparé par l'éducation, la valorisation du travail scolaire, la recherche (ou la réactivation) de réseaux sociaux et l'apprentissage des langues étrangères. La stabilité initiale sera ce à quoi, par l'expérience de mobilité, on tentera inlassablement de revenir. C'est l'image classique du paradis perdu.

Le départ : devenir acteur de sa mobilité

Le « cocon » familial s'efface brutalement pour faire place à l'histoire individuelle, (Johannes). La prise en charge de l'expérience par le narrateur marque un tournant dans sa gestion des capitaux. Pour faciliter l' « atterrissage » en zone inconnue, des réseaux sociaux ont été mis en place : à sa sortie de l'internat des Grisons, l'été précédant son entrée à l'université, Johannes est recueilli dans une famille « d'amis d'amis », mais cette expérience se passe mal. Il se « sent [...] de trop et [est] toujours malade alors qu'il [fait] chaud ». Tariq a habité chez son frère et sa belle-sœur dans la région du Lac Noir durant sa première année en Suisse, mais trop « isolé » de l'univers estudiantin, il décide de s'installer seul. Cette volonté d'indépendance, d'ailleurs, est problématique car elle remet en cause la tutelle du frère aîné sur le « petit ».

Si ces familles de substitution – relais suisses du foyer africain – n'ont pas convenu à nos étudiants, c'est qu'ils ne correspondaient pas à ce dont ils avaient besoin dans cette nouvelle phase de leur vie, Robert :

> « Je partais carte blanche. Je suis catégorique, les entre-deux, ça me perturbe. Je partais pour découvrir à fond, pour étudier, pour savoir ce qui se passe de l'autre côté. L'exemple de mes frères a certainement joué un rôle dans mon détachement, mais je ne les ai pas imités. S'ils n'étaient pas partis, je serais parti. »

Alors que le premier accueil – de type « familial » – ne leur avait pas convenu, nos trois informateurs détaillent leurs stratégies pour se constituer de nouveaux groupes d'appartenance en Suisse. Ce besoin de socialisation apparaît – pour chacun – après une phase de solitude : Robert a vécu son premier été en Suisse de manière très isolée car il n'a « fait que travailler dans [son] agence de nettoyage ». Johannes admet que « comme tous les Ethiopiens qui ne pensent qu'à travailler pour faire carrière », il n'a fait qu'étudier jusqu'à l'obtention de son premier diplôme. Lorsqu'il habitait hors de la ville, Tariq n'avait « aucun contact avec d'autres étudiants ».

La sortie de cette phase d'isolement sera marquée – dans les trois cas – d'un déménagement. Johannes et Tariq sont entrés à l'internat des Pères Cordeliers de Fribourg et Robert a intégré celui d'une autre congrégation. Au-delà des confessions respectives – Tariq observe les prescriptions du ramadan, Johannes ne précise pas sa religion, Robert est catholique – ces communautés se révèlent plus adaptées aux projets de développement personnel des jeunes hommes. Elles marquent, paradoxalement, le retour à une valorisation d'un entourage de type « familial » : « On vit comme dans une grande famille » souligne Robert

Le mot « entre-deux », en contexte d'exil, évoque la figure de l'étranger regrettant le pays quitté. Robert se distancie volontairement de cette représentation mélancolique pour renforcer l'image d'un soi aventurier, avide de « découvrir à fond » le monde. Le fait de devoir se « débrouiller seul » pour gagner sa vie tout en étudiant plonge nos jeunes « privilégiés » dans des situations financières difficiles, mais cette nouvelle précarité n'est pas perçue comme dévalorisante. Le fait de « ne devoir rien à personne » est vu comme un défi et s'oppose, symboliquement aux privilèges de naissance (Robert). Ce sont précisément ces privilèges de naissance qui leur permettent d'assumer ces manques comme des avantages et non comme des stigmates de pauvreté.

Stratégies face aux représentations de « l'autre » : entre attitudes de différenciation et de conformité

Les stratégies des narrateurs face à l'« autre », qu'il soit étranger comme lui ou suisse, varient selon l'interlocuteur en face et les enjeux qui lui sont liés : elles oscillent entre distinction, différenciation d'avec cet « étranger fantasmé » par la société d'accueil ou à l'opposé se conforment aux représentations.

Ainsi, les uns inventent une image « cosmopolite », qui se veut non marquée, neutralisée, et s'écartent décisivement du cliché africain (chaleur, musique dans le sang, communication facile etc.). A l'inverse, les autres utilisent la spécificité culturelle comme un atout, voire une plus-value culturelle, en jouant de « l'exotisme » et du « capital sympathie » qu'il provoque.

Les attitudes de différenciation

Les capitaux de départ de Johannes ont forgé sa manière d'appréhender son entourage. Le contexte étranger a exacerbé ses critères de sélection.

> « Comme tous les Ethiopiens étudiant à l'étranger, je n'ai eu que très peu de contacts en dehors du campus. Même si je rencontrais des étrangers, il s'agissait de personnes éduquées, des étudiants qui savent parler et qui maîtrisent plusieurs langues. C'étaient des étrangers d'un certain type, le même type de gens. »

Les valeurs exprimées sont le potentiel intellectuel « étudiants », la communication « qui savent parler », le savoir-vivre (à l'occidentale ?) « éduquées », et la connaissance des langues « et qui maîtrisent plusieurs langues ». Ses interlocuteurs en Suisse sont « des étrangers d'un certain type » : des académiques cultivés. Comme lui, Robert construit son récit autour de son identité académique. Ainsi, aucune mention n'y est faite de contacts avec d'autres étrangers.

Tariq dit ne pas se sentir « concerné » par les discussions sur les étrangers. Il trouve cela « dommage », mais son discours se contredit :

> « Ce sont les médias qui manipulent l'info. *Le Temps*, *La Liberté*, c'est tout du déchet[2] Il faut faire attention avant de juger les autres. Ils n'ont pas la vie facile. Certains, ils travaillent tous les deux, mais n'ont pas assez d'argent pour la famille. C'est normal qu'ils ne soient pas là pour éduquer leurs enfants ! Parfois, les discussions dans le bus me font quand même du mal, mais certains étrangers ont aussi leur responsabilité ! Certains, comme les Asiatiques, n'apprennent pas la langue, restent entre eux avec une seule idée en tête : rentrer au pays. Cela ne va pas les aider à s'intégrer. Mais ce ne sont pas seulement les Asiatiques mais aussi les Musulmans, les Noirs (...) Moi, je me sens concerné parce que j'ai une tête d'Arabe. »

Comme Johannes, il pense que les compétences linguistiques sont indispensables à l' « intégration » car elles évitent que les étrangers restent « entre eux ». Une autre valeur, cependant, apparaît dans son discours, l'importance d'un investissement dans la vie sociale du pays d'accueil: « Ils restent entre eux avec une seule idée en tête : rentrer au pays ». Tariq est le seul à faire part de tentatives de contact avec les membres de la société suisse (en dehors des réseaux mentionnés). A la fin, avec sa « tête d'Arabe », il se « sen[t] concerné », ce qui montre qu'il vit de fortes tensions identitaires. Les représentations qu'il a de lui-même en Suisse ne sont pas aussi « lisses » que celles des deux autres (comme le montrent les confusions fréquentes des pronoms, « eux »/« nous » pour désigner réciproquement les Suisses ou les Marocains.)
Robert dit ne pas vouloir se « présenter sous l'angle du cliché que l'on a de lui :

> « J'essaie d'éviter les clichés ; ne pas me présenter sous l'angle du cliché que l'on a de moi. Mais en évitant les clichés, j'étais en train de perdre une partie de moi-même Le tam-tam par exemple : j'arrive à un endroit où il y a un tam-tam. J'ai envie de jouer, mais comme je veux éviter les clichés, je ne vais pas jouer ; alors que dans ma famille, mon papa est joueur de tam-tam, moi je suis joueur de tam-tam, mon frère aussi. Je me fais du mal pour finir. »

Il a intégré une certaine « hiérarchie des cultures » le menant à l'auto-dévalorisation de ses propres appartenances et valeurs dans le contexte suisse. La réflexion qu'il mène sur sa gestion des représentations est en accord avec l'absence, dans son récit, d'allusion à toute africanité.

Tariq se demande si c'est parce qu'« on a pensé qu' [il] ferai[t] un couscous de temps en temps » qu'on l'a choisi dans sa première co-

---

2 *Le Temps* et *Liberté* sont les deux quotidiens les plus importants et les plus lus en Suisse romande. *La Liberté* est un journal spécifiquement fribourgeois.

location. Le partage d'un mets préparé selon une recette de famille, en situation de mobilité tout spécialement, est une stratégie de séduction exotique. Si la nourriture est appréciée, on se sent valorisé en tant qu'individu mais surtout en tant que membre d'une culture. Le jeune homme, d'ailleurs, n'a pas hésité à céder sa place de cuisinier à Anne, lorsque le couple a invité les amis du jeune homme pour sa pendaison de crémaillère. Par ce geste, il défolklorisait la soirée (puisque tout le monde s'attendait à manger marocain) et profitait de l'occasion pour valoriser sa compagne. Le don d'un repas lui paraissait une manière excellente pour l'intégrer à un nouveau réseau. Malheureusement, l'initiative n'eut pas le succès espéré car la nourriture polonaise ne fut pas appréciée selon ses espoirs par ses amis qui s'attendaient à un repas africain. Tariq fut déçu : le « jugement sur la nourriture » est « un indice de rejet social prononcé » (Gohard-Radenkovic et Kohler-Bally 2004).

Les attitudes de conformité au « capital sympathie »

La majorité des Suisses interrogés ont fait état de leur sympathie « naturelle » pour l'Africain noir de peau[3]. Dans les entretiens, les qualifications positives telles que « beau », « rieur », « amusant », « séduisant », « joie de vivre » pullulent. L'on compare son attraction au Noir en le contrastant au Yougoslave caractérisé par son « air renfrogné », Marc dit :

> « Un jeune homme de couleur, moi, il m'est sympathique ; je pars en me disant qu'il est sympathique. (...) Un garçon de couleur, j'ai envie de le connaître, j'ai envie d'avoir un échange avec lui. »

Après avoir commenté leur attirance naturelle pour le Noir, les Suisses admettent que les métiers dans lesquels ils le voient sont essentiellement des métiers « d'exhibition ». Lucien dit : « Dans des restos africains, dans des choses comme ça de leur pays [...] aussi pour des raisons physiques, tu montres », ou Elise : « Ça reste des choses dans le sport, la danse, mais un peu d'exhibition en fait, ça c'est pas très beau quand même... »

Le récit des années d'internat de Johannes dans les Grisons est criblé de références à sa peau noire. Il se désigne – satisfait – par des expressions telles que « le seul petit homme noir de l'école » ou « ma tête de choco ». Quand ses camarades le questionneront sur le métier de son père, sans mentir, il répondra « diplomate ». Les autres élèves comprendront « ambassadeur » bien qu'en Ethiopie, le diplomate soit au chômage depuis

[3] Notre recherche comprenait deux volets: une étude des récits de vie et une analyse du discours des Suisses – interlocuteurs des Africains au quotidien – sur eux (par entretien compréhensif).

des années. Le jeune garçon modèle habilement son image sociale et joue du mystère et de l'« exotisme » qu'il suscite: « Pour eux, j'étais exotique, trop exotique ».

Robert et Johannes sont également conscients du « capital sympathie » dont ils bénéficient. Alors que Robert nous dit combattre les clichés en évitant d'y correspondre, Johannes, au contraire, avoue jouer de temps à autre de sa séduction exotique. Pour Tariq, la question ne se pose pas car il a « une tête d'Arabe ». Bien que son histoire – et ses capitaux – diffèrent totalement, le stéréotype négatif du « Beur » des banlieues parisiennes lui colle à la peau.

La peau noire de Robert et de Johannes paraît être une caractéristique physique particulièrement avantageuse à Fribourg, ville universitaire et catholique. La faculté de théologie a une longue tradition d'échanges avec des institutions religieuses africaines. Benoît et Pierre – deux Suisses ayant étudié à Fribourg dans les années 60 – nous rappellent dans leurs entretiens qu'à ce moment-là, les seuls étrangers que l'on rencontrait en ville étaient des théologiens noirs africains. Leur chasuble et leur couleur de peau leur donnaient l'allure de « philosophes venus de très loin », (Pierre). Ils étaient particulièrement respectés par les habitants ainsi que par les autres étudiants.

Il est probable qu'un « capital d'intégrabilité », rappel de cette figure du « Noir séminariste », vienne s'ajouter au « capital sympathie » que nous venons d'identifier.

Aménagements d'espaces sociaux et identitaires : l'émergence de la fonction de médiateur

Sentiment individuel d'adaptation, aménagement d'espaces à la fois sociaux et identitaires et redéfinition des rôles : quelles sont les stratégies que nos narrateurs pensent avoir élaborées pour réussir leur « intégration » dans la société fribourgeoise ?

Stratégies d'adaptation et aménagements identitaires

En sortant de l'internat, Johannes a dû « apprendre à laver son linge » et « à cuisiner » – activités qui, visiblement, ne sont pas des travaux d'homme en Ethiopie. On voit ici que l'expérience de mobilité provoque un changement dans les représentations que le jeune homme se fait de son identité sexuelle et du statut (et des devoirs) de l'homme dans la société. Johannes vise non pas une stabilisation en Suisse – il se pourrait qu'il parte « aux USA » – mais une relative « tranquillité » lui permettant de vivre chez nous sans se faire remarquer.

> « Au niveau propreté, c'était bien. Je n'étais pas quelqu'un qui n'était pas intégré. Mais c'était plutôt mon côté sud, tu vois, j'aimais bien que des amis

viennent des fois prendre un verre à la maison et ça, c'était dur pour eux □les colocataires suisses□. Je me sens suisse, je te jure, c'est la merde. Quand j'étais au Maroc je voulais un environnement calme et c'est ce que j'ai trouvé en Suisse. Les poubelles comme ils font chez eux, la cuisine.... C'est plus simple de vivre ici. »

Tariq fait rimer « intégr[ation]» avec « propreté ». La comparaison se développe, plus loin, quand il dit « Les poubelles comme ils font chez eux », succédant à « je me sens suisse, je te jure, c'est la merde ». Le jeune homme s'est habitué au « calme » suisse au point de ne plus tolérer les collectes d'ordures au Maroc. Son désir d'insertion dans la société d'accueil est signalé par « Je me sens suisse » alors que le marqueur discursif d'exclusion « chez eux » désigne, en les éloignant, les Marocains.

La même chose se produit quand il traite le thème de la ponctualité. Il s'excuse après avoir harcelé ses amis en retard à son dîner de coups de téléphone en disant : « Je suis un Suisse pour les horaires ». Il a intégré dans ses principes des règles lui permettant de se glisser dans notre pays en évitant des tensions désagréables (que l'on pourrait attribuer à des différences culturelles). Nous voyons dans cette attitude un « comportement superfétatoire » : les étrangers « en font plus que les Suisses » pour être acceptés.

« Niches d'intégration» et émergence de la fonction de médiateur

Johannes a un rôle spécifique au sein du foyer où il habite: « Au foyer, je suis souvent interpellé en tant que médiateur dans les conflits [...] les gens ont commencé à s'attacher à moi, ils ont confiance et pour moi ça compte beaucoup ». Du fait de sa nationalité suisse, il est devenu une référence en matière administrative, mais ce rôle risque de l'enfermer. Dans son activité de « conseil juridique », il déplore que sa clientèle soit essentiellement « noire », par exemple. Tariq, lui, est fier que sa grande chambre soit devenue « un lieu de retrouvaille des copains ». Il dépanne des amis sans toit les nuits où il travaille à l'hôtel, de ce fait « le lit [est] toujours chaud ».

Hors du logement, le sport et l'université sont les réseaux importants mentionnés dans les récits de vie. Tariq et Robert s'associent à des groupes de « nouveaux » universitaires ; Tariq explique : « Entre nouveaux, c'est plus facile de socialiser », et Robert : « Je me suis facilement intégré à un groupe de nouveaux avec lequel je découvris la ville estudiantine de Fribourg ». Progressivement, des réseaux de connaissances s'instaurent autour d'activités sportives (le football pour Robert, la boxe pour Johannes, la danse pour les trois) et scolaires (préparation commune de séminaires). Les cours de danse organisés par Johannes deviennent un lieu de rencontres matrimoniales puisque c'est en y participant que Robert et Tariq ont rencontré leurs futures épouses Sonia et Anne.

C'est par le biais des communautés religieuses que chacun obtiendra son premier « job ». Robert commencera par être servant de messe, puis trouvera un poste à 20 % dans l'association MADEP en tant qu' « animateur option rue »[4] Johannes se proposera de garder les enfants de la paroisse et de leur lire des contes. Il animera, dans un second temps, un atelier de danse latino-américaine dans le réfectoire du couvent des Cordeliers. Tariq commencera à se « faire de l'argent de poche » en « coupant les cheveux » de ses voisins de chambre à l'internat. Ces premiers « boulots » constituent des « niches d'intégration » plutôt que des gagne-pain car ils sont souvent à caractère bénévole (Gohard-Radenkovic, Bera-Vuistiner et Veshi, 2003). Il semble s'agir d'un itinéraire type : tous passent par le bénévolat avant d'obtenir un emploi à temps partiel.

Pour Johannes et pour Robert, le retour à la stabilité tant attendue – incarné par l'obtention d'un premier emploi fixe – se fera encore par l'intermédiaire d'hommes d'Eglise. Après avoir été engagé comme téléphoniste pour vendre des cosmétiques, Johannes est devenu l'assistant d'un professeur de théologie à l'université, et de servant de messe, Robert a été promu à un poste de « formateur de formateur » dans son organisation. Bien qu'il s'agisse toujours d'un déclassement social, selon l'expression de Tariq : « Pour éviter les tensions, j'accepte toujours des postes décalés », il semble significatif que ce soient toujours des religieux qui permettent à nos étudiants de trouver un emploi fixe. Dans le récit, on assiste à un échange de places des adjuvants : les hommes d'Eglise prennent la relève des parents dans leur rôle de guide.

Nos trois interlocuteurs, acteurs de la mobilité, sont devenus des acteurs de la médiation. La typologie proposée par Briant et Palau (1999) nous permet de décrire la progression de leur statut de médiateur innommé à celui de nommé. En effet, dès leur arrivée en Suisse, chacun d'entre eux a intégré un groupe ou une association. Les communautés religieuses et les équipes sportives ont joué le rôle de « niches d'intégration ». Très vite, par le biais du volontariat, ils sont devenus médiateurs improvisés ou « innommés »

Finalement, leur statut s'officialise par l'obtention d'un emploi où leurs stratégies d'intégration sont mises à profit : Robert obtient un poste d'animateur salarié dans son association et Johannes est nommé assistant à l'université. Tous deux entreprennent une thèse de doctorat qui leur permettra de théoriser – d'une manière ou d'une autre – leurs expériences

4 MADEP- ACE : Mouvement de l'Apostolat Des Enfants et Préadolescents – Action Catholique pour l'Enfance.

de mobilité. Selon Briant et Palau (op. cit.) on peut les considérer comme des « médiateurs nommés ». A nos yeux, ils acquièrent le statut de « médiateur élu ».

Récit de soi, récit initiatique et capital narratif

Récit de soi versus récit initiatique

Nous avons relevé, au cours de cette analyse, le trait principal de ces récits : la capacité d'adaptation des narrateurs au(x) destinataire(s). La volonté de ne pas entrer en matière avec le regard de l'autre – le Suisse – les amène à nier leurs différences culturelles et les raisons socio-économiques de leur présence à Fribourg, pour mettre l'emphase sur leur statut d'étudiant.

Ce processus de construction identitaire par le récit de vie s'appuie (inconsciemment) sur des procédés narratifs classiques propres au récit initiatique et nous avons pu en déceler des éléments représentatifs :

- *Le héros part d'un lieu où on lui aura attribué des biens ou des savoirs qu'il devra développer au fil de l'aventure* : dans nos récits, la volonté de rapporter les stratégies d'adaptation aux capitaux de départ, acquis grâce à la famille, est constante.
- *Durant sa quête, il devra affronter des obstacles et (ré)agir* : dans nos trois parcours, ces obstacles sont la précarité financière, les défis académiques, la gestion des représentations négatives dans le regard des Suisses et les barrières à l'insertion professionnelle.
- *Tout au long de son parcours, des figures-clés viendront en aide au héros* : dans nos récits, l'aide de familles d'accueil en Suisse est refusée pour attribuer ce rôle à des prêtres ou des professeurs en théologie.
- *Le héros fera des expériences amoureuses et finira par trouver l'âme sœur,* comme par exemple Tariq qui nous parle de ses conquêtes et avoue: « Je suis jaloux ». Son besoin de « tranquillité » sera comblé par Anne, qu'il épousera un an après leur rencontre.
- *Le retour au pays, grandi et mûri, avec la nouvelle épouse est nécessaire pour officialiser le détachement du clan et la naissance d'une nouvelle famille* : cette année, Robert et Tariq sont retournés en Afrique pour présenter leur compagne à la famille ; Tariq y a célébré son mariage religieux.

Les trois récits respectent le schéma narratif type proposé par Adam : situation initiale (le récit de l'enfance, exposition des capitaux de départ), complication (l'impossibilité de continuer les études), actions (les mobilités, l'application dans les études et dans des réseaux sociaux, les recherches d'emploi), résolution (l'obtention de diplômes et de postes « officiels » pour Johannes et Robert, les fiançailles de Tariq et de

Robert), situation finale – clôture nécessaire de tout récit mais paradoxale dans un récit de vie puisque l'existence décrite est en cours – l'attestation : « Je suis intégré », sous-entendant : « ce récit en est la preuve ».

Dans les trois cas, l'expérience de la mobilité, mise en récit, raconte en fait l'histoire de la conquête de l'« autonomie » et celle d'une place dans un milieu, tantôt bienveillant, tantôt hostile, ou les deux à la fois. Mais elle raconte aussi l'histoire d'une quête identitaire personnelle. La narration est donc un lieu où se négocient les appartenances – certaines plus légitimes que d'autres – en vue d'une preuve d'intégration. Dans cette perspective, les signes de « solidarité » – objet des précédents paragraphes – ressemblent à des aveux involontaires, « zones blanches » d'une « démonstration d'intégration » que nos interlocuteurs auraient voulue sans doute plus lisse et plus évidente.

Un « capital narratif » mobilisé

Nos trois interlocuteurs ne maîtrisent pas leur histoire de vie de la même manière et cette différence nous a permis d'élaborer le concept de « capital narratif ». Johannes et Robert ont l'habitude de se raconter. Son récit enregistré, nous avons fait part à Johannes de notre émerveillement quant à la clarté de sa présentation. Le jeune homme nous a répondu: « Les gens s'étonnent d'entendre un Noir parler l'allemand comme une langue maternelle, alors ils m'en demandent la raison et je raconte ». Robert connaissait la méthode du récit de vie et cela s'observait dans l'organisation de son discours ; il a même, en parlant du « tam-tam », employé le concept d' « habitus ». Notre échange était une conversation entre initiés en sociologie.

Chacun atteste qu'un lien existe entre les recherches scientifiques entreprises et l'expérience personnelle de mobilité : Johannes rédige une thèse sur le concept de « multi-nation » dans le but de comparer les situations suisse et éthiopienne. Les problématiques liées aux revendications des minorités sont donc son domaine scientifique. Robert explique le choix de sa Faculté par son « intérêt pour l'homme et le fonctionnement psychanalytique humain ». C'est ainsi qu'après la psychologie, il a étudié la sociologie et le journalisme. L'aptitude à la conceptualisation, compétence requise par l'un et l'autre dans leurs recherches, pourrait-elle expliquer leur attitude distante face aux faits sociaux exposés dans leurs récits de vie – différence fondamentale avec l'implication émotive de Tariq dans le sien?

La précision de la narration se reflète dans des choix stylistiques et de structure. En exposant ses réseaux d'amitiés « s'organis[ant] en trois groupes principaux », Robert compartimente méthodiquement ces « trois groupes » comme annoncé, ce qui augmente l'impression de clarté : « d'abord, il y a les membres de l'association MADEP, [...] le second groupe d'amitiés est celui de l'université [....], finalement, le dernier groupe : les membres de l'équipe de foot ». Certains épisodes, chez Johannes, sont criblés de termes traduisant sa relation enchantée à l'expérience. En arrivant en Suisse, la première chose dont il se rappelle est « la neige » qui tombe. Il pense alors « être dans un conte de fées ». Cette constatation précède l'évocation d'une scène traumatisante de bizutage. La volonté de créer un contraste entre ces deux expériences est évidente et due à une réinterprétation romanesque du souvenir. Le terme « miracle » revient à deux reprises, systématiquement en association avec son entrée dans des institutions scolaires, à Samedan, puis à Fribourg. Ce choix terminologique va dans le sens de la description de « la gentille logeuse âgée » l'ayant accueilli pendant ses premières années d'université. On s'imagine la petite maison de cette vieille dame en pâte d'amande, sortie d'un conte de fée.

Par ailleurs, Bertaux postule que le « lissage » d'un parcours de vie, par le biais de la narration, est une compétence propre aux « dominants » (Bertaux, 2005). Cette remarque reprend l'idée de Berstein selon laquelle la maîtrise du langage (et du métalangage), et « la compréhension des principes qui inspirent la socialisation », donnent à l'acteur social le « sentiment [qu'il] peut agir sur le monde » (Bernstein et Chamboredon, 1975, p. 230)

C'est sur les différences entre les trois discours que le « capital narratif » se définit. De ce point de vue, il nous semble que le récit de Tariq se démarque sensiblement de ceux de Johannes et de Robert. L'étudiant marocain est le seul exprimant clairement son désir de contact avec les autochtones, ainsi que les multiples échecs qui en découlent. Les deux autres paraissent mieux réussir à esquiver ces déboires relationnels.

Leur capital narratif fonctionnerait-il comme un bouclier leur permettant de se protéger des agressions ou des échecs et de s'en distancier émotionnellement ?

Conclusion : la double fonction de médiation du récit de vie dans la mobilité

Durant leurs premiers mois en Suisse, tous nos informateurs tendent à se conformer au profil de l'étudiant en mobilité académique de type Erasmus qui, en vue de sa mobilité temporaire, ne s'insère que partiellement dans la société d'accueil. Puis, s'ils restent plus longtemps que prévu, ils acceptent des emplois auxiliaires au-dessous de leurs qualifications. Discours attendus de l'étudiant en mobilité « choisie », ils digressent sur leurs besoins d'aventure et leur prédisposition naturelle à la découverte (Murphy-Lejeune, 2003; Papatsiba, 2003). Cette posture leur permet de se fondre dans le monde académique et de se distancer des autres étrangers, les « immigrés ».

Si ce statut, au départ, « d'étranger de passage » facilite la constitution d'un réseau social car il attire toute personne disposée à une rencontre « exotique », il pose en revanche problème dans la mesure où il est un frein à un projet d'installation durable. Contrairement à l'expérience temporaire de l'étudiant Erasmus, nos jeunes gens africains sont venus pour une durée indéterminée. Au fil des années, ils découvrent que la reconnaissance académique dont ils ont bénéficié n'est pas relayée par une ouverture sur la scène économique et qu'ils peinent à se libérer de leurs conditions précaires.

Nos trois interlocuteurs ont acquis une posture réflexive leur permettant de contrôler l'impression qu'ils donnent. Tariq fait preuve d'une capacité d'adaptation considérable quand il gère des situations « à la manière suisse ». Ces stratégies lui permettent de vivre ici sans tensions. Johannes et Robert, moins impliqués émotionnellement dans leurs récits, sont plus systématiques. L'histoire qu'ils livrent est une démonstration : la présentation d'un projet familial initial; l'exposition de valeurs héritées de l'entourage (sélectionnées à posteriori en fonction de leur importance dans l'expérience de mobilité); la mobilité elle-même où ces capitaux ont fructifié (dans la formation de réseaux et dans l'avancement sur le plan académique); une réflexion théorique enfin, validant l'expérience : les thèses de doctorat. Ainsi, par le récit, la conscientisation de leurs capitaux et de leurs stratégies aura permis aux deux étudiants de mettre en valeur leur statut d' « élite » étrangère.

L'évaluation du « capital narratif » nous montre que le récit est un lieu de remédiation identitaire sur deux plans: il permet d'évaluer les tensions potentielles avec les membres de la société d'accueil, dues aux appartenances culturelles et au danger de l'amalgame avec d' « autres » étrangers « moins éduqués » et de les contrecarrer par une réhabilitation centrée sur la fructification des capitaux initiaux et sur la conquête de son autonomie. Cette identité narrative permet en deuxième lieu de se percevoir soi-même dans un rôle de médiateur en réinvestissant les stratégies élaborées au profit d'un tiers et, finalement, de le devenir officiellement, « élu » par des autorités de la société d'accueil.
Le récit, dans cette perspective, devient l'élément actif, *révélateur* du rôle de médiateur.

Bibliographie

ADAM, J.-M. (1999). *Le récit.* Paris : Presses Universitaires de France (6e éd.)

ADAM, J.-M. (2005). *Textes, types et prototypes. Récit, description, argumentation, explication, dialogue.* Paris : Armand Colin ed. (2e ed.) p. 45 et ss.

BERSTEIN, B., CHAMBOREDON, J.-C. (1975). *Langage et classes sociales. Codes sociolinguistiques et contrôle social,* Paris : Minuit.
BERTAUX D. (2005). *Le récit de vie : l'enquête et ses méthodes ».* Paris : A. Colin.
BOURDIEU, P. (1980). *Ce que parler veut dire. L'économie des échanges linguistiques.* Paris : Fayard.
BOURDIEU P. (1986), L'illusion biographique. *Actes de recherche en sciences sociales, n°* 62- 63.
BRIANT, V., PALAU, Y. (1999). *La médiation, définition, pratiques et perspectives,* Paris : Nathan.
COURTES, J., GREIMAS, A.-J. (1993). *La sémiotique narrative et discursive : méthodologie et application,* Paris : Hachette,
DE EVERAERT-DESMEDT, N. (2007). *Sémiotique du récit.* Bruxelles : De Boeck.
GOHARD-RADENKOVIC, A., MURPHY-LEJEUNE, E. (2008), Mobilités et parcours. In ZARATE, G., LEVY, D., KRAMSCH, G. *Précis du plurilinguisme et précis du pluriculturalisme.* Paris : Archives contemporaines, pp. 131 – 138.
GOHARD-RADENKOVIC, A., KOHLER-BALLY, P. (2004). L'acte alimentaire comme acte d'appartenance culturelle et comme acte potentiel de renégociation identitaire. In ZARATE, G., GOHARD-RADENKOVIC, A. La reconnaissance des compétences interculturelles : de la grille à la carte. *Les cahiers du CIEP.* Paris: Didier, pp. 56 – 68.
GOHARD-RADENKOVIC, A., BERA-VUISTINER, M., VESHI, D., (2003). Quelle est la perception des interprètes médiateurs culturels de leur rôle et de leurs compétences . In ZARATE, G., LEVY, D. *La médiation et la didactique des langues et des cultures, FDLM, Recherches et Applications,* Janvier, FIPF, Clé international.
KAUFMANN, J.-C. (2007). *L'invention de soi : une théorie de l'identité.* Paris : A. Colin.
MURPHY-LEJEUNE, E. (2003). *L'étudiant européen voyageur, un nouvel étranger.* Paris : Didier.
PAPATSIBA, V. (2003). *Des étudiants européens : "Erasmus" et l'aventure de l'altérité.* Bern : Peter Lang.
RICOEUR, P. (2005). *Soi-même comme un autre.* Paris : Ed. du Seuil, [1997].
ZARATE G., (1997). Pour l'amour de la France : la constitution d'un capital pluriculturel en contexte familial. In LEFEBRE, M.-L., HILY M.-A. *Situations plurilingues et leurs enjeux.* Paris : L' Harmattan, pp. 25 – 31.

Résumés

Première partie. Le récit de vie comme espace de renégociation de soi avec l'autre

COGNIGNI Edith. « Se raconter en migration : du récit biographique langagier à la co-construction de la relation interculturelle »

L'objectif de cette contribution est de mettre en évidence comment le récit de vie, en tant que récit des parcours d'apprentissage linguistique et de contact culturel, peut représenter un espace narratif interactif dans les processus de (re)construction d'identités plurielles et de la relation interculturelle en contexte plurilingue. Les migrants post-coloniaux sont ici envisagés comme les représentants symboliques de l'intrinsèque pluralité identitaire du sujet de la société actuelle et de son besoin de se raconter. On montrera d'abord comment, en situation de dépaysement, le récit biographique langagier peut devenir l'occasion de déconstruire et de reconstruire sa propre pluralité linguistique et culturelle, et où la langue d'adoption représente souvent une méta-compétence. Dans une optique socio-constructionniste, on verra comment le récit de vie constitue aussi un moment formatif médié et médiateur où des sujets de langues et de cultures différentes peuvent nouer, à travers leurs narrations, des identités renouvelées et métissées en s'échangeant leurs récits, leurs compétences et leurs perspectives sur leur expérience migratoire et relation à l'altérité.

CORAY Renata. « Biographies langagières: les Romanches et l'allemand – récits- témoignages d'un rapport ambigu »

Aujourd'hui, tous les locuteurs romanches de Suisse sont au moins bilingues. Pour les membres de cette minorité linguistique, la maîtrise quasi parfaite de la langue dominante, l'allemand, est une condition *sine qua non* pour toute mobilité sociale et géographique. Les biographies langagières recueillies auprès des Romanches de la couche populaire reflètent cette nécessité et les constructions de sens à ce sujet. Les membres de cette couche sociale expriment moins de soucis pour la sauvegarde de leur première langue menacée que pour l'apprentissage de la langue dominante, l'allemand. L'analyse de leurs récits biographiques révèle que beaucoup d'entre eux se souviennent de peines et de souffrances liées à l'apprentissage de cette langue non aimée. Les différentes stratégies face à la deuxième langue obligatoire englobent l'évitement de l'allemand, la séparation nette de la sphère privée et régionale romanche de la sphère publique suprarégionale allemande et/ou l'orientation vers d'autres langues romanes.

PUNGIER Marie-Françoise. « Traces d'expérience de la langue dans des journaux d'étudiants japonais en mobilité ou le récit d'une métamorphose »

Les écrits (journaux de séjour, journaux d'apprentissage) produits par des étudiants japonais lors d'une expérience de mobilité courte entre le Japon et la France, et abordés comme un récit en soi, permettent de voir quels liens ils tissent entre eux, le séjour et l'objet langue et comment ils intègrent ce dernier à ce temps d'échange académique. Quand ces étudiants décident de participer à ce stage de "langue et culture", qu'emmènent-ils dans leurs bagages ? Et qu'en ramènent-ils ? Si au début, l'objet langue tient une place relativement faible dans les motivations à partir ou se trouve noyé parmi d'autres éléments de nature plus psychologique (défis à relever), au fur et à mesure, son importance augmente. Cette transformation se fait, non pas seulement parce que l'environnement linguistique quotidien y oblige, mais plutôt parce que la salle de classe permet de changer la manière d'appréhender la langue et ses rapports à elle. A cela, s'ajoutent les autres occasions de pratique qui renforcent un processus de métamorphose engagé, et dont la nature dépasse le simple domaine linguistique. Ainsi, peu à peu, cette expérience s'écrit comme une histoire personnelle.

Deuxième partie. Le récit de vie comme espace de projection et de réparation de soi

GUILBERT Lucille. « Le projet dans le récit de vie; le récit de vie comme projet »

Cet article examine le concept de projet tel qu'il émerge dans le récit de vie de femmes immigrantes et réfugiées. Il explore les articulations complexes entre les projets individuels, familiaux et collectifs, le rapport au temps et à l'espace, et, le processus d'individualisation, voire d'individuation, qui s'actualisent au cours de déplacements volontaires et forcés. Il scrute aussi l'élaboration du récit de vie dans l'espace d'interlocution entre le chercheur et le participant à la recherche en le considérant sous l'angle d'une production conjuguée et d'un projet commun qui lient deux subjectivités en quête d'identité et de sens. Cette réflexion se fonde sur des récits de femmes réfugiées élaborés au cours de recherches distinctes, dans des contextes et à des temps différents : femmes d'origine vietnamienne rencontrées dans le camp de réfugiés de

Phanat Nikhom, en Thaïlande, à Québec et à Montréal au Québec entre 1989-1994; femmes d'origine albanaise du Kosovo réfugiées au Québec, 1999-2000; femmes de différentes provenances, immigrantes et réfugiées au Québec, 2006-2007. Ces recherches ethnologiques relèvent d'une perspective épistémologique et méthodologique qualitative, participative et collaborative.

MONTGOMERY Catherine. « Une valise toujours prête à la porte ». Le roman familial de demandeurs d'asile à travers leurs récits de vie »

La migration forcée introduit une rupture importante dans les parcours de vie des demandeurs d'asile, les entrainant dès lors dans un processus persistant d'altérité. Le vécu de la violence, la séparation familiale, le deuil du pays et l'incertitude face à l'avenir peuvent déstabiliser tout sens de cohérence face à l'histoire de vie, surtout dans la période immédiate suivant la migration. Durant cette période critique de transition, le récit biographique peut alors constituer un outil pertinent pouvant donner un sens à ces parcours fragmentés. Lors d'une recherche récente sur les demandeurs d'asile (Montgomery et al. 2007), nous avons expérimenté une forme d'approche biographique appelée roman familial. Située à la croisée des champs de la recherche et de l'intervention sociale, cette approche vise à reconstituer l'histoire individuelle et familiale à la manière d'un «roman» (De Gaulejac, 1999; Poupard et al. 2002; Rhéaume et al. 1996). Notre contribution a pour objectif de réfléchir sur le roman familial, d'abord comme un espace de témoignage de la place occupée par les rapports d'altérité dans les parcours des demandeurs d'asile et, ensuite, comme espace réflexif pouvant les aider à se repositionner face à ces rapports.

OSARIO PEREZ Flor. « Entre la nostalgie de là-bas et le recommencement ici. Récits individuels et histoires collectives de lutte d'Afrodes »

Le texte permet d'éclairer les processus à travers lesquels les afro-colombiens, femmes et hommes, déplacés par la guerre en Colombie, recommencent leur vie à Bogotá, la ville capitale. Loin de leurs territoires ancestraux situés dans les zones rurales du département du Chocó, ils mettent en place diverses stratégies sociales et culturelles pour s'intégrer à un nouvel environnement hostile, reconstruisant des liens de solidarité qui leur permettent d'affronter la misère et la discrimination. L'Association de déplacés Afro-colombiens, Afrodes, se construit ainsi, action collective par laquelle se retrouvent des expériences et des aptitudes individuelles diverses autour d'un double référent identitaire : déplacés et afro-colombiens. Les récits de leurs histoires de vie révèlent des mémoires qui connectent des temps, des lieux et des sentiments divers, pleins de douleurs et d'apprentissages, à partir desquels ils cherchent un nouveau sens à leur vie et une place digne dans la société.

HUMAYDAN Iman. « Ni ci, ni là. Récits de famille de disparus au Liban »

Les familles de ceux qui ontdisparu au cours des guerres civiles libanaises de 1975 à 1990 souffrent toujours de la disparition de leurs proches car elles sont privées d'un lieu où chercher ces êtres chers et accablées par des questions sans réponses, ne sachant pas s'ils sont morts ou vivants. S'appuyant sur une étude de terrain menée de 2002 à 2006, l'auteur a rencontré dix de ces femmes dont au moins un membre de la famille a disparu. Les disparus n'appartiennent à aucune catégorie spécifique dans l'ordre social : ils ne sont ni morts, ni vivants; ils sont suspendus entre ces catégories. Pour décrire cet état des choses, cet entre-deux, l'auteur introduit le concept de « liminalité ». Les récits de vie des familles, relatant leurs expériences, permettent d'appréhender le statut liminal des disparus. Atraversl'analyse des récits, recueillis essentiellement auprès de femmes, l'auteur explore la complexité de ce conceptet montre comment il convoque à la fois les violences institutionnelles, les sentiments de culpabilité, la recherche de la vérité, la réconciliation et contribue à la reconstruction des identités.

Troisième partie. Le récit de vie comme espace de déplacement de soi

GOHARD-RADENKOVIC Aline. « L'approche autobiographique dans la formation de futurs médiateurs linguistiques et culturels: de mobilités géographiques vers des déplacements identitaires »

La formation spécialisée, le Diplôme d'aptitude d'enseignement du français langue étrangère, proposée à l'Université bilingue de Fribourg, Suisse, vise l'acquisition de compétences plurilingues et interculturelles par de futurs médiateurs qui seront amenés à travailler dans les secteurs de l'international et de la migration. Pour ce, l'auteur s'appuiera sur l'analyse de récits de vie rédigés par des étudiants francophones et non francophones, possédant déjà plusieurs langues et ayant vécu des expériences de mobilité souvent complexes. Elle tâchera de repérer les diverses stratégies (linguistiques, sociales et culturelles) que les narrateurs perçoivent dans leurs expériences de mobilité et d'identifier des indices de déplacements identitaires. Puis elle se demandera si l'approche autobiographique, privilégiant l'analyse réflexive sur son propre parcours, son rapport aux langues et ses expériences de communication avec « l'autre », participe ou non au développement d'une culture plurilingue et à l'élaboration d'une conscience interculturelle. Enfin, elle interrogera cette approche, ses apports et limites, et sa pertinence dans la formation de futurs médiateurs linguistiques et culturels.

VESHI Drita. « Récits de vie, récits-témoignage d'élèves d'une classe d'accueil : vers la reconquête de soi et la la redéfinition des liens. »

L'objectif de cette approche autobiographique à travers les récits de vie/récit de soi, menée avec des apprenants primo - arrivants, a été d' analyser la mobilité sous l'angle de la migration. L'expérience a été réalisée avec les élèves d'une classe d'accueil du SCAI, Service des classes d'accueil et d'insertion de la DIP de Genève, qui est surtout un lieu de formation post-obligatoire, préparant les élèves allophones entre 15-18 ans au monde professionnel. Les objectifs linguistiques tels que, la capitalisation des compétences acquises en français langue seconde et un jeu d'écriture avec des témoignages d'une période de vie marquée une expérience de migration et d'insertion, ont été très vite enrichis par des objectifs communicationnels . En effet ces témoignages écrits ont révélé l'expression d'un entre-deux linguistique et culturel, vécu parfois sur le mode conflictuel, des comportements et des valeurs, indices de bricolages identitaires des apprenants. Davantage encore, le récit de soi a permis de construire chez les élèves une meilleure connaissance de soi et de l'autre, mais aussi d'établir un dialogue interculturel entre les représentants de régions du monde et de catégories sociales différentes.

OBONSAWIN Perrine. « Se risquer aux récits de vie, un soutien à la parentalité »

Dans cet article, nous allons essayer de rendre compte d'un travail d'accompagnement d'une mère de famille : Madame N'Diaye. Ce travail a duré plusieurs années. Nous voudrions montrer comment à travers les récits qu'elle fait de son histoire, de son présent, une relation presque intime se tisse entre cette femme et moi. Cette intimité relationnelle me permet à d'accéder à la complexité de sa vie et lui permet, à elle, de s'approprier son parcours pour en devenir peut-être un peu plus l'actrice. Pour cela, nous allons d'abord situer le cadre de notre intervention, qui est celui du dispositif français de protection de l'enfance en danger. Après un aperçu du parcours de vie de Madame N'Diaye, nous en proposerons l'analyse à travers l'exposition de trois dualités conflictuelles qui sous-tendent la construction de son identité : *la fille et la mère, la salariée et la délinquante, la femme et l'épouse*. Enfin, nous esquisserons quelques pistes de réflexion. En particulier, en quoi l'histoire familiale et le récit qu'en font les sujets est un élément structurant de l'intervention sociale en AEMO.

Quatrième partie. Le récit de vie comme espace de fiction de soi

SALVAN Monica. « La place du monde occidental dans l'imaginaire roumain de la mobilité : récits-témoignages de voyage »

Nous nous proposons d'analyser l'imaginaire roumain de la mobilité tel qu'il s'exprime pendant la première décennie après la chute du communisme, lorsque les prisonniers d'une société totalitaire découvrent le droit à la libre circulation. Notre objet d'études est un recueil paru en 2001 sous le titre *L'expérience étrangère* (Stefan Borbely, (coord.), *Experienta externa*, Institutul european, Iasi, 2001), un ouvrage rassemblant seize récits- témoignages d'universitaires, chercheurs, écrivains, journalistes qui livrent le récit de leurs périples en Europe de l'Ouest, aux Etats-Unis et au Japon. Outre le fait que l'ouvrage reflète le choc de cette toute nouvelle mobilité, l'unité thématique du volume permet de repérer quelques lignes de force qui traversent le regard porté par les Roumains sur le monde occidental et sur leur propre culture. Une série d'oppositions dynamiques (mécanisme parfait/mécanisme déréglé, liberté / enfermement, paradis / enfer) donnent à voir l'aspiration à un monde supérieur, la soif d'évasion, le symbolisme de la mort et de la renaissance au centre d'un processus de renégociation identitaire.

BOUCHER Colette. « L'entretien biographique, la lecture de romans et le retour réflexif. À la rencontre de soi et des autres »

À travers l'expérience d'écriture, de lecture et de parole, l'identité de la personne migrante se définit constamment. Le sentiment de reconnaissance de soi se consolide. Cela se vérifie chez la personne qui se raconte oralement au cours d'un entretien biographique, chez l'écrivaine ou l'écrivain qui présente les mondes qu'elle a laissés et ceux qu'elle découvre continuellement ou chez la lectrice qui se laisse emporter par un roman dans lequel elle se reconnaît. Tous ces textes se croisent, se reflètent et se répondent les eux aux autres. Puis, le fait de reparler des textes qu'on a lus fait ressurgir des pensées cachées, des sensations oubliées, des sentiments refoulés. L'auteure a mené des entretiens biographiques avec l'écrivaine québécoise d'origine haïtienne, Marie-Célie Agnant et avec sa fille, de même qu'avec trois tandems mère-fille de futures lectrices des romans d'Agnant. Après la lecture des romans *La dot de Sara* et *Le livre d'Emma,* les lectrices ont été rencontrées à nouveau au cours d'un entretien retour réflexif qui leur permettait de se pencher à nouveau sur leur premier entretien ainsi que sur la lecture des romans. Il en est ressorti un jeu de reconnaissances, de stratégies identitaires, de mémoire et d'oublis particulièrement révélateur, que la chercheure livre dans cet article.

RACHEDI Lilyane. « Le raconter et l'écrire dans la migration : lorsque le récit de soi conditionne le passage vers d'autres territoires »

Ce texte est issu d'une recherche doctorale. L'auteur propose de s'attarder sur une « catégorie » spécifique d'immigrants au Québec, celle d'écrivains maghrébins. Elle démontre que l'identité évolue et se construit à travers la trajectoire migratoire des auteurs (à la fois dans l'acte de narration et dans l'histoire chronologique). Puis, elle met en évidence que les œuvres de ces auteurs-immigrants, parce qu'elles occupent une tribune publique et ont un sens, remplissent des fonctions diversifiées pour l'écrivain. Pour ce, elle s'appuiera sur le cas de Wahmed Ben Younes, écrivain algérien installé à Québec. Écrivain pour qui le récit soutient en même temps qu'il devient incontournable pour assumer sa migration. Le choix de l'étude de cas nous permet de souligner tout particulièrement l'ampleur et la nécessité de privilégier le récit de vie comme espace de redéfinition de soi, espace de conquête de liberté du sujet qui se raconte et qui, par le fait même de raconter, expose sa singularité. Elle montre combien et comment le récit oral de la trajectoire migratoire de Ben Younes et son récit de fiction autobiographique, *Yemma,* fabriquent du sens pour le narrateur et ce, spécifiquement en mettant évidence le sens du récit-témoignage et les fonctions de l'écriture dans son parcours. Enfin, elle proposera une figure identitaire qui caractérise le parcours de cet écrivain.

Alessandra GERBER. « Récits d'étudiants africains et de leurs stratégies d'adaptation au contexte suisse ou l'histoire d'un 'capital narratif' ».

Dans cet article, l'auteur analyse les récits de vie de trois jeunes Africains – étudiants à l'Université de Fribourg (Suisse) – et tente de suivre le développement de leurs stratégies d'adaptation au nouveau contexte (académique, social et professionnel). Elle met au jour qu'au-delà des capitaux linguistiques et sociaux acquis dans cette expérience de mobilité, ses interlocuteurs se constituent un véritable *capital narratif.* Le récit – révélateur de stratégies au narrateur lui-même – devient le biais par lequel il se découvre médiateur entre la société d'accueil et les « autres » étrangers en Suisse.

Table des matières

L'HARMATTAN, ITALIA
Via Degli Artisti 15 ; 10124 Torino

L'HARMATTAN HONGRIE
Könyvesbolt ; Kossuth L. u. 14-16
1053 Budapest

L'HARMATTAN BURKINA FASO
Rue 15.167 Route du Pô Patte d'oie
12 BP 226
Ouagadougou 12
(00226) 76 59 79 86

ESPACE L'HARMATTAN KINSHASA
Faculté des Sciences Sociales,
Politiques et Administratives
BP243, KIN XI ; Université de Kinshasa

L'HARMATTAN GUINÉE
Almamya Rue KA 028
En face du restaurant le cèdre
OKB agency BP 3470 Conakry
(00224) 60 20 85 08
harmattanguinee@yahoo.fr

L'HARMATTAN CÔTE D'IVOIRE
M. Etien N'dah Ahmon
Résidence Karl / cité des arts
Abidjan-Cocody 03 BP 1588 Abidjan 03
(00225) 05 77 87 31

L'HARMATTAN MAURITANIE
Espace El Kettab du livre francophone
N° 472 avenue Palais des Congrès
BP 316 Nouakchott
(00222) 63 25 980

L'HARMATTAN CAMEROUN
Immeuble Olympia face à la Camair
BP 11486 Yaoundé
(237) 458.67.00/976.61.66
harmattancam@yahoo.fr

601918 - Mars 2015
Achevé d'imprimer par